| 高等职业教育旅游类专业新专业教学标准系列教材 |

乡村旅游开发与管理

李萍萍　巫建华　吉根宝　主　编
郭　凌　姚培君　副主编

清华大学出版社
北京

内 容 简 介

本书全面、深入地探讨了乡村旅游的发展现状，系统介绍了乡村旅游的发展历程、发展模式、经营主体、业态划分、资源分类及开发策略等关键内容，通过丰富的案例，详细阐述了乡村旅游资源调查与评价、产品策划与营销、经营与管理等多个方面的理论知识与实践技巧。

本书注重理论与实践相结合，紧扣职业教育特点，以职业能力为导向，旨在培养具备乡村旅游开发与管理能力的高素质人才。通过学习本书，读者可以全面了解乡村旅游行业的发展前景和职业要求，提升在乡村旅游开发与管理领域的专业素养和实践能力。

本书封面贴有清华大学出版社防伪标签，无标签者不得销售。
版权所有，侵权必究。举报：010-62782989，beiqinquan@tup.tsinghua.edu.cn。

图书在版编目（CIP）数据

乡村旅游开发与管理 / 李萍萍，巫建华，吉根宝主编. -- 北京：清华大学出版社，2024.7. --（高等职业教育旅游类专业新专业教学标准系列教材）. -- ISBN 978-7-302-66874-9

Ⅰ．F592.3

中国国家版本馆 CIP 数据核字第 2024B5M957 号

责任编辑：强　微
封面设计：傅瑞学
责任校对：李　梅
责任印制：曹婉颖

出版发行：清华大学出版社
网　　址：https://www.tup.com.cn，https://www.wqxuetang.com
地　　址：北京清华大学学研大厦 A 座　　邮　编：100084
社 总 机：010-83470000　　邮　购：010-62786544
投稿与读者服务：010-62776969，c-service@tup.tsinghua.edu.cn
质量反馈：010-62772015，zhiliang@tup.tsinghua.edu.cn
课件下载：https://www.tup.com.cn，010-83470410

印 装 者：三河市龙大印装有限公司
经　　销：全国新华书店
开　　本：185mm×260mm　　印　张：14.75　　字　数：336 千字
版　　次：2024 年 8 月第 1 版　　印　次：2024 年 8 月第 1 次印刷
定　　价：49.00 元

产品编号：107039-01

Preface 前言

中共中央、国务院印发的《扩大内需战略规划纲要(2022—2035年)》指出,坚定实施扩大内需战略、培育完整内需体系,是加快构建以国内大循环为主体、国内国际双循环相互促进的新发展格局的必然选择,是促进我国长远发展和长治久安的战略决策。党的二十大报告指出,全面推进乡村振兴,坚持农业农村优先发展,加快建设农业强国,扎实推动乡村产业、人才、文化、生态、组织振兴;坚持以文塑旅、以旅彰文,推进文化和旅游深度融合发展。《中共中央 国务院关于做好2023年全面推进乡村振兴重点工作的意见》指出,培育乡村新产业新业态,实施乡村休闲旅游精品工程,推动乡村民宿提质升级。在此背景下,乡村旅游的地位与作用显著提升,消费者对乡村旅游服务的要求也越来越高。乡村旅游提质升级可以展现新时代中国乡村的新面貌,推动文化和旅游融合发展,日益成长为新时代乡村振兴的重要力量,助力乡村全面振兴。

本书具有以下特点。

(1)注重思想道德教育。本书在教学内容的选择上,注重展现乡村旅游的社会价值和文化内涵,引入了丰富的乡村旅游开发成功案例,并分析其在促进当地经济发展、推动文化传承、改善生态环境等方面的积极作用,可增强读者的社会责任感和历史使命感。

(2)以职业需求为导向。本书紧密围绕乡村旅游行业的职业需求,以培养读者的职业能力和职业素养为核心目标,确保所学内容与实际工作紧密相关。

(3)理论与实践相结合。本书不仅包含理论知识,还包含丰富的案例分析、实践操作和实训项目,将理论知识转化为实际操作方法,能够有效帮助读者提升职业技能。

(4)全面性与系统性。本书内容全面,涵盖了乡村旅游的各个方面,从基础知识到专业技能,形成了完整的知识体系,帮助读者全面系统地掌握乡村旅游开发与管理的知识和技能。

(5)前瞻性与创新性。本书关注乡村旅游行业的发展动态和趋势,及时引入新的理念、技术和方法,培养读者的创新意识和能力,使其能够适应不断变化的市场需求。

(6)关注可持续发展。本书强调乡村旅游的可持续发展,注重生态环境保护和文化传承,有助于培养读者的可持续发展意识。

本书紧紧围绕高等职业教育的人才培养目标,坚持以创新、改革的精神体现新的课程体系、教学内容和教学方法,以学生为中心,以技能为核心,兼顾知识教育和能力教育。本书分为综合篇、策划开发篇和经营管理篇,共九个模块。本书由江苏农林职业技术学院李萍萍、江苏省农业农村厅巫建华、江苏农林职业技术学院吉根宝担任主编,负责全书的统稿工作;四川农业大学郭凌、姚培君担任副主编,浙江旅游职业学院周伊萌、江苏农林职业技术学院王丽娟、句容市文体广电和旅游局陈巧根、尹娟等参与编写;南京师范大学侯国林主审。具体分工如下:巫建华编写模块一;郭凌编写模块二、模块六(策划部分);周伊萌编写模块三;李萍萍编写模块四、模块七;吉根宝编写模块五;王丽娟编写模块六(营销部分);姚培君编写模块八;陈巧根和尹娟编写模块九。

由于编者水平有限,书中难免存在疏漏和不足之处,敬请同行专家和广大读者斧正。本团队在编写过程中参考了许多文献资料和网络资源,也得到行业专家、出版社及社会人士的热心帮助,在此一并表示衷心的感谢。

编 者

2024 年 1 月

Contents 目 录

综 合 篇

模块一　乡村旅游概述 ································ 3

　　第一节　乡村旅游的发展背景 ···················· 3
　　第二节　乡村旅游的概念与特征 ·················· 6
　　第三节　国内外乡村旅游发展历程与现状 ············ 8
　　第四节　乡村旅游发展主要模式 ················· 15

模块二　乡村旅游经营主体 ·························· 19

　　第一节　乡村旅游社区参与 ···················· 19
　　第二节　乡村旅游目的地行政管理体系 ············· 24
　　第三节　乡村旅游经营企业 ···················· 30
　　第四节　乡村旅游社会组织 ···················· 35
　　第五节　乡村旅游经营企业的培育 ················ 40

模块三　乡村旅游经营业态划分 ······················ 48

　　第一节　农家乐 ··························· 48
　　第二节　洋家乐 ··························· 53
　　第三节　乡村民宿 ·························· 56
　　第四节　休闲农场 ·························· 63
　　第五节　国家农业公园 ······················· 67
　　第六节　乡村博物馆 ························ 71

策划开发篇

模块四　乡村旅游资源调查与评价 ………………………………… 79

第一节　乡村旅游资源概述 ……………………………………… 79
第二节　乡村旅游资源调查 ……………………………………… 87
第三节　乡村旅游资源评价 ……………………………………… 94

模块五　乡村文化保护与利用 ……………………………………… 104

第一节　乡村文化内涵 …………………………………………… 104
第二节　乡村文化保护与利用内容 ……………………………… 107
第三节　乡村文化旅游化利用模式 ……………………………… 114

模块六　乡村旅游产品策划与营销 ………………………………… 117

第一节　乡村旅游产品策划概述 ………………………………… 117
第二节　乡村旅游产品策划思路与方法 ………………………… 120
第三节　体验式乡村旅游产品的策划 …………………………… 127
第四节　乡村旅游节事活动策划 ………………………………… 130
第五节　乡村旅游产品创新营销 ………………………………… 133

经营管理篇

模块七　乡村旅游经营与管理 ……………………………………… 141

第一节　乡村旅游设施管理 ……………………………………… 141
第二节　乡村旅游人力资源管理 ………………………………… 143
第三节　乡村旅游财务管理 ……………………………………… 152
第四节　乡村旅游环境管理 ……………………………………… 161
第五节　乡村旅游质量管理 ……………………………………… 165

第六节　乡村旅游智慧管理 …………………………………………… 178

模块八　乡村旅游安全管理 …………………………………………… 182

　　第一节　乡村旅游安全概述 …………………………………………… 182
　　第二节　乡村旅游安全事故的含义及类型 …………………………… 184
　　第三节　乡村旅游安全控制与管理 …………………………………… 188
　　第四节　乡村旅游安全事故的预防与处理 …………………………… 194

模块九　乡村旅游品牌管理 …………………………………………… 200

　　第一节　乡村旅游品牌概述 …………………………………………… 200
　　第二节　乡村旅游品牌创建与项目申报 ……………………………… 205
　　第三节　乡村旅游品牌经营 …………………………………………… 212
　　第四节　乡村旅游品牌维护 …………………………………………… 221

参考文献 …………………………………………………………………… 226

综 合 篇

模块一　乡村旅游概述
模块二　乡村旅游经营主体
模块三　乡村旅游经营业态划分

模块一　乡村旅游概述

知识目标

1. 了解乡村旅游的发展背景。
2. 掌握乡村旅游的定义和特征。
3. 熟悉乡村旅游的主要发展模式。

能力目标

1. 能够判断乡村旅游的发展类型。
2. 能够为乡村旅游选择合适的发展模式。

素质目标

1. 能够传承与创新优秀的乡村文化。
2. 能够遵循"绿水青山就是金山银山"的理念。
3. 培养文化自信。

导　　读

乡村旅游是乡村旅游业发展的基础,是乡村旅游业可持续发展的基本要素。乡村旅游是文旅产业的一个重要分支,是推动乡村经济繁荣的新型产业手段,能够在乡村振兴战略中发挥新引擎作用,激发农村产业潜力,延伸产业链,实现农业现代化;能够吸引农民工返乡创业、城市创客下乡创业、游客来乡旅游,进一步积聚农村人气,为乡村振兴发展汇聚急需的人力资源。

第一节　乡村旅游的发展背景

【引例】

"原味""高品"成卖点

乡村可以成为旅游消费的目的地、变成高端的乡村俱乐部,这为乡村旅游发展提供了新思路。乡村旅游在发展初期,"吃农家饭,住农家院"几乎是其全部的"卖点";在30年的发展历程中,如何避免"千村一面"一直是各地乡村旅游发展面临的考验。老街、老宅、农家饭这些"老三样"难以长久吸引游客的目光,也限制了乡村旅游的发展思路。文化+旅游、保留乡村原有的文化特色,成为各界对乡村旅游发展的共识。如何做,仍有待实践的不断打磨。如今,慕名来到乡村的游客,已经不仅是为了吃农家饭、看山景,摄影、写生、徒步等成为他们的新选择。乡村旅游的发展让村民们过上了好日子,也悄然改变着他们的观念。

思考:结合你所处的地区,谈谈这些年乡村旅游的发展情况。

▶ 一、政策背景

国家高度重视乡村旅游的发展,将其视为推动乡村振兴、促进农村经济发展和提高农民收入的重要途径,出台了一系列政策和规划文件(见表1-1)。《中华人民共和国乡村振兴促进法》将支持乡村旅游发展、乡村旅游重点村镇建设等内容纳入其中,通过立法来保障和推动乡村旅游的发展。

表1-1 乡村旅游重要文件列举(部分)

类型	文件名称	发布单位	发布时间
专门文件	关于开展中国美丽休闲乡村推介活动的通知(农办产〔2019〕9号)	农业农村部办公厅	2019-09-02
	关于印发《关于促进乡村旅游可持续发展的指导意见》的通知(文旅资源发〔2018〕98号)	文化和旅游部等	2018-11-15
	关于大力发展休闲农业的指导意见(农加发〔2016〕3号)	原农业部	2016-09-01
行业文件	关于促进全域旅游发展的指导意见(国办发〔2018〕15号)	国务院办公厅	2018-03-22
	关于进一步做好当前旅游扶贫工作的通知(旅发〔2018〕27号)	原国家旅游局	2018-03-04
	关于实施旅游休闲重大工程的通知(发改社会〔2016〕2550号)	国家发展改革委、原国家旅游局	2016-12-05
相关文件	关于扎实有序推进贫困地区农村人居环境整治的通知(农办社〔2019〕8号)	农业农村部办公厅、原国务院扶贫办综合司、生态环境部办公厅、住房城乡建设部办公厅、国家卫生健康委办公厅	2019-11-04
	关于切实加强中国传统村落保护的指导意见(建村〔2014〕61号)	住房城乡建设部、原文化部、国家文物局、财政部	2014-04-25

乡村振兴的总体要求是"产业兴旺、生态宜居、乡风文明、治理有效、生活富裕",这五点要求分别对应了乡村经济振兴、乡村生态振兴、乡村文化振兴、乡村治理转型和乡村社会振兴的发展内涵。随着社会经济的快速发展,乡村旅游作为其产物,对于农业多功能性价值的实现,以及对乡村社会、经济、文化等各方面的发展均具有显著的积极影响,是实现乡村振兴战略的重要路径和抓手。

同时,政府还应注重乡村旅游与其他产业的融合发展,提升乡村旅游的品质和竞争力,为乡村旅游的可持续发展提供了有力的政策保障。从政策功能视角看,在产业结构、产业组织、产业技术和产业布局这四类政策功能定位中,乡村旅游政策在产业布局方面偏向明显。随着政策工具(见表1-2)不断丰富,乡村旅游发展成效明显。随着产业规模的扩大,乡村旅游的产业角色与地位发生了从局部发展提升到战略统筹的深刻转变。

表 1-2 国内乡村旅游政策工具

政策类型	政策要素	侧 重 点
供给型政策	资源要素	基础设施建设、专业人才培养、村镇建设、住宿建设、用地供给、资金投入、技术供给
环境型政策	体制机制	土地承包制度、集体产权制度、投融资机制、征地制度、宅基地管理制度、公共基础设施管护体制、利益联结机制
	经济环境	发展模式、目标规划、发展保障、行业管理;专业合作社、乡村旅游合作社、农民合作社、家庭农场、龙头企业;金融支持、财政政策、税收政策;传统文化保护、生态建设
	公共服务	人居环境、教育支持
需求型政策	鼓励消费	旅游产品开发、旅游商品开发、引导消费
	市场培育	宣传推介、品牌体系、电子商务应用、消费市场培育、市场体系
	试点示范	示范建设、提质升级、遴选推介、项目建设

▶二、经济背景

乡村旅游市场需求旺盛、富民效果突出、发展潜力巨大,是促进居民消费扩大升级、释放农村发展活力、助力乡村振兴战略、落实高质量发展的有效途径和必然选择。推动乡村旅游高质量发展是顺应经济发展趋势、响应相关政策号召、助力旅游产业升级、满足市场需求变化的必然要求,具有坚实的发展背景。[1]

党的十九大报告作出"我国经济已由高速增长阶段转向高质量发展阶段"[2]的重大历史判断,重点强调推动高质量发展,为乡村旅游发展提供了战略指引和基本遵循。为响应这一国家战略部署,国务院及相关部门先后出台支持引导乡村旅游提质增效、转型升级的政策方案,反映了政府层面对乡村旅游在激活农村发展活力、助力乡村振兴实现、落实高质量发展等方面发挥的作用的高度肯定与深切期望。

因此,顺应时代发展趋势、响应相关政策扶持,探索乡村旅游高质量发展的机制与路径,更好地发挥旅游业在促进乡村经济发展、生态文明、资源整合、文化传承等方面的作用,是当前及未来亟待解决的重要议题。[3]

▶三、社会文化背景

近年来,随着国民收入的提高与闲暇时光的增加,旅游市场也在日渐扩大。此外,当代社会正处于大数据时代,互联网的高速发展和普及使游客个性化需求增强,旅游消费更加注重旅游品质。

从观光到休闲、从区域到全域,旅游消费者的需求不断多样化,更加注重休闲的自行车旅游、自驾游、高新科技游、健康养生游、美食品尝游、红色旅游、标志建筑地标游及乡村

---

[1] 邱慧.新时代乡村旅游高质量发展研究[J].当代旅游,2019(11):60,66.
[2] 习近平.我国经济已由高速增长阶段转向高质量发展阶段[J].新湘评论,2019(24):4-5.
[3] 于法稳,黄鑫,岳会.乡村旅游高质量发展:内涵特征、关键问题及对策建议[J].中国农村经济,2020(8):27-39.

旅游等,这些不同种类的旅游类型吸引着消费者,得到越来越多消费者的青睐。乡村旅游的发展不仅是对乡村地域内旅游文化资源的保护和传承,也满足了现代人对于回归自然、体验传统文化的需求。

第二节 乡村旅游的概念与特征

【引例】

大力发展红色旅游 助力乡村产业振兴[①]

新庄自然村隶属于云南省大理白族自治州宾川县乔甸镇,乡村旅游扶贫成果明显,促进了与乡村振兴的有效衔接。做足"旅"的文章:着力将新庄村打造为现代农业、红色文化与乡村旅游一体化发展的产业融合示范村。形成"文"的集成:新庄村具有红色文化、农耕文化、民族民俗文化及海稍文化为一体的文化优势,建成了全州首个自然村"红军长征纪念馆",以及展示农耕文化、民族民俗文化为一体的、全省第一个对外开放的、村民自建的农民博物馆,为广大游客提供了参观体验和了解文化的阵地。发挥"企"的作用:2015年10月,集企业股份、村集体股份和村民股份为一体,新庄村成立了宾川县红色海稍农业观光旅游开发公司。公司以继承和发扬红军长征精神、传承红色文化、带动全村农户脱贫致富为宗旨,积极开展"感受绿色乡愁、体验红色之旅"等形式多样的活动,让旅客在游历山水田园之时,品味乡愁,接受红色教育,不断丰富乡村旅游内涵。

思考:结合自己的家乡,谈谈乡村旅游有哪些发展方向。

▶ 一、乡村旅游的概念

目前,国内外学术界对乡村旅游还没有完全统一的定义,我国学者一般认为,我国的乡村旅游至少应包含以下内容:一是独具特色的乡村传统文化,以乡村传统文化为内核可以提高乡村旅游的品位丰富性;二是以农民为经营主体;三是乡村旅游的目标市场应主要定位为城市居民,满足城市居民享受田园风光、回归自然的愿望。

综上所述,乡村旅游是指在乡村范围内,利用农村自然环境、田园景观、农林牧渔生产、民俗风情、农村文化、农家生活、村落古镇等旅游资源,通过科学规划和开发设计,满足游客观光、休闲、度假、体验、娱乐、健身等多项需求的旅游活动。

▶ 二、乡村旅游的特征

(一)乡村性

乡村旅游的乡村性是相较于城市而存在的[②],我国乡村地域辽阔,多数地区仍保持着自然风貌,风格各异的风土人情、乡风民俗,古朴的村庄作坊,原始的劳作形态,这种在特

---

① 中国网.文旅助力乡村振兴 云南4地入选文旅部示范案例[EB/OL].[2021-11-19]. http://union.china.com.cn/txt/2021-11/19/content_41796146.html.

② 邱萍,晏兰萍.浅析乡村旅游市场的旅游动机[J].农业考古,2007(6):164-166.

定地域所形成的"古、始、真、土",具有城镇无可比拟的贴近自然的优势,从而为游客回归自然、返璞归真提供了优越条件。①

(二) 差异性

我国地域辽阔,乡村的范围也十分广阔,乡村的自然景观与农业景观各具特色。丰富的自然风貌、劳作形态和传统习俗为满足游客千差万别的旅游需求提供了极大的空间。

(三) 生产性

乡村旅游资源的开发,既可以拓宽旅游资源的广度,增加旅游活动的多样性,满足游客不同层次的旅游需求,又可以改变农村的生产方式,增加农产品的商品量和农业的附加值,提高农村的经济效益;此外,还可以带动农产品加工、手工艺品加工等产业的发展,促进农村多元化产业结构的形成,为农村经济的发展注入新的活力。②

(四) 文化性

乡村节庆、农作方式、生活习惯和趣闻传说等乡村历史的沉淀有着深厚的文化底蕴。只有将这种文化内涵挖掘出来,并突出它在乡村旅游产品中的地位,乡村旅游才能不局限于旅游资源的表面现象,而更注重观念和感情的沟通与体验,从而更注重表象下文化底蕴的挖掘,获得对传统文化的深刻理解,领略到神秘精深、奥妙无穷的乡村文化的独特魅力。

(五) 体验性

乡村旅游资源是在特定的乡村环境下,由该乡村的村民生活习惯、风土人情、民俗文化长期积淀而成的,对游客有很大的吸引力,是乡村的重要资源。在旅游过程中,通过参与当地人的生活和农事劳作,从而对自然知识及基本农事进行了解与学习,已经逐渐成为乡村旅游的重要内容。③

▶三、乡村旅游的功能

(一) 经济功能

乡村旅游是农民就业增收的重要途径,有利于发展绿色农业,直接销售农产品;有助于增加农村就业机会,是调整农村产业结构的重要方式,有利于农村经济的快速发展。

(二) 社会功能

乡村旅游为城市居民与农村居民提供了交流平台,有利于增进城市居民与农村居民的接触,拓展农村居民的人际关系,缩小城乡差距。

---

① 王德刚,葛培贤.田园季风:乡村旅游开发与管理[M].天津:天津教育出版社,2007.
② 贾荣.乡村旅游经营与管理[M].北京:北京理工大学出版社,2016.
③ 于永福,李卫宁.乡村旅游产品实务:乡村旅游案例百则[M].北京:中国旅游出版社,2018.

(三)教育功能

乡村旅游可以为游客提供了解农业文明、学习农业知识、参与农业生产活动的机会,是融知识性、科学性、趣味性为一体的农业生态科普产业。

(四)文化功能

乡村旅游文化包含农村民俗文化、乡村文化和农业产业文化,在组织游客参加各种农村文化活动的同时,也能促进农村文化的发展。

(五)环保功能

为吸引游客,乡村必须改善环境卫生,提升环境品质,保护自然资源环境,维护自然生态平衡,这有利于生态系统良性循环。

(六)游憩功能

乡村旅游可以为游客提供绿色休闲活动空间,有助于游客开展观光、休闲、度假、旅游,享受乡野风光及大自然的乐趣,放松身心,缓解紧张工作和学习的压力,陶冶性情。

(七)康养功能

乡村旅游区具有优美的自然环境、新鲜的空气、宁静的空间,不仅有利于调剂身心及养生保健,而且有利于解除紧张情绪,缓解生活和工作压力,起到强身健体的作用。

第三节 国内外乡村旅游发展历程与现状

【引例】

康养旅游助力扶贫　推进巴马乡村振兴[①]

巴马始终坚持规划先行,探索"多规合一",优化旅游发展空间布局,坚持"先策划、后规划、再建设"的原则,坚决把科学规划作为最硬性的前置门槛;始终坚持"全域与特色、区域与精品、休闲与度假相结合"的原则,以康养理念规划新巴马,绘制巴马县域空间信息与旅游资源"一张蓝图",为国土空间规划提供基础数据支撑,科学预测旅游前景,扭转发展理念,推动单一观光游向融合大健康的康养旅游转变,为加快巴马旅游产业转型提质奠定了坚实基础。

思考:结合自己家乡近年的变化,谈谈乡村旅游的发展趋势。

[①] 中国旅游报.康养旅游助力扶贫　推进巴马乡村振兴——广西壮族自治区河池市巴马瑶族自治县旅游扶贫案例[EB/OL].[2022-03-05]. http://www.ctnews.com.cn/paper/content/202203/15/content_69680.html.

一、国外乡村旅游发展历程

（一）兴起阶段（19世纪中期—20世纪初期）

这一时期的乡村旅游主要以城市人走向乡村，开始参与乡村活动为特征，如法国、意大利。

乡村旅游最早起源于欧洲，至今已有100多年的历史。19世纪中叶，欧洲工业化和城市化快速发展、欧洲革命的发生，使得城市居民想要逃离城市，高压环境促使城市居民想寻求一处舒适、安静的环境休息，因此产生了向往宁静的田园生活和美好的乡间环境的理念。这种理念的产生促使欧洲乡村旅游开始发展，其中意大利与法国乡村旅游的发展尤为突出。1865年，意大利成立了"农业与旅游协会"，专门介绍城市居民到农村去体验乡村生活，包括体验原生态的自然环境及参与骑马、钓鱼等活动。1885年，法国巴黎市的贵族组织到郊区乡村度假旅游，同年法国成立了"农业及旅游接待服务中心""欢迎莅临农场"等组织，接待了许多欧洲旅游者。意大利和法国乡村旅游的发展为欧洲乡村旅游的兴起奠定了良好基础。[①]

（二）发展阶段（20世纪中期—20世纪80年代）

这一时期的乡村旅游以观光农业与旅游产业相结合为特征，如西班牙、美国。

20世纪60年代，工业化与城市化进程加快，市场经济竞争激烈，城市居民开始向往和追求乡村宁静的田园生活和美好的自然环境。在市场需求的推动下，西班牙政府将废弃的贵族古堡改造为简单的农舍，并把规模较大的农庄也列为供游客旅游参观的范围，接待乐意到乡村观光的旅游者，由此乡村旅游应运而生。[②] 1950年之前，西班牙以农业为主要的经济发展动力，1960年引入乡村旅游后，西班牙农户将农业发展与旅游业发展相结合。西班牙农业观光小镇的特色之处在于将大农场和庄园进行规划改造，创新研发了农事体验、登山、骑马等项目，这体现了西班牙乡村旅游小镇重视农业与旅游业的有效结合。但在这个时期，乡村旅游者的人数较少，还没有真正意义上的为旅游者专门服务的乡村旅游设施，乡村旅游还处于初级发展阶段。

20世纪五六十年代，美国政府主要在公共土地政策方面给美国民众户外旅游提供帮助。该时期内，联邦立法中关于土地的政策主要是对非工业目的用地给予特殊照顾。美国政府在1964年通过了《荒野法》，人们开始有利用土地资源发展经济的意识。1958—1968年是户外旅游的兴旺阶段，很大程度上得益于美国政府的土地政策支持。户外游憩资源评估委员会在1958年得到政府的批准而得以成立。美国政府于1964年开始筹建国家荒野保护体系，于1968年通过了《国家荒野和风景河流法案》，并建立了国家荒野和风景河流体系。同年，《国家步道系统法案》得到法律的正式认可，在该法案支持下，美国乡村发生了实质性的变化，农场、牧场雨后春笋般涌现。20世纪60年代后期和70年代早

---

① 李静宇，林立波.欧洲乡村旅游对中国乡村旅游发展的启示[J].北方园艺，2020(8)：147-152.
② 田洪国.国内外乡村旅游发展实践研究[J].科技资讯，2014(1)：242-243.

期,乡村旅游经济增长迅速,人们开始致力于开发和经营乡村土地,季节房得到快速发展。乡村经济的生存与发展主要依靠发展旅游经济,其他产业的经济拉动力已经远远落后于旅游业。[1]

(三) 提高阶段(20世纪80年代至今)

这一时期的乡村旅游从仅有的观赏功能逐步向一些体验、参与、休闲功能扩展,如日本、澳大利亚。

在20世纪80年代,当传统单一的旅游活动在乡村广泛开展时,一些极其不同的旅游活动开始兴起。单一传统的乡村聚落不再适合高度专业化、现代化旅游和休闲的发展。因受城市旅游活动的影响,乡村旅游也具有了要求主动参与、竞争、有声望或非常时尚、高技术、现代、个性化和快节奏的需求特征,在传统旅游活动的基础上,还延伸出了爬山车、摩托车、定向越野、生存游戏、空中滑翔、帆伞运动、冲浪、冒险旅游、滑雪和时尚购物等具备参与、体验、休闲功能的活动,国际乡村旅游的概念与内涵发生了巨大改变[2]。

乡村旅游在日本被定义为绿色旅游,旅游活动空间分布在农、山、牧、林、渔场所,以独特的人文和自然特色为游客提供闲暇舒适的休闲活动享受。日本乡村旅游是国家农业和地域开发等农业政策实施的产物。日本在第二次世界大战结束后实行工业兴国战略,在城市化高度发展进程中忽视了农村的发展。因此,日本在基本实现城市化目标后,对平衡农村与城市二元结构发展做出了详细的规划。早在20世纪70年代,日本就已经提出发展绿色旅游的相关政策。20世纪80年代以来,日本的新农业政策为"效率主义、环境主义、地域主义",并在1999年出台了《食品农业农村基本法》,农业政策体现了规模性、现代性及市场性的特征,日本政府和学者们开始探索走乡村绿色旅游经济道路,以此作为振兴日本农业经济的必由之路。1998年,日本政府在召开的第五次全国综合国土规划中明确提出了发展乡村旅游的重要性,并将其作为农村工作的重中之重。创建富有自身特色的乡村旅游一直是日本政府长期以来坚持的目标。2000年,日本政府在北海道进行乡村旅游胜地的试点工作,制定了"第三次北海道长期综合发展战略"。从项目启动当日起,日本政府便实施农业多元化经营战略,该措施拉动了农村经济发展,发挥了农民积极性,促进了城乡互补交流。[3]

到20世纪80年代,葡萄酒业的旅游潜力才逐步被澳大利亚政府认识到,1993年,维多利亚州政府成立了维多利亚葡萄酒业旅游委员会;1996年,南澳大利亚州也成立了葡萄酒业旅游委员会;而新南威尔士州则成立了烹饪旅游咨询委员会,以此来促进澳大利亚的葡萄酒业乡村旅游的长续发展。[4]

这一时期日本与澳大利亚等发达国家积极地发展乡村旅游,推动乡村旅游从最初单一的农业产业园观光,向着集观光休闲和旅游度假于一体的综合型度假模式发展,乡村旅

---

[1] 凌丽君.美国乡村旅游发展研究[J].世界农业,2015(10):60-63.
[2] 王云才.国际乡村旅游发展的政策经验与借鉴[J].旅游学刊,2002(4):45-50.
[3] 杨华.日本乡村旅游发展研究[J].世界农业,2015(7):158-161.
[4] 王云才.国际乡村旅游发展的政策经验与借鉴[J].旅游学刊,2002(4):45-50.

游的内涵得到极大的拓展。①

二、国外乡村旅游发展现状

（一）经济作用明显

在许多国家，乡村旅游被认为是一种阻止农业衰退和增加农村收入的有效手段。2001年，意大利一万多家乡村旅游企业共接待游客达2100万人次，营业额达9000亿里拉（约合4.3亿美元），比2000年增加了12.5%。在美国，30个州有明确针对农村区域的旅游政策，其中14个州在它们的旅游总体发展规划中包含了乡村旅游。在以色列，乡村旅游开发是对农村收入下降的一种有效补充，乡村旅游企业数量逐年增多。包括加拿大、澳大利亚、新西兰在内的许多国家，都认为乡村旅游业是农村地区经济发展和经济多样化的动力。20世纪后期，西班牙用本国近20年乡村旅游的经验证明现代乡村旅游非常有利于推动西班牙农村地区的发展。②

（二）与农村发展紧密结合

英国在2001年大选后将原农业、渔业及食品部（MAFF）改为环境、食品和农村事务部，增加了对"环境"与"农村事务"问题的重视，这一改动正是针对英国农村振兴所面临的问题而为，其有的放矢已经初见成效。为发挥乡村休闲农作和生态旅游一举多得的优势，"农村事务"采取了更加具有竞争性、灵活性，对环境更加负责的政策。政府每年投入约5亿英镑改善农村基础设施，为了继续提高对农村事务的支持水平，2007年拨付了16亿英镑支持英国农村发展计划。③

（三）注重绿色可持续发展

近年来，乡村旅游在芬兰很受欢迎。占地90公顷的伊洛拉农场是芬兰一处普通的乡村旅游场所。十几座红白相间的木制农舍掩映在树林中，桑拿木屋飘散出青烟，花白的奶牛和枣红色的大马在牧场里悠闲地吃草，远处是大片的农田和森林，一派典型的芬兰乡村景象。在芬兰，像伊洛拉农场这样的乡村旅游场所有几百处。芬兰政府的旅游部门对它们实行质量管理，主要内容是确保旅游环境和旅游内容体现芬兰传统乡村文化及设施完备，强调保持乡村自然人文环境的原真性。同样强调乡村旅游绿色发展的还有日本、澳大利亚等，随着生态旅游的兴起，乡村旅游的可持续发展越来越受到人们的重视。

（四）类型多样化、方式自助化

随着乡村旅游的迅速普及，旅游者对乡村旅游品种的多样性、内容的丰富性和体验差异性的要求越来越高。越来越多的旅游者不再满足于一些成熟的乡村旅游点和较固定的旅游项目，而是自主开辟新的旅游点，并提出新的旅游要求。乡村旅游目的地和旅游内容

---

① 游锡火.澳大利亚乡村旅游发展及对我国的启示[J].安徽农业科学,2019,47(10):119-120,129.
②③ 傅德荣.国外乡村旅游的发展现状和趋势[J].小城镇建设,2006(7):97-98.

不断泛化。发达国家的旅游者更愿意选择自助的方式开展乡村旅游,包括交通出行的自助化,自驾车、单车或徒步出行,很少依赖旅行社团队旅行;旅行事务的自助化,订房、订票、订餐的自助化等;不再满足于一般的乡村旅游服务,更加愿意选择利用乡村环境和资源开展自娱自乐活动。

(五)市场国际化

随着乡村旅游产业规模的扩大,一些乡村旅游目的地开始注重品牌建设,加大宣传促销的力度。乡村旅游目的地的客源构成趋向多元,一些知名的乡村旅游目的地吸引了中远程的国内游客及境外游客。全球化进程的加快使乡村旅游的国际化也随之加快。

三、国内乡村旅游发展历程

我国乡村旅游始于20世纪七八十年代,从欧美国家、日本等地传播而来,[①]至今大致经历了四个阶段。

(一)初始阶段(1980—1990年)

初始阶段的10年是乡村旅游发展的初创期,我国的乡村旅游以深圳首次举办的荔枝节为起始标志。由于刚刚改革开放,休闲文化产业和乡村旅游的发展体系还不健全,只有靠近城市或景区的极少数农民才会利用举办节庆活动的方式吸引游客观光旅游。在节庆活动上,农民会展示他们的劳动成果,并邀请游客品尝。1986年,成都"徐家大院"的诞生标志着"农家乐"旅游模式的出现。[②]这一时期的乡村旅游多为农民自发兴起的旅游活动。

1989年4月,"中国农民旅游协会"正式更名为"中国乡村旅游协会"。城市化进程的加快使人们亲近自然、缓解城市压力的愿望日益强烈,经济的飞速发展促使人们的可自由支配收入和闲暇时间逐日增加,后现代主义的生活方式全面渗透到人们的日常生活,越来越多的人追求传统,渴望自由,而具有回归自然的乡村旅游恰恰能够满足人们的这些需求。借鉴国外发达国家乡村地区发展的经验,国内各级政府纷纷把旅游业作为促进乡村地区经济复苏的有效手段,致力于各种乡村旅游项目的规划和开发。[③]

(二)快速发展阶段(1991—2000年)

这是乡村旅游发展的第二个10年。这一时期我国产业发展脚步逐渐加快,城市化快速推进,国家出台了大量相关政策来增加居民的休假时间,提高居民的生活体验感。[④] 1994年,"1+2"休假制度颁布并实施;1995年5月1日起实行双休日;1999年又将春节、"五一""十一"调整为7天长假;1995年"中国民俗风情游"旅游主题与"中国:56个民族

---

① 杨载田,刘沛林,刘春腊,等.安徽宁国休闲农业与乡村旅游发展创新探索[J].广东农业科学,2012,39(3):182-184.

②④ 田梦.浅析我国乡村旅游发展现状与趋势[J].南方农业,2017,11(16):83-85.

③ 田洪国.国内外乡村旅游发展实践研究[J].科技资讯,2014(1):242-243.

的家"宣传口号带游客深入少数民族风情区；1998年"中国华夏城乡游"旅游主题与"现代城乡，多彩生活"宣传口号吸引大批旅游者涌入乡村；2000年，国务院46号文件明确了"黄金周"的概念。因此，这一时期的乡村旅游以乡村假日经济为主要特征。

消费结构发生的翻天覆地的变化、社会的迅速发展，让居民经济收入有了明显的提高，生活质量的提高使人们对休闲生活有了一定的需求，于是一些靠近大、中城市的农村开始发挥地区优势，利用当地的资源环境和特色产品开办休闲农业园，游客可以在园内感受农家生活，采摘、种菜、钓鱼、野餐等，这样新颖的休闲方式吸引了大批的城市居民，这一时期我国的乡村旅游快速发展，游客数量迅速增长，农家乐等乡村旅游载体数量迅速增长，逐渐遍及全国。

（三）全面纵深发展阶段（2001—2010年）

这是乡村旅游发展的第三个10年。这10年间，国家相继出台多部政策条例支持乡村旅游的发展与规范：2002年，我国颁布了《全国农业旅游示范点、全国工业旅游示范点检查标准（试行）》，标志着我国乡村旅游开始走向规范化、高质化；2006年，国家明确提出"中国乡村旅游年"，将乡村旅游的角色放到了更突出的位置，"新农村、新旅游、新体验、新时尚"全面推动乡村旅游的发展；2007年国家规范土地承包经营权流转、2008年健全承包经营权流转市场，改变了乡村旅游发展受土地制度制约的现状；2007年，"中国和谐城乡游"和"魅力乡村、活力城市、和谐中国"的提出带动了农村风貌大变样；2007年，国家旅游局和农业部联合发布了《关于大力推进全国乡村旅游发展的通知》，推动乡村旅游发展；2008年，三次长假调整为"两长五短"模式及带薪休假制度法制化；2008年，《中共中央关于推进农村改革发展若干重大问题的决定》使乡村旅游的经营模式更加科学化、合理化和多样化；2009年，国务院印发《关于加快发展旅游业的意见》，提出乡村旅游富民工程。[1]

这一时期人们的生活水平更上一层楼，从解决温饱到奔向小康，生活质量显著提高，人们对于休闲旅游的需求更加迫切。加之政府的鼓励与政策的支持，这一时期休闲农业和乡村旅游的发展进入了全面纵深阶段，不止发展速度快，而且规模大、数量多，质量也在不断提高，在全国范围内涌现出很多具有代表性的观光休闲农业园区，这些休闲农业园区特色鲜明、产品优质，受到了广大人民群众的喜爱。

（四）转型升级可持续发展阶段（2010年以后）

这是乡村旅游发展的第四个10年。这一时期，关于乡村旅游最大的变化就是将乡村旅游与农村可持续发展紧密结合，乡村旅游进行着产品转型与产业升级，由单一观光旅游逐渐向综合型旅游升级发展，政策支持则更多关注乡村旅游的发展质量，以促进农村的可持续发展，最具代表性的就是在2011年农业部印发《全国休闲农业发展第十二个五年规

---

[1] 田梦.浅析我国乡村旅游发展现状与趋势[J].南方农业，2017，11(16)：83-85.

划(2011—2015年)》①之后,国家旅游局与其签订了休闲农业与乡村旅游合作框架协议,这意味着我国乡村旅游的发展进一步得到了国家的重视。2015年,中央一号文件在该产业的部署上非常详细,频繁出台的政策为休闲农业和乡村旅游提供了帮助,很多省、市、自治区也制定了扶持政策,共同为其发展给予支持,一个属于休闲农业和乡村旅游的政策体系正在形成。② 全国休闲农业和乡村旅游接待人次从2012年的8亿人次增至2018年的30亿人次,年均增长30%;营业收入从2012年的2400亿元增至2018年的8000亿元,年均增长27%。2019年乡村休闲旅游接待游客约32亿人次,营业收入达8500亿元,直接带动吸纳就业人数1200万,带动受益农户800多万户。我国休闲农业和乡村旅游的规模和速度进入前所未有的蓬勃发展阶段。

四、国内乡村旅游发展现状

(一)政府密切关注,政策支持度高

自2014年以来,国务院及有关部委出台了多个文件,在财政、金融、土地、公共服务等方面支持休闲农业和乡村旅游发展,绝大多数省(区、市)也都制定了扶持政策,全国休闲农业和乡村旅游扶持政策体系基本形成。2015年5月,习近平总书记在浙江舟山考察时,对农家乐的发展予以高度评价,之后在贵州调研时也考察了休闲农业和乡村旅游点。2017年,政府工作报告中指出,发展农村、休闲旅游是未来不可或缺的趋势,政府在给予休闲农业和乡村旅游发展高度关注的同时也给予了政策的支持。2015年以来的中央一号文件对发展休闲农业和乡村旅游都作出了部署,这也激励了许多地方政府纷纷采取行动,发布地方专项政策发展休闲农业与乡村旅游,2017年乡村振兴战略的提出,更是进一步强调了乡村旅游在促进农村可持续发展中的作用,为乡村旅游发展提供了强大保障。

(二)市场需求旺盛,发展潜力十足

社会的不断发展,让居民收入不断增加,在经济水平提高的同时,人们对生活质量也有了更高的要求。近年来,城市生活节奏加快,越来越多的城市居民渴望改变生活方式、回归乡村,于是休闲农业和乡村旅游方面的消费越来越多,市场的需求旺盛。这也吸引了越来越多的社会投资,在需求的拉动下,社会资本投资活跃,乡村旅游发展潜力巨大。

(三)类型模式多样,内涵不断提升

在休闲农业和乡村旅游发展的加速时期,该产业的内涵不断丰富,呈现出的类型模式也多种多样。这些极具特色的休闲体验产品满足了不同游客的需求,带给人们不一样的旅游体验。各地深入挖掘当地地域文化、民族文化、历史文化等,以文铸魂、以景绘魂、以情述魂,开发并推出一大批人无我有、特色鲜明、文化浓厚、吸引力强的休闲体验产品,形

---

① 中华人民共和国农业农村部.全国休闲农业发展第十二个五年规划(2011—2015年)[EB/OL].(2011-08-20)[2022-03-01].http://www.moa.gov.cn/ztzl/shierwu/hytz/201110/t20111019_2379184.htm.
② 何德君.我国休闲农业和乡村旅游发展现状与展望[J].环渤海经济瞭望,2019(11):54-55.

成形式多样、功能多元、特色各异的模式和类型。此外,田园综合体、农业主题公园、高端民宿、特色小镇等各种新模式也不断涌现。越来越多的新模式,让休闲农业和乡村旅游产业的发展变得多姿多彩。

(四)产品种类繁多,个性突出

我国的乡村旅游产品种类繁多,主要包括乡村观光旅游、乡村农家乐、乡村文化旅游、乡村休闲旅游、乡村度假旅游、乡村健身旅游、乡村体验旅游、乡村探险旅游。目前,我国乡村旅游产品正在从文化含量有限的"农家乐"向注重个性开发的文化旅游产品转变,以满足不同旅游者的需求。

第四节　乡村旅游发展主要模式

【引例】

践行"两山"理念　建好美丽家园[①]

安徽省安庆市岳西县黄尾镇黄尾村属传统林区,生态文明建设倒逼传统林业经济转型,生态旅游产业已成为当地脱贫致富的主要渠道。该村一致着力探索发展模式,引导生态旅游;探索形成"景区＋村集体经济公司＋专业合作社＋农民"发展模式,景区组织游客入园采摘,村集体经济公司统一营销,合作社提供技术服务,茶农、果农种植生产。位于彩虹瀑布景区旁的长冲茶叶公园成为网红打卡地,茶园变公园,农民变导游,游客变村民。2015—2021年,该村年均旅游综合收入达2.1亿元,累计带动全镇1200余人脱贫致富。

思考:结合你所处的地区,谈谈你了解的乡村旅游发展模式。

▶一、国外乡村旅游发展主要模式

作为重要的旅游方式和创汇产业,发达国家的乡村旅游已从早期的单一观光型农业园升级为集观光、休闲、疗养、度假和教育于一体的多元化、多功能和多层次乡村旅游发展格局,创造了巨大的生态效益、经济效益与社会效益,并形成了众多具有不同国别与地域特色的乡村旅游发展模式。[②] 以下从乡村旅游的组织方式和开发模式两个方面,对国外乡村旅游发展模式进行阐述分析。

(一)组织方式方面

从组织方式看,国外乡村旅游主要有政府主导型、农户主导型和混合型发展模式。

1. 政府主导型发展模式

政府主导型乡村旅游发展模式以韩国、日本为典型代表,该模式以促进本国农村和农

[①] 中华人民共和国文化和旅游部.践行"两山"理论　建好美丽家园——安徽省安庆市岳西县黄尾镇黄尾村旅游扶贫案例[EB/OL].[2021-11-12].https://zhuanti.mct.gov.cn/tp_detail/840.html.

[②] 宋明轩,谢春山.国内外乡村旅游发展理念、历程和模式比较分析[J].沈阳农业大学学报(社会科学版),2019,21(4):385-391.

业的发展为根本目标,以地方法规及津贴鼓励政策为主要管理手段。

2. 农户主导型发展模式

农户主导型乡村旅游发展模式存在于欧洲国家,主要以英国和法国为典型代表。该模式强调将决策权和经营权赋予农户(主要指具有大规模农业资产的农场主),主张积极调动农户在乡村旅游发展中的能动性,政府和企业都没有绝对的开发权利。

3. 混合型发展模式

混合型乡村旅游发展模式主要分为"政府+公司"和"政府+行业协会+公司+农户"两种类型。其中,"政府+公司"型发展模式主要以英国为典型代表。该模式既将政府和私人企业紧密结合,又使经营权和监管权相互分离。"政府+行业协会+公司+农户"模式由"政府+公司"模式衍生而来,主要以美国、爱尔兰和法国为典型代表。在该模式下,虽然政府的管理职能随着非营利、非政府组织及行业协会的不断发展而慢慢被削弱,但政府对乡村旅游市场秩序的监管能力却逐渐增强。

(二)开发模式方面

国外乡村旅游主要有农场观光型、农产品购物型、乡村民宿型、儿童教育型、科学教育型和休闲度假型。在总体上,国外乡村旅游的发展模式已经较为成熟,尤其在国家政策法规、服务与经营理念和基础设施建设等方面,其中美国、日本与欧洲国家的发展模式最具代表性。

1. 农场观光型

农场观光型发展模式以美国为代表,主要为观光旅游和农业知识科普。游客既可欣赏乡村农业景观,也可参观农产品的生产过程,同时了解农作物种类及其耕种方式,游客在体验观景的同时,也接受了相应的农业科普教育。

2. 农产品购物型

农产品购物型发展模式以新鲜的瓜果、蔬菜和自制的农副产品为主要旅游产品,同时也推出季节性特色活动,如农产品展览、垂钓比赛等。该模式为健康和安全的农产品提供了销路,带动农村经济可持续发展,美国是农产品购物型发展模式的典型代表。

3. 乡村民宿型

乡村民宿型发展模式以日本最为著名,民宿产业最早起源于日本白马山麓与伊豆地区,在冲绳和北海道地区发展较迅速。日本农家民宿多以海滨、乡村风光和乡村文化为特色,重视宾至如归式的旅游文化建设,附加特色休闲娱乐项目,特别是将温泉纳入民宿经营,为游客带来不同于酒店服务的乡村餐宿感受。

4. 儿童教育型

儿童教育型发展模式主要存在于日本,日本学校注重培养儿童学习农业知识,主张将学习与课后的农业体验相结合。据统计,日本每年有近400万的中小学生参与农村修学旅行。乡村旅游在为儿童提供农耕知识和生态环境保护教育的同时,通过儿童的食宿费用和特色农产品销售,促进了农业经济的发展。

5. 科学教育型

科学教育型发展模式在欧洲发展较为成熟,欧洲各国的科学技术推动农业迅速发展,通过高科技农业和农业科普措施,将乡村旅游转变为集教育、科学知识普及、文化和经济等多功能于一体的旅游产业形态,与日本和美国的教育型乡村旅游发展目的、内容和手段大致相同。

6. 休闲度假型

休闲度假型乡村旅游多是借助森林、湖泊、农场、雪山和牧场及其周边景观而建立的休闲度假区。同时,欧洲各国旅游协会还定期组织一些具有地域或民族旅游特色的节日活动,如啤酒节、葡萄酒节或狩猎节等,以吸引各地乡村旅游者。

▶二、国内乡村旅游发展主要模式

自20世纪70年代起至21世纪,我国乡村旅游呈现出功能丰富、结构多样的良好发展态势。国内乡村旅游发展模式较多,按照乡村旅游开展的依托地域来划分,可将其分为都市型、景区型、村镇型和园区型四种类型。[①] 我国乡村旅游虽然起步较晚,但是在政府的大力支持和乡村旅游实践者的不懈努力下,发展较快,形成了众多别具特色、影响较大的乡村旅游发展模式,成就瞩目,影响巨大。

(一)都市型

都市型发展模式依托大、中城市发展,典型案例有北京门头沟和成都三圣乡,此类型被称为"城市的后花园"。其发展动力主要有特色、安静和优美的自然环境,有靠近大、中型城市的地理优势。其旅游产品主要销售对象集中在大、中型城区内部。

(二)景区型

景区型发展模式依托地域为景区,此类型是重点旅游景区的伴生物,是景区和社区的互动结果。国内部分景区所处位置较为偏僻,附近没有基础设施满足旅游消费者的需求。附近居民借此机会参与旅游服务,可以适当增加额外收入。景区型发展模式的典型代表为云南大理、丽江和西双版纳风景区。

(三)村镇型

村镇型发展模式依托地域为地方村镇,以婺源篁岭及湘西凤凰古城为代表。此类型是乡村旅游的基本模式,是旅游和乡村社会的交融。传统村落是我国乡村文化的缩影和遗迹,其丰富多彩的乡村文化、具有地域特色的村落建筑、质朴和热情的村民增添了乡村旅游的文化吸引力。

(四)园区型

园区型发展模式依托特色园区发展,此类型是乡村旅游规模化发展的必然结果,一般是由地方政府或行业组织建立而成,是一种集食宿、观光、疗养、休闲度假和农产品售卖等于一体的乡村旅游发展模式,在改革农村生产与社会结构、提高农村居民生活水平、全面

---

① 宋明轩,谢春山.国内外乡村旅游发展理念、历程和模式比较分析[J].沈阳农业大学学报(社会科学版),2019,21(4):385-391.

建成小康社会中发挥着重要作用。园区型发展模式在国内的典型代表为湖南博盛生态园区、北京妙峰山玫瑰花基地,以及上海阡陌云间农业休闲观光园。

> **课后练习**
>
> 1. 论述各类乡村旅游经营模式的优缺点。
> 2. 收集资料,总结学校所在区域内的乡村旅游发展类型。

模块二　乡村旅游经营主体

知识目标

1. 熟悉乡村旅游社区参与的概念、类型和特征。
2. 了解乡村旅游目的地行政管理的概念和基本要素。
3. 掌握乡村旅游企业的培育方法。

能力目标

1. 能够分析归纳乡村旅游社区参与的现状和主体。
2. 能够分析乡村旅游目的地行政管理体系的作用。
3. 能够对现有的旅游社会组织类型进行归纳。

素质目标

1. 具有三农情怀和爱国情怀。
2. 具有守正创新、开拓进取的精神。

导　读

乡村旅游的发展离不开乡村旅游经营主体,乡村旅游经营主体的发展情况直接反映行业的发展状况,乡村旅游目的地行政管理单位、乡村旅游经营企业、乡村旅游社会组织等不同的经营主体在乡村旅游发展中起到了重要的推动作用,最终实现乡村旅游产业兴旺,农民富足,促进乡村振兴。

第一节　乡村旅游社区参与

【引例】

黄土岭村的乡村旅游模式①

七里乡黄土岭村位于浙江省衢州市柯城区西北部系石梁溪源头。黄土岭村的乡村旅游模式是一种基层组织引导模式。基层行政组织代表社区行使土地使用权和旅游经营权,村委会是管理主体。在规划建设阶段,政府通过邀请专家学者编制规划,开展基础设施建设、市场营销推广;通过招商引资进行大型旅游项目建设;通过制定发展乡村旅游的

---

① 蔡碧凡,陶卓,郎富平.乡村旅游社区参与模式比较研究——以浙江省三个村落为例[J].商业研究,2013(10):191-196.

扶持政策,鼓励和引导农民积极参与旅游业。在运营阶段,由村委会组建的农家乐合作社联合旅行社负责,以合作社为运营主体,统一管理、统一服务和统一培训,并对社区居民的经营进行监督和协调。

思考: 结合你所处的地区,谈谈社区是如何参与乡村旅游发展的。

一、社区与社区参与的概念

"社区"(community)最早出现于德国社会学家斐迪南·滕尼斯(Ferdinand Tönnies)的论著《社区与社会》中,他认为"社区是由自然意志推动,以统一和团结为特征的社会结构"[①]。社区是指由一定数量居民组成的,具有内部组织结构与文化维系力的地域性生活共同体。

"社区参与",最早由墨菲(Murphy)在1985年的著作《旅游:社区方法》一书中提出,他认为要把旅游看作一个社区产业,从社区利益出发,在旅游发展中追求社区各主体之间的平衡,以实现社区的健康发展。

社区参与乡村旅游发展指在乡村旅游的决策、开发、规划、管理、监督等旅游发展过程中,要充分考虑社区的意见和需要,并将社区作为主要的开发主体和参与主体,在保证乡村旅游可持续发展方向的前提下实现社区的全面发展。市场机制、组织机制、利益机制、治理机制等因素对社区参与乡村旅游协同发展治理具有显著的影响。

二、乡村旅游社区与社区参与的现状

(一)乡村旅游中的农村社区现状

相对城市社区,农村社区是以从事农业活动并以其为主要谋生手段的人口为主,且人口规模较小的社区。农村社区为乡村旅游提供活动场所,并支持其可持续发展。作为乡村旅游资源中的一部分,农村社区居民拥有参与乡村旅游资源开发规划过程的基本权利。乡村旅游有效促进了社区发展,极大地提升了社区参与度。在乡村旅游中开发社区参与旅游,不仅能为乡村地区的农民带来经济利益,优化乡村生态环境,而且能在文化上独树一帜,尤其是丰富留守农村人员的业余生活,提高他们的幸福指数,激发他们参与社区事务的热情,促进当地社区及和谐社会的发展。政府和旅游开发公司对农村社区的环境进行了整治和美化,如清理河道、农村垃圾处理、碎片化农田规整、种植观赏性植物、向农民宣传环境保护知识等;同时完善了社区交通、社区基础设施等公共福利。

受资金、管理能力、发展思路等因素制约,社区和农户虽然有自主经营的意识,但在乡村旅游参与中地位被动,常处于从属地位,只能将乡村旅游开发和管理的主导权交给外来企业经营者。同时,农村社区参与乡村旅游发展的范围有限,过于注重形式。在乡村旅游开发、管理中,受农民自身素质和参与积极性影响,许多措施都难以落实到位。有些地方制度不规范、缺乏长远发展规划等,社区参与乡村旅游也流于形式,参与方式零散,实际参与效果有待提升。

---

① 郭华.乡村旅游社区利益相关者管理研究:基于制度变迁的视角[M].广州:暨南大学出版社,2010.

(二) 社区参与乡村旅游发展现状

社区参与乡村旅游发展是乡村旅游可持续发展的一个重要内容和评判依据。可持续发展战略要求将民众吸收到发展进程中,社区作为旅游开发主体而非客体,社区居民扮演的角色自然是当局者和主人翁。因此,强调社区参与乡村旅游的发展理念,是可持续发展战略的最佳理论结合点和具体体现。

1. 社区参与乡村旅游发展的模式

社区参与乡村旅游的开发模式主要有以下几种(见表2-1)。

表2-1 社区参与乡村旅游的开发模式①

名 称	特 征	实 例
公司＋(社区＋)农户	公司和农户直接合作,或者公司和社区合作,由农户参与乡村旅游。农户须经过公司的培训上岗,公司对其行为进行规范	湖南省浏阳市"中源农家"
政府＋公司＋农村旅游协会＋旅行社	政府负责规划和基础设施建设,优化发展环境;公司负责经营管理和商业运作;农村旅游协会负责组织村民参与,负责组织村民维护和修缮各自的传统民居,协调公司与村民的利益;旅行社负责开拓市场,组织客源	贵州省平坝县天龙镇
农户＋农户	由"开拓户"变成"示范户",然后由"示范户"带动其他的农户共同发展。一方面,该模式通常投入较少,接待量有限,但乡村文化保留最真实,游客花费较少就能体验最真实的本地习俗和文化,是最受欢迎的乡村旅游形式。另一方面,受管理水平和资金投入的影响,在该模式下通常旅游的带动效应有限	湖南省汉寿县"鹿溪农家"
股份制	根据资源的产权将乡村旅游资源界定为国家产权、乡村集体产权、村民小产权和农户个人产权4种产权主体。在开发乡村旅游时,可采取国家、集体和农户个体合作的形式,把旅游资源、特殊技术、劳动量转化为股本,收益以按股分红与按劳分红相结合的方式分配,进行股份合作制经营	福建省武夷山市下梅村
个体农庄	以规模农业个体户发展为特色,采取"旅游个体户"的形式,对自己经营的农牧果林场进行改造和旅游项目建设,使之成为一个完整意义的旅游景点,能完成旅游接待和服务工作。该模式能吸纳附近闲散劳动力,形成以点带面的发展格局	内蒙古自治区乌拉特中旗"瑙干塔拉"
企业＋政府＋旅行社＋农户	公司负责该地区经营管理和商业运作;政府组建负责规划和基础设施建设;旅行社负责开拓市场,组织客源;农户作为旅游的参与者,履行住宿餐饮提供、导游、工艺品制作等职能	贵州省田垄屯堡

---

① 彭敏,付华.中国乡村社区参与旅游开发研究[J].中国农学通报,2007(1):172-175.

2. 社区参与乡村旅游发展的层次

目前,社区参与乡村旅游发展呈现出三个层次(见表2-2)。

表2-2　社区参与乡村旅游发展的三个层次

社区参与乡村旅游的层次	体现的特点
初级参与	参与的人数少、参与的范围窄、对旅游业了解程度低、处于被动参与状态等
积极参与	居民参与的主动性较强,注意对环境的保护,参与意识较弱且不够宽广
成熟参与	这个层次是社区参与的最高层次,不仅社区居民的参与意识强烈,注重旅游业可持续发展,而且具备较为完善的社区参与机制,社区开放度高、参与范围广

▶三、乡村旅游社区参与的主体

▎(一)居民参与乡村旅游经营管理

1. 居民参与的概念与地位

居民参与是指拥有民居所有权的居民作为旅游开发的主体进入旅游开发、决策、利益分配等涉及旅游发展事宜的体系。

社区居民是乡村旅游发展必不可少的资源要素之一。居民既是乡村旅游资源的缔造者和保持者,也是乡村旅游资源的载体。社区居民的思想意识、参与意愿和参与技能等都会影响乡村旅游的发展质量。对于发展乡村旅游,社区居民具有共同的利益关系和认知水平,具有相对固定的人际网络,所以居民对发展乡村旅游的认同度是乡村旅游发展的制约性因素之一。乡村旅游只有通过社区居民的参与才能有较好的发展前景,社区居民参与乡村旅游也可以从中获取到利益,所以必须重视社区居民在乡村旅游中的主体地位。

2. 居民参与乡村旅游经营管理的形式

居民是旅游目的地最核心的利益相关者。社区居民作为乡村旅游社区的主体,"在整个旅游活动中扮演参与者和受益者的角色"[1]。其利益诉求主要表现在以下四个方面:一是希望在社区参与的过程中通过政府部门与旅游企业合作,满足游客需求服务的方式,获取经济利益,从而增加当地居民的收入,提高居民的物质生活水平;二是通过开展旅游活动,完善当地的公共服务设施,改善居民的生活质量;三是通过挖掘当地的自然资源和文化资源,提高居民的精神文化生活;四是参与社区营造的活动,行使自己的管理权和监督权。[2]

社区居民参与乡村旅游经营管理的形式在不同范围表现不同。小范围的社区会设置专门机构,如居民协会代表居民意见,居民通过居民协会直接参与管理当地旅游业和相关经营活动。在更普遍的范围内,社区居民主要通过以下几种形式参与旅游经营与管理:一

---

[1] 韦复生.旅游社区居民与利益相关者博弈关系分析——以大型桂林山水实景演出"印象刘三姐"为例[J].广西民族研究,2007(3):197-205.

[2] 张雪婷,李勇泉.乡村旅游社区利益相关者博弈研究[J].科技创新与生产力,2018(5):14-16,19.

是参与旅游产品创新;二是参与旅游形象设计与推广;三是参与旅游服务。①

(二)专业合作社参与乡村旅游经营管理

1. 专业合作社的概念

专业合作社是广大农民依照《中华人民共和国农民专业合作社法》有关规定,自愿联合、民主管理,通过组织成员开展旅游相关业务、经营活动及服务共同分享收益的互助性经济组织。专业合作社主导模式是指在乡村旅游发展过程中,以自我组织、自我管理、自我服务的农民旅游社团组织形式为主导的乡村旅游开发模式。

2. 专业合作社参与乡村旅游经营管理的形式

专业合作社的经营范围主要是住宿、餐饮、休闲、手工艺品销售等乡村旅游产品和服务。综合型乡村旅游合作社的经营范围在常规的种植、养殖业务的基础上,增加如水果采摘、垂钓等乡村旅游活动,属于农旅融合发展的结果。

3. 专业合作社的优点与局限

专业合作社发展模式的优点如下。

第一,通过旅游业和农业互补实现集约发展、差异共赢,促进农产品的深加工、传统手工艺品的商品化和旅游产品供应链的本地化,农家乐集群化发展和农业规模化经营可以提高乡村旅游发展的乘数效应,改善乡村的经济结构。

第二,社区居民对自身资源的控制力强,可以全方位、多角度参与社区乡村旅游的经营、决策、管理,有利于获取真正的市场主体地位。

第三,社区居民自愿参加,自由退出,通过自主支配自己的劳动对象和劳动成果、自主选择进入市场网络参与市场竞争,促进乡村管理模式的民主化转型,通过自主管理提升民主意识和自律能力,加快基层民主化的进程。

第四,专业合作社的综合协调能力相对较强,容易协调社区居民之间的关系,克服单一协调机制的制度缺陷,有效避免"公地悲剧",减少恶性竞争,保障社区居民的利益。

专业合作社的发展壮大还存在一些限制和局限。首先,最大瓶颈就是资金匮乏,大多数专业合作组织的运作资金来源比较单一,无法得到信贷支持,需要政府加以引导、规范和扶持,给予一定财政补贴和税收优惠。其次,作为新型旅游组织,其组织形式较为松散,随意性较大,组织机构不健全,抗风险能力小,内部管理不够规范,自我发展能力尚待提高。最后,组织成员的受教育水平普遍不高,缺乏战略意识。

(三)新型职业农民参与乡村旅游经营管理

1. 新型职业农民的概念与地位

新型职业农民是以农业为职业、具有相应的专业技能、收入主要来自农业生产经营并达到相当水平的现代农业从业者。他们是乡村振兴发展的主体力量,在乡村旅游业发展中发挥着重要的作用。

新型职业农民参与对乡村旅游业的发展具有非常重要的作用。新型职业农民积极参与

---

① 唐代剑,池静.中国乡村旅游开发与管理[M].杭州:浙江大学出版社,2016.

的态度对乡村旅游绩效有显著正向影响,在乡村旅游发展中,农民对旅游活动的参与度会直接影响当地乡村旅游的发展;如果当地农民参与不足,缺乏主动去维护当地景观特色和环境资源的意愿,就会导致当地乡村特色逐步衰退,而旅游者也难以获得较好的旅游体验和服务。

2. 加强新型职业农民在乡村旅游中的参与

在乡村旅游发展中,应通过开展思想教育和知识培训,充分调动新型职业农民参与的积极性,提升其在旅游领域的相关知识储备和对乡村旅游的认识,让农民成为体面的职业,进而全面建设新型农民队伍。"从乡村振兴的主体入手,加快新型职业农民培育,是解决当前我国农村、农业发展困境进而推进农业现代化发展进程的重要举措和必然要求"。①

在乡村旅游发展中,应充分发挥示范效应及引领作用。"农旅一体化是乡村旅游和休闲农业发展的新模式,农旅一体化的发展需要大量高素质的职业农民"。② 政府应加大培育职业农民的政策支持,培养一批"懂农业、爱农村、爱农民"的新型职业农民。基于乡村旅游的新型职业农民培育具有不可或缺的意义,既有利于加快"三农问题"的解决,推动传统农业向现代农业转变,提高乡村旅游服务质量,又有利于把人才留在农村,集中人力资源建设社会主义新农村。

第二节 乡村旅游目的地行政管理体系

【引例】

婺源促进乡村旅游高质量发展③

江西省上饶市婺源县政府为高质量发展当地乡村旅游业,主动主导品牌经营宣传工作,有效扩大了婺源县乡村旅游产业在中国的知名度与影响力。一是A级景区创建。2001年,婺源县创成全国首批3A级旅游景区,并且是全国唯一一个县域整体为3A级的旅游景区和唯一定位"中国最美乡村"的景区,充分用好了这两块金字招牌进行品牌运作,提升了婺源旅游知名度。二是举办节日。婺源县在"五一"、国庆等黄金周节假日,相继举办"婺源乡村文化旅游节""婺源茶文化节""民俗风情展示周",以及国际旅游文化节、乡村文化节等活动,不断展现婺源本土的民俗文化特色。与此同时,婺源县政府创新"依村兴旅"的理念,坚持走文化与生态相结合的乡村旅游道路,通过差异化发展,与周边旅游区形成良性互补关系,形成婺源特有的旅游发展新格局。

思考:江西省上饶市婺源县政府在发展当地乡村旅游中发挥了怎样的作用?

一、乡村旅游目的地行政管理的定义与特征

随着乡村旅游的快速发展,乡村旅游目的地的行政管理越来越发挥着独特而显著的作用,在一定程度上决定着一个地方乡村旅游业的兴衰与成败。

---

① 王德召,黄玖琴,梁成艾.政策支持、职业农民参与态度与乡村旅游绩效研究[J].职教论坛,2019(11):153-157,171.
② 倪慧丽,王慧慧.基于乡村旅游的新型职业农民培育路径研究[J].中国成人教育,2017(10):157-160.
③ 周益钒.乡村旅游发展中基层政府作用研究——以浙江省温州市藤桥镇为例[D].南昌:江西财经大学,2017.

（一）乡村旅游行政管理的定义

乡村旅游行政管理是指行政管理在乡村旅游中的推广与应用。旅游行政管理是"政府组织及行业组织通过旅游政策、法规，引导旅游发展方向，建立市场规则，协调、监督和维护市场秩序，规范旅游企业行为，达到提高旅游服务质量和经济效益的目的"[①]。乡村旅游行政管理即各级政府及乡村旅游行业组织，以乡村旅游目的地的吃、住、行、游、购、娱等相关要素为管理对象，通过运用行政、法律及经济手段，建立市场规则，协调、监督和维护市场秩序，规范经营者行为，以达到提高乡村旅游服务质量、增强经济效益及实现乡村旅游可持续发展的目的。

（二）乡村旅游行政管理的特征

1. 权威性与严肃性

国家权力为乡村旅游行政管理提供了管理的政治保障，国家法律为旅游行政管理提供了法律依据，同时调整和约束着旅游行政行为和旅游企业行为。依法行政体现了乡村旅游行政管理的本质特征。在我国乡村旅游业发展的现阶段，如果政府不运用公共权力，依法对乡村旅游行业、企业和个人的行为进行规范和约束，乡村旅游业的发展和运行将是混乱、盲目和低效的；政府的旅游行政管理部门将失去权威性和严肃性。

2. 公益性与政治性

乡村旅游行政管理是国家意志和利益在旅游领域的体现，是国家权力在旅游业管理中的实现，是国家上层建筑的重要组成部分，是政府对国民经济各行业实施管理的一个重要方面。[②]

3. 人民性与参与性

社区参与乡村旅游行政管理已成为顺应时代发展的新模式，让每一位居民都能以主人公意识参与乡村旅游管理，实现经济效益和社会效益的双赢，也充分体现了时代发展下乡村旅游行政管理的人民性和参与性。

二、乡村旅游目的地行政管理的基本要素

（一）乡村旅游行政管理的客体

乡村旅游行政管理客体包括直接为旅游者提供产品和服务的乡村旅游企业（乡村民宿业、餐饮娱乐业、旅游吸引物业、旅游商品业等）、乡村旅游信息提供与传播机构、旅游策划和咨询机构、旅游教育和卫生机构等。

（二）乡村旅游行政管理的主体

乡村旅游行政管理主体可以分为两类，一类是政府，另一类是行业协会。两者之间存

---

① 陶国根.政府在乡村旅游发展中的职能定位探析[J].当代农村财经,2020(9)：58-62.
② 张新成,高楠,何旭明,等.乡村旅游公共服务质量评价及提升模式研究[J].干旱区资源与环境,2020,34(10)：179-186.

在着密不可分的关系。

1. 政府

乡村旅游政策实施并监督的主体是地方基层政府的旅游行政管理部门,它们直接面对和服务于人民群众,代表中央政府实行社会管理事务,并受人民群众的监督。首先,本地乡村旅游发展规划的制定、整体形象的宣传促销等都离不开政府的积极行为;其次,公共或公益性设施的建设需要政府的有效组织;最后,乡村旅游发展中的社会矛盾及问题需要政府出面解决,如旅游市场的无序竞争、旅游服务的非规范化等。因此,市场手段、市场作用只可解决旅游发展的部分问题,而并不能解决上述方面的绝大多数问题,在市场经济条件下,政府必须发挥公共管理的职能。

2. 行业协会

乡村旅游行业协会是乡村旅游经营者自发成立的市场中介性组织,是政府管理职能的延伸,其实质是介于政府和经营者之间的非政府行业管理机构。随着我国乡村旅游经营管理不断完善以及政府行政管理逐步向行业管理转变,行业协会在乡村旅游的管理中将发挥着越来越重要的作用。例如,四川省乡村旅游协会是经四川省民政厅批准成立,由四川省委农工委、省旅游发展委指导的全省性乡村旅游行业组织。

▶三、乡村旅游行政机构设置原则

(一)适应性原则

根据国家对乡村旅游发展制定的政策及社会的具体发展情况,适时而科学地设置、调整和改革行政机构,以适应社会提出的要求,是行政管理机构设置的最基本原则。

(二)协调性原则

行政管理机构是一个协调运转的系统,设置时需要注意内部的协调性,这对系统整体功能的发挥有重大作用。

(三)权责相称原则

要依法明确规定各个层级的乡村旅游管理行政机构的职责范围,授予其相应的行政权力,规定其对上级和下级应承担的责任,建立和完善权责一致的行政体系。

(四)法制性原则

旅游行政管理机构设置的法制性原则包括两方面内容:一方面,行政管理机构的设置及其体制要有法律上的根据和保障。另一方面,行政管理机构的权责都必须由法律赋予。[①]

---

① 王静.全域旅游背景下我国旅游行政管理体制改革研究[D].合肥:安徽大学,2018.

四、乡村旅游治理

（一）信息化治理

利用信息化平台与技术应用，提高对乡村景区综合管理监控的能力，加大智慧乡村旅游项目建设、智慧旅游客户端项目建设，实现乡村旅游宣传、游客服务、监管预警等全覆盖。利用大数据管理系统，分析游客的来源、目的地、偏好等信息属性，为乡村旅游的转型升级提供参考和依据，从而改善游客的乡村旅游体验感，提升旅游市场竞争力。

（二）建立多中心供给机制

建立多元化主体供给机制，实现政府统筹、市场主体、社会参与的局面，共同促进乡村旅游公共服务建设。在乡村旅游公共服务建设过程中，随着市场主体不断扩大，构建多中心供给模式，推进乡村旅游供给主体多元化，是必然的发展趋势。如何正确处理政府与市场、社会等多方主体的关系，平衡其中的利益，在实现乡村旅游公共服务供给过程中至关重要。这就需要政府明确自己的职责，充分发挥宏观指导的作用，协调各政府部门在旅游公共服务供给过程中权责利益的问题。

（三）打造营销体系

乡村旅游市场需要政府领导企业、媒体等多主体整合营销战略。政府充分发挥宏观协调作用，整合乡村旅游营销资源，鼓励、扶持旅游企业或个人采取多种形式和渠道运营推广；引导媒体造好声势，协调各方通过互利共惠的方式互相推广合作，将各种乡村旅游产品进行有机整合，实现区域乡村旅游的整体宣传；鼓励乡村旅游企业引进科技手段拓展营销渠道，实现乡村旅游经营的规范化、智慧化管理，建设景区、酒店、旅行社的网络营销销售平台；制定监督制度，对乡村旅游发展进行实时监测和营销统筹，为旅游市场的壮大发展创造更多机遇。

（四）加强市场监管

一是加大乡村旅游市场监管队伍建设。优化监管人员结构配置，形成一支精简强干的监管队伍。同时要建立跨部门联合工作机制，加强与相关监管部门的沟通，实现乡村旅游市场监管全面覆盖。二是创新乡村旅游市场监管手段。建立乡村旅游行业信息化管理平台，依托信息化进行过程监管，对管理对象进行全过程动态管理，增强市场监管的行政效能，以此来规范乡村旅游市场的有序经营。另外，利用新型网络媒体渠道，不断拓宽群众投诉反馈渠道，发挥网络舆论监督的作用。多元的监管手段与传统监管方式相互促进、互为补充，能够不断提高乡村旅游市场的监管效率。三是发挥旅游行业协会作用。旅游主管部门和行业协会配合协作，加大对乡村旅游市场的监管力度，促进乡村旅游市场健康运行。

五、政府在乡村旅游发展中的作用

(一) 制定乡村旅游产业发展政策

产业政策是为促进产业发展、弥补产业市场缺陷、提高产业竞争力而出台的所有政策的总和,目前国内对于乡村旅游产业政策的运用十分广泛,大部分都是运用政策工具手段来干预乡村旅游产业的发展,政策内容主要包括资金、技术、推广宣传、配套设施建设及保护生态环境等方面,当地政府通过出台一系列优惠政策,如税费减免、贷款利率、创建奖励等,一方面吸引社会资本投入乡村旅游发展,实现市场运作、多元投入,有效积累乡村旅游发展的资金和资源;另一方面,通过相关政策不断引导产业发展脱离"低、小、散、乱、差"和同质化发展的格局,打造各类示范样板。[①]

(二) 建立健全乡村旅游管理体制机制

成立高规格的旅游产业发展领导小组。各级政府要高度重视乡村旅游发展,特别是县级政府要把发展乡村旅游作为推动县域经济发展的重要抓手,加强对乡村旅游发展的组织领导和统筹协调。针对乡村旅游发展中存在的部门协调不畅问题,建议成立由党政主要领导挂帅,农业农村、林业、水利、文化旅游、交通运输、自然资源、财政和建设等相关职能部门主要负责人为成员的旅游产业发展领导小组,形成以党政主要领导为主、各相关职能部门通力合作的联动局面。各级旅游产业发展领导小组要发挥综合协调作用,定期研究乡村旅游发展的重大政策、重大项目、重大活动,文化旅游部门负责乡村旅游发展的日常管理。

完善乡村旅游发展部门协调联动机制。各地乡村旅游发展的实践已经证明,对乡村旅游发展的管理不能光靠文化旅游部门唱"独角戏",必须通过构建完善的部门协调联动机制,来调动其他相关职能部门参与的积极性和主动性。应在旅游产业发展领导小组之下,设立旅游产业发展领导小组办公室(设在文化旅游部门),定期召开乡村旅游发展部门联席会议,组织文化旅游部门与相关的职能部门,就乡村旅游发展中碰到的具体问题及其解决路径进行商讨,凝聚乡村旅游发展合力。[②]

(三) 促进乡村旅游目的地形象推广

目的地政府需要结合乡村旅游产业的定位与市场状况研究可行性未来发展报告,制定一套完整的宣传工作方案,多思路、多方向地提高乡村旅游的知名度,打造符合当地特色的乡村旅游品牌,结合当地特色创立属于当地的旅游品牌,这样有利于加强旅游者对旅游目的地的品牌印象,加快旅游产业规模化发展的进程。

除了传统的宣传方式以外,还可以利用现阶段便利的网络科技,将互联网宣传加入乡村旅游宣传中,建立微信、微博宣传阵地,通过新、旧媒体结合的方式,不断让品牌走出去,

---

① 李亚军.湖北省乡村旅游产业发展政策分析[D].武汉:华中师范大学,2019.
② 陶国根.政府在乡村旅游发展中的职能定位探析[J].当代农村财经,2020(9):58-62.

提升乡村旅游的形象。此外,还可以经常性举办各类活动,吸引各种演出团队、市民前来观赏,参与活动,逐渐提升乡村旅游现代化的声誉。①

(四) 加强乡村旅游目的地基础设施建设

加大对乡村旅游基础设施建设和环境整治的扶持力度。将乡村旅游公共基础设施建设纳入新农村建设总体布局规划,统筹安排,逐步加大资金投入力度,推进交通、饮水、电力、邮政、电信、广播电视等基础设施,以及农村公路"村村通"、农村饮水安全、信息网络建设等工程项目建设,要对具备开发休闲农业和乡村旅游条件并已有一定发展基础的村镇予以优先扶持。重点改善休闲农业和乡村旅游点的交通条件;抓紧建设处理农作物秸秆、人畜粪便、生活垃圾和污水等有机废弃物的设施,推进资源化利用和综合治理;集成配套节肥、节水等实用技术,推广化肥、农药合理使用技术;在适宜地区积极发展秸秆能源化利用和太阳能、风能等清洁可再生能源,为游客提供空气清新、舒适宜人的休闲旅游环境。②

(五) 组织开展乡村旅游规划

乡村旅游规划是地方政府在旅游发展中的一项重要职能,需要一定的技术手段,是政府对一个区域旅游活动过程及状态的总设想,它的核心问题在于旅游产品的设计和推广。不同地方的旅游形象会对旅游者的旅游动机和政府的旅游决策产生不同的影响,所以地方政府在进行旅游规划时应以良好的形象设计为导向。乡村旅游目的地政府要以自身资源为基础进行形象定位。旅游形象作为主观产物,其定位必须建立在旅游自身资源上,旅游资源决定旅游形象,而旅游形象又影响着地方旅游产业的可持续发展。地方政府以自身资源进行形象定位,是政府制定旅游政策、进行旅游规划的基础。在进行乡村旅游规划时,各区域、各乡镇应进行各自的形象定位,以避免盲目性、重复性开发,造成巨大的资源浪费。通过政府的区域规划,体现各具特色的民族文化与独特的自然景观相结合的乡村旅游形象。

(六) 加强人才队伍建设

大力开展农业技术知识、接待礼仪、游客服务等相关知识和技能的培训,不断提高服务质量和服务水平。农村劳动力转移培训阳光工程、新型农民科技培训工程要将提高乡村旅游从业人员技能作为培训内容将休闲农业讲解员、乡村旅游导游员、农家乐接待服务人员等职业纳入国家职业技能鉴定体系并给予培训鉴定经费支持。通过各种形式引导乡村旅游的经营者和县、乡、村各级管理者更新发展观念,创新服务理念,不断提高经营管理水平,注重打造特色服务品牌,满足游客多层次的需求。要将乡村旅游经营者和管理者的培训纳入"百万中专生计划",加强并鼓励各级各类农业和旅游院校对休闲农业和乡村旅游专业型、实用型、技能型人才的培养工作,有条件的应增设相关专业。有条件的农业和旅游培训机构,应开设休闲农业和乡村旅游相关专业的培训课程,以加强在职人员培训。

---

① 郭蔓.乡村旅游管理中基层政府行为研究[J].农业经济,2020(2):56-57.
② 单新萍,魏小安.乡村旅游发展的公共属性政府责任与财政支持研究[J].经济与管理研究,2008(2):64-68.

对具备条件、有意涉足休闲农业和乡村旅游的农户,尤其是对毕业的学生、复员退伍军人、农村"能人"、回乡创业的农民工进行创业辅导和培训,鼓励更多的农民通过兴办"农家乐"等方式实现增收致富。①

第三节　乡村旅游经营企业

【引例】

镇村企共创建　助推乡村旅游——福建省三明市桂峰村（节选）②

近年来,尤溪县洋中镇桂峰村鼓励外引实体,共谋发展。村两委积极探索、大胆实践"支部＋旅游开发公司带农户""支部＋中心户长带农户"和"支部＋致富能人带农户"等发展模式,推动旅游有效开发,为富民强村注入强心剂。积极引进中讯东方(福建)文化传媒有限公司进行专业开发保护,提供餐饮、住宿、景点介绍等旅游服务业务知识培训,提升旅游接待能力和服务水平。同时,引入尤溪五行生态农业发展有限公司,开展桂峰生态循环休闲健康智慧农业园区项目,以生态休闲乐健康农业为支撑,打造集生态循环有机种养殖农业、农产品粗加工、休闲游乐观光、农耕体验、农业文化实践教育、养生健康、民俗民宿农家乐为一体的生态园区,既拓展了景区体量,又丰富了游客体验。

思考：引入专业公司对乡村旅游发展有何影响?

乡村旅游的高质量发展需要政府、企业、原住民、游客多方共同努力,而在推动乡村旅游发展的各方力量中,企业是一支不可忽视的生力军。在乡村旅游发展过程中,旅游龙头企业和小微企业要团结合作、优势互补,主导乡村旅游发展,在政策和市场的共同指导下,开拓乡村旅游发展新格局。

▶一、乡村旅游小微企业经营

（一）小微企业的概念与特征

1. 小微企业的概念

小微企业是小型企业、微型企业、个体工商户和家庭作坊式企业的统称。

乡村旅游小微企业具体是依托乡村旅游地、完全或部分地为游客提供服务、占有较小市场份额、雇员人数低于50人的经营实体。③

2. 小微企业的特征

小微企业的一般特征是企业规模小,雇员人数少,机制灵活;管理模式简单,以家族式的管理为主;自主经营,经营权和产权高度统一;较容易掌握市场变化动向,更容易及时掌握市场需求;在同行业中不占垄断地位。

---

① 陶国根.政府在乡村旅游发展中的职能定位探析[J].当代农村财经,2020(9):58-62.
② 社会司.镇村企共创建　助推乡村旅游——福建省三明市桂峰村[EB/OL].[2020-11-25].https://www.ndrc.gov.cn/xwdt/ztzl/qgxcly/202011/t20201125_1301943.html?state=123.
③ 吴茂英,王怡,李秋成.乡村文旅小微企业助力乡村振兴的多重效应[J].旅游学刊,2021,36(4):5-7.

乡村旅游小微企业的具体特征是具有很强的社区嵌入性,依托乡村文化、乡村资源、乡村人才,活跃乡村产业和乡村经济,塑造并提升乡村文化和生态环境,具有非常积极的社会、经济和文化意义。[①]

(二) 乡村旅游小微企业的类型

乡村旅游小微企业类型多样,包含农家乐、民宿、乡村文创、家庭农场、乡村游乐园等类型。其主要几种类型如下。

1. 农家乐

农家乐全称"农家乐休闲旅游业",是具有经济、社会和生态等多种功能的一种特殊产业,是第一产业和第三产业有机结合的新型产业形态。它是一种以农民家庭为基本接待单位,以乡村农业、农村、农事为主要载体,充分利用自然生态资源及农村生活资源,以体验农村生活为特色,以"吃农家饭、住农家屋、干农家活、享农家乐"为主要内容的旅游活动。

从旅游者的角度来看,它就是以旅游者为中心,以"看农村景、走乡村路、吃农家饭、住农家院、做农家活、聊农家事、购农家物"为主要旅游体验的旅游活动。从经营者的角度来看,它指以农民为主要经营主体,利用其自家院落、闲置房屋,以及周围的自然生态、农村生活等资源,以家庭经营为主,吸引游客(主要是城市居民)前来休闲娱乐并获得利益的一种旅游经营形式。[②]

2. 民宿

民宿利用自用住宅空闲房间或闲置的房屋,结合当地人文、自然景观、生态、环境资源及农林渔牧生产活动,以家庭副业方式经营,为旅客提供乡野生活之住宿处所。民宿包括很多的类型,如民宅、休闲中心、农庄、牧场等。我国的厦门、阳朔、丽江等地由于优美的风景、独特的风土人情及发达的旅游业等成为我国最早发展民宿的地方,经过多年的发展,这些地方民宿产业发展较为成熟,已形成一定的规模,民宿管理也比较有经验,产生的部分民宿品牌甚至向外输出。[③]

3. 家庭农场

家庭农场是指以家庭成员为主要劳动力,利用家庭承包土地或流转土地,从事农业规模化、集约化、商品化生产经营,并以农业收入为家庭主要收入来源的新型农业经营主体。近年来,乡村旅游成为较短时间内外出旅游的最佳选择,休闲家庭农场作为乡村旅游的重要载体,在乡村旅游的发展中发挥了重要作用。

(三) 乡村旅游小微企业的扶持政策

小微企业对乡村旅游的影响十分重要。近年来,国家也有许多对乡村旅游小微企业的扶持政策(见表 2-3),"十四五"期间,国家更是明确推进乡村旅游提质升级。鼓励推广

---

①② 邵琪伟.中国旅游大辞典[M].上海:上海辞书出版社,2012.
③ 刘天晓,潘宜.基于民宿品牌的特色小镇产业提升研究——以莫干山特色小镇为例[A].中国城市规划学会、东莞市人民政府.持续发展 理性规划——2017中国城市规划年会论文集(19 小城镇规划)[C].中国城市规划学会、东莞市人民政府:中国城市规划学会,2017:10.

乡村民宿、亲子体验、研学旅游、蔬果采摘、休闲农庄、健身康养、乡村美食等全新旅游业态,这些也无不与小微企业息息相关,在《国务院关于推进文化创意和设计服务与相关产业融合发展的若干意见》《关于进一步推动文化文物单位文化创意产品开发的若干措施》等文件中提出政府应明确措施为这些小微企业大发展保驾护航,提供支持。

表2-3 乡村旅游小微企业的扶持政策

政策名称	发布日期	具体内容
农业农村部关于拓展农业多种功能 促进乡村产业高质量发展的指导意见	2021年11月17日	依托乡村资源,围绕多功能拓展、多业态聚集、多场景应用,开发乡宿、乡游、乡食、乡购、乡娱等综合体验项目
国家标准化发展纲要	2021年10月10日	推进度假休闲、乡村旅游、民宿经济、传统村落保护利用等标准化建设,促进农村一二三产业融合发展
中共中央 国务院关于全面推进乡村振兴加快农业农村现代化的意见	2021年1月04日	推进现代农业经营体系建设。突出抓好家庭农场和农民合作社两类经营主体,鼓励发展多种形式适度规模经营。实施家庭农场培育计划,把农业规模经营户培育成有活力的家庭农场
国务院关于促进乡村产业振兴的指导意见	2019年6月28日	启动家庭农场培育计划,开展农民合作社规范提升行动。鼓励发展农业产业化龙头企业带动、农民合作社和家庭农场跟进、小农户参与的农业产业化联合体

在税收政策方面,国家出台了支持小微企业、文化企业发展的一系列税收优惠政策,加大乡村旅游规划指导、市场推广和人才培训力度,促进小微企业对乡村旅游健康发展的积极影响。

在财政政策方面,各地指导乡村旅游企业和从业者用好税费减免、金融贷款、融资担保等政策;调剂部分旅游发展基金支出用途,支持乡村旅游中小微企业贷款贴息工作;指导经营主体对接人社部门,按规定争取"以工代训"补贴。

在发展规划方面,加强人才培训,提升造血机能。对于小微企业来说,人才建设确实尤为重要,全国设立多个旅游人才培训基地,为包括小微企业负责人在内的相关人才提供知识支撑。

二、乡村旅游龙头企业

(一)龙头企业的概念及其标准

龙头企业,是指在某个行业中,对同行业其他企业具有很深的影响、很强的号召力和一定的示范引导作用,并对该地区、该行业或者国家做出突出贡献的企业。[①]

乡村旅游龙头企业,是指建立在当地农村的、和当地乡村旅游业的发展具有密切联系的、具备一定的经济实力、能够起到很好的带动作用的企业。它们可以是扎根某乡村地区

---

① 杨明基.新编经济金融词典[M].北京:中国金融出版社,2015.

开发当地旅游业的具体企业,如四川明月村、临沂城发集团尹家峪等;也可以是其背后的投资、策划企业,如长隆集团、华侨城集团等。

(二)乡村旅游龙头企业代表

在乡村旅游业的发展中,许多龙头企业的经营十分具有代表性,以下是几个类型。

1. 企业为开发经营主体的模式

这种开发模式的特点是:乡村旅游地由一个旅游企业统一开发经营。旅游企业或是外来投资者独资企业,或是外来投资者、国家、当地社区居民和社区集体以资金、资源等入股成立的股份合作制企业。

2. 村集体为开发经营主体的模式

旅游地社区村集体投资进行旅游开发经营活动,村民参与旅游开发经营决策和利益分配,并直接从事旅游服务和管理工作是这种开发模式的特点。根据村集体的经济实力和具体的开发组织情况,该模式又可分为村集体经济体开发模式、村集体组织全民参与开发模式两种。

3. 政府主导村民参与运营模式

这种模式一般位于政府部门开发的大型旅游景区内的乡村旅游地社区,倾向于采用政府主导、村民参与的开发形式。因为这样的社区政府已经建设了较为完善的旅游基础设施,乡村社区居民通过自主经营旅游服务或在社区集体旅游企业工作,参与旅游经营活动。若由村民自主开发经营,村民只需交纳有关的税款和管理费,余下的旅游收益全部归经营者所有;若由村集体经营旅游企业,村民可以获得工资收入和年终利润分红,以及村集体的福利等旅游利益,另外,旅游基础设施的维护和环境卫生管理由景区统一负责。

4. 混合型经营模式

很多乡村旅游的开发并不只是单一开发经营主体而是由多个开发经营主体联合或分工协作共同开发乡村旅游地社区,分享旅游利益,这样的开发方式便可称为混合型经营模式。根据开发主体联盟的性质和特点的不同,该模式具体分为以下四种模式:"公司+农户"开发模式,"企业+村委会+农民旅游协会"开发模式,"企业+村委+农户"开发模式,村集体组织村民自愿自主参与开发模式。①

(三)国家对乡村旅游龙头企业的政策支持

国家对乡村旅游龙头企业的政策支持见表2-4。

《全国乡村产业发展规划(2020—2025年)》中明确指出,培育农业产业化联合体。扶持一批龙头企业牵头、家庭农场和农民合作社跟进、广大小农户参与的农业产业化联合体,构建分工协作、优势互补、联系紧密的利益共同体,实现抱团发展。引导农业产业化联合体明确权利责任、建立治理结构、完善利益联结机制,促进持续稳定发展。此外,根据各地不同情况,各省份也推出不同政策,把将当地的乡村旅游龙头企业做大做强作为乡村振

---

① 乡土田园农业规划设计院. 乡村旅游的开发、运营、发展模式有哪些?〔EB/OL〕. (2018-10-26). http://news.sohu.com/a/271423688_726790.

兴的重要手段。

表 2-4　国家对乡村旅游龙头企业的政策支持

政策名称	发布日期	具体内容
农业农村部关于拓展农业多种功能 促进乡村产业高质量发展的指导意见	2021年11月17日	发挥乡村休闲旅游业在横向融合农文旅中的连接点作用,以农民和农村集体经济组织为主体,联合大型农业企业、文旅企业等经营主体,大力推进"休闲农业+"
农业农村部关于促进农业产业化龙头企业做大做强的意见	2021年10月22日	提高龙头企业创新发展能力、数字化发展能力、绿色发展能力、品牌发展能力、融合发展能力;探索模式,提升龙头企业联农带农水平;精准定位,构建龙头企业发展梯队
中共中央 国务院关于全面推进乡村振兴加快农业农村现代化的意见	2021年1月04日	发展壮大农业专业化社会化服务组织,将先进适用的品种、投入品、技术、装备导入小农户。支持市场主体建设区域性农业全产业链综合服务中心。支持农业产业化龙头企业创新发展、做大做强
全国乡村产业发展规划(2020—2025年)	2020年7月9日	培育企业品牌。引导农业产业化龙头企业、农民合作社、家庭农场等新型经营主体将经营理念、企业文化和价值观念等注入品牌
国务院关于促进乡村产业振兴的指导意见	2019年6月28日	优化乡村休闲旅游业。实施休闲农业和乡村旅游精品工程,建设一批设施完备、功能多样的休闲观光园区、乡村民宿、森林人家和康养基地。鼓励农业产业化龙头企业、农民合作社与贫困户建立多种形式的利益联结机制

(四)乡村旅游龙头企业的作用与影响

在乡村旅游业发展过程中,旅游龙头企业主导并促进了乡村旅游质量的提升和效能的增加。旅游龙头企业具有规模较大、管理水平较高、财力较雄厚、资本运作能力较强等优势,可有效弥补乡村旅游管理短板和资金缺口,加快乡村旅游基础设施和配套设施建设。旅游龙头企业掌握了乡村旅游发展所需的先进技术、管理理念和管理方法,有利于提高乡村旅游服务品质和乡村旅游资源利用效率。

乡村旅游龙头企业体量较大,在乡村旅游环境治理、改善当地居民生活环境和宜居环境方面也有积极影响,可协助乡村改善村容村貌,保护当地人文生态环境,确保生态宜居,促进当地就业。乡村旅游龙头企业承担企业社会责任,在为当地居民提供就业岗位的同时,也会举办旅游职业培训、就业培训和捐资助学等公益活动,反哺当地居民,确保当地居民生活富裕。

旅游龙头企业与小微企业优势互补,完善乡村旅游产业链本土化布局,共同助推乡村旅游,驱动乡村振兴。①

第四节　乡村旅游社会组织

【引例】

西双版纳州乡村旅游协会成立

2020年11月5日,西双版纳州乡村旅游协会成立。目前,协会有会员单位78家。据悉,西双版纳州乡村旅游协会是一个行业性、地方性的社会组织,是经州民政局登记核准的非经营性社会团体组织。协会贯彻执行党和国家有关乡村振兴、乡村旅游、乡村发展等方针政策,推动西双版纳乡村文化旅游健康快速发展。协会成立后,将走访考察会员单位、组织开展乡村旅游培训、组建西双版纳乡村文化旅游投资科技服务有限公司、策划开展西双版纳乡村旅游主题品牌活动、投资研发西双版纳农特产品和文创产品等。

思考:乡村旅游协会是如何促进西双版纳州乡村旅游发展的?

一、社会组织的概念

社会组织是指在政府部门和以营利为目的的企业之外的,以非营利为目的、从事公益事业,由公民自愿组成按照自身章程开展活动的志愿团体、组织或民间协会。联合国关于社会组织的定义是:在地方、国家或国际级别上组织起来的、非营利性的、自愿公民组织。它们提供各种各样的服务,发挥人道主义作用,向政府反映公民关心的问题、监督政府和鼓励公民在社区水平上的政治参与。它们提供分析结果和专门知识,充当早期预警机制。社会组织参与在社会活动的方方面面,教育、科技、医药、卫生、文化、艺术、扶贫、环保、弱势群体保护等都有社会组织的身影。社会组织主要包括了基层自治组织、人民团体、社会团体、行业组织、中介组织、基金会等。社会组织是在政府调控社会、经济发展过程中,主要起沟通政府与社会主体、平衡社会利益冲突、协调各方行为的"中介作用"的组织。

二、乡村旅游社会组织的类型与性质

(一)乡村旅游社会组织的类型

1. 乡村旅游行业协会

乡村旅游行业协会包括乡村旅游的经营商、为乡村旅游交通提供便利的经营者、乡村旅游产品的开发商、供应商、乡村旅行社及乡村旅游咨询公司等。乡村旅游协会直接参与乡村旅游的资源开发与保护,直接影响乡村旅游的各个方面。我国的乡村旅游行业协会是由乡村旅游行业企事业单位在平等自愿的基础上组成的,在性质上属于非营利组织,但在工作上接受当地乡村旅游行政部门的指导。目前,乡村旅游行业协会是与乡村旅游密切相关的部门单位、旅游科研及机构,主要发挥着行业自组织与中介的作用,向当地政府

---

① 向延平,陈友莲.乡村旅游驱动乡村振兴实现路径研究[J].重庆科技学院学报(社会科学版),2021(4):40-44,95.

和村委会有关部门反映乡村旅游中带有普遍性的问题和游客的合法要求,向乡村旅游会员单位宣传政府的有关政策、法律、法规并协助贯彻执行。在乡村旅游协会中,既有从事乡村旅游的团体会员,也有个人会员。

乡村旅游行业协会的主要运营模式有以下几种形式。[①]

(1) 行政依托型——中国旅游协会

协会贯彻政策理念,监督实施效果,如法国农业部资助管理农会常设委员会,由协会推动贯彻乡村旅游政策,制定实施行业规范,形成行业自律,向农户提供咨询、指导和培训服务。法国行业协会是政府和农户之间的纽带,承担了传统"大政府"的部分职能,是法国乡村旅游的关键主体。[②]

(2) 行业自发组织型——农场休假协会

行业自发组织型协会的特点是自发组织、自我服务。民间自发形成非政府组织,如英国乡村保护协会、农场休假协会等,间接促进乡村旅游发展。正因如此,英国乡村旅游经营者才有较强的自主性,形成了多样化的旅游业态,包括庄园游览、旅馆、文化遗产观光等。[③]

(3) 行业归类型——乡村旅游饭店业协会

行业归类型协会是根据行业内的专业不同而划分的,其特点是行业细分、专业延伸。乡村旅游饭店业协会是乡村饭店和地方饭店协会、饭店管理公司、饭店用品供应厂商等相关单位,按照平等自愿的原则结成的乡村旅游行业协会。不同于中国旅游协会那种全行业协会,该协会是乡村饭店业的专业协会,有很强的专业针对性,相当于乡村旅游具体行政职能部门所在的乡村旅游行业的延伸与辅助。

(4) 行业管理型——地方乡村旅游协会

行业管理型协会的特点是内外兼顾、专业化管理。广西乡村旅游协会基本上覆盖了广西的各个城市。协会成立后,着力于提升和推介广西乡村旅游,如参加旅交会与国内外的同行广泛交流,介绍广西乡村旅游特色。同时协会也致力于广西乡村旅游自身水平的提升,带领广西乡村旅游的相关人士到台湾、四川等地学习,邀请专家学者前来授课。[④]

2. 乡村旅游合作社

乡村旅游合作社是农民专业合作社的一种类型,是在农旅深度融合发展中成长起来的新型农业经营主体,是推进乡村旅游规模经营的有效形式,对推动乡村振兴战略、促进农民就业创业、拓宽增收渠道有着重要作用。在全面建成小康社会的关键阶段,做实做强乡村旅游合作社,对于促进乡村生活走向富裕具有十分重要的现实意义。大力发展乡村旅游合作社,可有效整合乡村旅游资源,盘活农村农民资产,推进农旅、文旅、商旅、体旅等深度融合,打造田园观光、休闲度假、乡村康养等旅游产品,强化宣传营销,规范经营行为,提升服务质量,实现乡村旅游规模化、集约化、品牌化、标准化发展。

---

① 孙冬玲,舒伯阳.国内旅游行业协会的运营现状与资源整合模式研究[J].江西电力职业技术学院学报,2009,22(2):80-83.

②③ 王琪延,何淼.典型国家或地区的乡村旅游发展模式及其启示[J].中国物价,2021(11):33-35.

④ 李志刚.广西乡村旅游协会致力于旅游品质提升[N].中国旅游报,2017-11-22.

乡村旅游合作社组织构成形式主要有：一是能人带动型。一般由头脑灵活、懂管理、会经营的乡村旅游发展能人，特别是返乡创业人员，把分散经营的农户联合起来，牵头成立乡村旅游合作社。二是企业主导型。涉旅企业、现代农业企业等，与农户建立利益联结体，成立乡村旅游合作社，如由电子商务、供销网点主导成立的乡村旅游合作社。围绕乡村农副产品的综合开发、电子商务的推广，在以旅游商品开发为主的地方，由电子商务网点、供销网点牵头，组建乡村旅游合作社。三是联合组建型。多个合作社联合成立乡村旅游联合社。充分发挥"旅游＋"的作用，涉旅合作社强强合作，相关合作社跨界联合合作，以乡村旅游产品和涉旅产业为纽带，合作社之间开展多元化、多类型联合与合作，成立乡村旅游合作社联合社。四是政府引导型。在乡村旅游发展中缺乏能人或龙头企业带动的地方，充分发挥政府的引导作用，先期由基层组织牵头，组织农户联合成立乡村旅游合作社。

3. 非政府乡村旅游组织

非政府乡村旅游组织是指依法建立，具有非政府、非营利、非党派性质，能够自主管理，有一定志愿性质，致力于解决各种乡村旅游中存在的问题的社会组织[①]。

（二）乡村旅游社会组织的性质

1. 非营利性

非营利性是乡村旅游社会组织作为社会组织的基本属性，是乡村旅游社会组织区别于乡村旅游经济组织的根本属性。乡村旅游社会组织不从事旅游产品的生产和流通，而是以从事非营利性的乡村旅游服务活动为主，以保护乡村旅游利益和促进乡村旅游的进步与发展为主要宗旨，营利不是其目的。需要说明的是，乡村旅游社会组织的非营利性并不意味着乡村旅游社会组织不能进行任何收费或者不能开展可以营利的乡村旅游活动，而只是表明其通过开展各种乡村旅游活动获得的收益不能分配给会员，必须用之于其章程规定的乡村旅游业务活动和事业。

2. 非政府性

非政府性是乡村旅游社会组织的第二个基本属性，也是区别于政府的根本属性。相对于乡村旅游经济组织来说，乡村旅游社会组织和政府都属于社会的公共部门，这是它们的共性。但是乡村旅游社会组织和政府不同，它们不是政府机构及其附属部分，而是非政府的社会组织，属于竞争性的公共部门。政府作为以政权为轴心的公共部门，无论是旅游资源的获取还是旅游公共物品的提供，其基本方式都具有垄断性。乡村旅游社会组织则不同，它们只能采取各种竞争性手段，来获取各种必要的乡村旅游资源并提供竞争性的乡村旅游产品。

3. 亲民性

乡村旅游社会组织和当地百姓是合作关系，它们通过自身的经营和服务，根据当地的实际情况，以满足当地居民的生活需求为出发点，得到人们的认可，进而有效避免在乡村

---

① 郭书丽.非政府组织在乡村旅游开发中的角色分析——以北京绿十字为例[J].旅游纵览(下半月)，2016(8)：11,13.

旅游开发中占行政主导地位。而乡村旅游社会组织中的部分会员也来自乡村,在对乡村旅游资源的开发和利用方面有更大的优势。

举办主体和资金来源的不同,是乡村旅游社会组织与乡村旅游事业单位的主要区别所在。乡村旅游社会组织主要是由公民个人以及社会力量等举办的,而不是由政府或政府的部门举办的;其资金也是多来源于民间,如单位主要创办人员的个人财产、集体所有的财产、社会各组织和公民个人的无偿捐赠和资助等。

4. 协作性

乡村旅游社会组织都有与实现发展乡村旅游目标相适应的结构形式,通过这种结构纽带,把分散的乡村旅游个体,没有联系的乡村旅游人力、物力、财力,信息与乡村旅游资源等诸多因素,在一定范围内联系起来,使乡村社会各个组织成员之间相互合作。

5. 中介连通性

根据协会的定义,乡村旅游社会组织是介于政府与企业之间的第三方机构,具有中介连通性。首先表现在政府与会员之间的中介连通性,乡村旅游社会组织将会员中带有普遍性的乡村旅游问题和合理要求向政府有关部门反映;同时,将政府的宏观政策向下传达给会员乡村旅游企业并监督指导执行,在这一过程中,乡村旅游社会组织既不直接参与企业的经营管理,也避免了政府的行政干预,恰在两者之间的空白处建了一座桥梁,将二者有效联系在一起。其次表现在会员企业之间的中介连通性。乡村旅游社会组织以教育引导的方式协调会员的冲突,制止恶性竞争行为;同时,通过整体的规划实现乡村旅游企业的互补及可持续发展①。

6. 管理独立性

乡村旅游社会组织在管理上具有相对的独立性,具体表现在两方面:首先,会员的加入与退出不受政府及任何外部力量的限制与强迫,属于个体自愿行为。其次,乡村旅游社会组织的内部管理是通过乡村旅游行业规章和乡村旅游发展规划来进行的。乡村旅游社会组织成员意愿的表现,对全体组织具有约束力,但仅对本组织成员具有约束性,不具有法律的普遍强制力②。

▶三、乡村旅游社会组织代表

(一)NGO 代表

非政府组织(non-government organization,NGO)是指在地方、国家或国际级别上建立起来的、以促进经济发展与社会进步为目的的非政府和非营利组织。它具有组织性、民间性、公益性、自治性、志愿性、合法性、非党政性等特征。例如,大自然保护协会(The Nature Conservancy,TNC)是从事生态环境保护的非营利、非政府组织,在全球保护具有重要生态价值的陆地和水域,以维护自然环境、提升人类福祉。在乡村旅游的发展方面,大自然保护协会也起到了很大的作用。

---

①② 邱琳.国内旅游行业协会运营管理机制研究[D].青岛:中国海洋大学,2014.

（二）经济组织代表

经济组织是指按照一定方式组织生产要素进行生产、经营活动的单位，是一定的社会集体为了保证经济循环系统的正常运行，通过权责分配和相应层次结构所构成的一个完整的有机整体。① 2021年8月31日，由中国饭店协会主办的"乡村振兴民宿提升公益课程启动会"召开，联合浙江、广东、云南等主要乡村民宿聚集区行业协会，重点对乡村民宿经营过程中的规范流程、经营管理能力等进行培训指导。会议提出"壮大休闲农业、乡村旅游、民宿经济等特色产业"，中国饭店协会联合行业龙头企业推出了乡村振兴民宿提升公益课程，帮助乡村民宿企业提质增效，解决乡村旅游行业经营的痛点难点，激发乡村旅游消费潜力。

（三）文化组织代表

乡村旅游文化组织是指具有非营利性、非政府性、公益性等属性，并赋予乡村旅游文化，以促进乡村文化旅游发展为目标的社会组织。乡村旅游文化组织将大小不同的乡村旅游文化企业、集体聚集在一起，进行发展乡村旅游的文化活动，对建设乡村文化旅游，促进乡村旅游文化产业发展具有重要作用。

2021年7月，为适应国家乡村振兴、文旅融合的战略需要，长春市成立了乡村文旅协会，以大力挖掘乡村背后的文化，将"乡愁"作为支点，为文化旅游赋予能量，推动长春市文化旅游行业高质量发展，促进乡村文旅做大做强，形成乡村文旅发展新动能。

▶四、乡村旅游社会组织的作用

乡村旅游社会组织是旅游者需求的扫描仪。了解和反映乡村旅游者的需求是有效开展乡村旅游活动的内在动力。大量的乡村旅游社会组织来自社会基层，活跃在乡村，与乡村旅游者关系密切。一方面，众多乡村旅游社会组织的工作人员、义工或志愿者本身就来自乡村和社区，可以了解游客需求并将这些需求汇聚到所在的乡村旅游社会组织。另一方面，乡村旅游社会组织往往通过实地考察了解乡村旅游信息、洞察乡村旅游情况，如观察游客反应、调查游客看法等。这些方法有助于乡村旅游社会组织在第一时间、大范围获取旅游需求信息，更真切地了解旅游者的需要。同时，乡村旅游社会组织具有较强的合作意识，善于建立合作平台，在同行之间共享信息。乡村旅游社会组织对于旅游需求及其变化敏感而真切。

乡村旅游社会组织是乡村旅游公共服务的递送者。众多乡村旅游社会组织积极投身于乡村旅游公共服务递送以满足游客需求。乡村旅游社会组织的服务传递功能在旅游业发展方面获得了高度认可，其原因在于，乡村旅游社会组织递送乡村旅游公共服务具有提供乡村旅游服务内容个性化、服务方式灵活度高和服务需求回应性强等突出特点。作为乡村旅游公共服务的递送者，乡村旅游社会组织有效弥补了政府无力或低效提供乡村旅

---

① 盘晓愚.经济组织模式与社会组织结构的耦合——贵州乡村旅游可持续发展的制度保障[J].贵州财经学院学报，2009(4)：98-101.

游公共服务的不足。

乡村旅游社会组织是乡村旅游诉求表达的传声筒。乡村旅游者通过一定的渠道和方式向政府表达乡村旅游诉求,而乡村旅游个体与国家政府之间需要一个传递乡村旅游诉求的纽带,乡村旅游社会组织则成为乡村旅游个体表达诉求的传声筒,即有效地汇总和整合分散的、局部的乡村旅游利益诉求,再通过各种渠道、方式向政府或有关方面进行理性表达。

乡村旅游社会组织是政府进行乡村旅游管理的好帮手。作为政府和乡村旅游个体之间的桥梁,乡村旅游社会组织深入基层,与乡村旅游个体之间的关系更加密切,能够更好地对局势进行分析,对乡村旅游个体有一定的约束性,同时,乡村旅游社会组织能够动员社会力量和社会资源,帮助政府、市场有效地解决乡村旅游经济发展中的薄弱环节,将政府的决策传递给乡村旅游个体。乡村旅游社会组织是政府在乡村旅游管理中一支不可缺少的力量。

乡村旅游社会组织可以促进就业。乡村旅游社会组织以公益为轴心,具有利润的非分配性、组织目标的非营利性等特征,能够充分挖掘潜力,积极吸纳乡村旅游行业就业,发挥乡村旅游组织的平台作用,动员会员单位吸纳就业,同时开发组织岗位、充实组织力量以弥补政府、企业就业的"短板"。

第五节 乡村旅游经营企业的培育

【引例】

休闲农业与乡村旅游全面提质增效,打开乡村振兴新空间(节选[①])

据2019年不完全统计,乡村旅游经营主体不断优化升级,休闲农业与乡村旅游经营单位超290万家,休闲农庄/观光农园等各类休闲农业经营主体达到30多万家,农业合作社7300家,全国星级休闲农业与乡村旅游企业(园区)3396家,超过10万个村开展乡村旅游活动。我国休闲农业接待游客32亿人次,占国内旅游总人数的53.28%,营业收入超过8500亿元,占国内旅游营业收入的14.83%,展示了休闲农业与乡村旅游的发展活力与经济效益。

思考: 请大家结合自己熟悉的乡村旅游目的地,谈谈如何培育该乡村的旅游企业?

▶一、乡村旅游经营企业营商环境培育

营商环境是市场主体在准入、生产经营、退出等过程中涉及的政务环境、市场环境、法治环境、人文环境等有关外部因素和条件的总和。对乡村旅游企业所处的环境进行分析,有利于企业客观、全面地了解现实情况,进行发展目标及战略的制定,从而使其更好地培育发展。

---

① 中国旅游协会.休闲农业与乡村旅游全面提质增效,打开乡村振兴新空间[EB/OL].[2022-05-27].https://mp.weixin.qq.com/s?__biz=MzI0NjIyMDY5MA==&mid=2247522826&idx=4&sn=c2435e98a5c2de75782a7957692fc6a2&chksm=e94048f7de37c1e19c5e7cdc5552f0dec1d5db54c94b3bb725eff881ce2fd6a6756022fa0876&scene=27.

（一）乡村旅游经营企业政治环境培育

政治环境是指一个国家或地区的政治制度、体制、政治形势、方针政策等方面。政府的财政政策、金融政策、工资政策、物价政策、就业保障政策等方面的调整都会影响乡村旅游企业的经营活动发展。乡村旅游企业必须分析和把握政治法律环境及其变化趋势，密切关注国家的体制、国家政策、国际政局和国际关系方面，以及地方政府政策的变化情况，捕捉政府政策、法规提供的有利时机，同时确定政治法律环境对企业战略的限制条件。①

（二）乡村旅游经营企业经济环境培育

经济环境是指企业经营过程中所面临的各种经济条件、经济特征、经济联系等客观因素。经济环境是影响乡村旅游经营最基本、最重要的因素。

经济发展状况与旅游业的发展密切相关。随着大众经济收入的提高，人民普遍产生了旅游动机，越来越多的人萌生了旅游的想法，乡村旅游作为一种便捷的旅游选择，受到了市场的青睐。乡村旅游基础设施在一定程度上决定着乡村旅游企业运营的成本与效率。而在当前，乡村旅游设施逐步完善，提高了游客的可进入性，有利于乡村旅游企业的进一步发展。

（三）乡村旅游经营企业市场环境培育

当前乡村旅游行业虽然发展迅速，但仍存在基础设施配套不足、公共服务设施缺乏、产业结构不完善、存在盲目开发等情况。②在此情况下，乡村旅游企业要关注行业发展状况，发现市场问题，改进市场问题，为游客提供更好的体验环境，提升游客体验的参与感与幸福感。

（四）乡村旅游经营企业法律环境培育

乡村旅游企业的经营行为要受国家法律制度的制约。国家颁布了许多法律法规鼓励、支持、引导乡村旅游企业的发展，《中华人民共和国乡村振兴促进法》《中华人民共和国消费者权益保护法》《中华人民共和国广告法》《中华人民共和国公司法》等都对乡村旅游企业经营有着重要影响。

（五）乡村旅游经营企业社会文化环境培育

社会文化环境是指一个国家和地区的民族特征、文化传统、价值观、宗教信仰、教育水平、消费习惯、社会结构、风俗习惯等情况，也包括社会阶层的形成与变动、人口的地区性流动、人口年龄结构的变化等。

乡村旅游企业同其他服务行业一样深受社会文化环境因素的影响，面临着各种各样的社会问题，如生活方式的改变、劳动力数量与结构的改变、消费者人口特征的变化、广泛

---

①② 黎洁，刘文红.旅游企业经营战略管理[M].北京：中国旅游出版社，2000.

的环保运动等。①

(六) 乡村旅游经营企业技术环境培育

技术环境是指一个国家或地区的技术水平、技术政策、新产品开发能力及技术动向等。乡村旅游企业应尽量采用高科技成果,尤其关注现代通信技术、计算机系统等技术对旅游企业的经营带来的巨大影响。②

二、乡村旅游经营企业培育方式

坚持完整、准确、全面贯彻新发展理念,坚持有效市场和有为政府相结合,坚持分层、分类、分级指导,坚持动态管理和精准服务,政府、社会、市场三方共同发力培育乡村旅游企业。培育乡村旅游经营企业,应注意以下方面。

一是包干培育。围绕乡村旅游优势产业分别筛选企业作为规上企业重点培育对象,分产业细化培育目标、落实培育责任、出台激励政策。

二是梯度培育。按照"抓大扶小、培优育强"的原则,建立乡村旅游中小企业培育库,实行动态调整、跟踪指导,健全成熟一户、培育一户的梯次培育机制。

三是协同培育。强化统筹协调,形成联动合力,与发展改革委员会、市场监管部门、市场统计部门一同在项目审批、证照办理、统计指导、现场打造等方面实施精准服务,提高乡村旅游企业质量,推动高成长型乡村旅游企业培育库。

针对不同类型涉旅企业,应采用不同模式培育乡村旅游经营企业。

(一) 农业体验主导模式

农业体验主导模式大致有现代农业型、农业庄园型、产业依托型三个类型(见表2-5)。

表2-5 农业体验主导模式

类　型	主要特征	培育措施
现代农业型	① 普及科技教育 ② 观光休闲游览 ③ 少儿教育科普 ④ 农业技术展示	乡村旅游企业应发挥当地现代农业产业园区的资源优势,完善相关旅游设施,根据实际需求构建教育、展示、生产一体化的综合性科教农业园
农业庄园型	① "农+非"的土地运作模式 ② 多元化收益形式 ③ 庄园区位选择注重交通及距市区的距离 ④ 设计规划需具备高水平的综合服务能力	乡村旅游企业在开发设计时,既要展示当地的文化特色,积极构建相应的农业解说系统,方便开展农业教育;也要保留浓厚的乡土气息,让游客感受农村的恬静闲趣,使其心情得到很好的放松

---

①② 黎洁,赵文红.旅游企业经营战略管理[M].北京:中国旅游出版社,2000.

续表

类　型	主　要　特　征	培育措施
产业依托型	① 发挥农业规模化、产业化的优势 ② 能满足游客多元化的旅游需求 ③ 有利于激发农民积极性，增强他们的综合素养，助力其增收 ④ 有利于乡村产业结构优化，完善基础设施建设，打造更加优良的旅游环境，促进乡村旅游的可持续发展	乡村旅游企业需要注重强化特色农副产品的内涵与地域特色，强化地理标识，提高特色农副产品的知名度，提升其竞争力

（二）生活体验主导模式

生活体验主导模式是游客可以沉浸式体验乡村生活的一种模式，大致可分为景区依托型、城市依托型、特色村镇型、民俗文化依托型、新兴节庆型五类（见表2-6）。

表2-6　生活体验主导模式

类　型	主　要　特　征	培育措施
景区依托型	① 风景可共享，区位有优势 ② 市场优越，能将客流汇聚 ③ 利用资源优势，实现互补式发展	在此模式下，乡村旅游企业要树立宏观发展的观念，把自身发展与景区旅游规划体系相结合，加强与景区的联系互动，推动人们由景点式旅游向旅游目的地式旅游转变，从而形成自己的客源群体
城市依托型	① 主要满足城市居民度假观光的需求，散客与家庭城市居多 ② 主要出游方式为自驾车旅游 ③ 出行时间主要为双休日	在此模式下，乡村旅游企业要注意生态环境和休闲娱乐的兼顾发展，发展便于满足游客多种需求的旅游观光
特色村镇型	① 有深厚的历史底蕴 ② 是乡村文化的重要载体，城镇风貌与建筑景观体现了一定的文化主题	在此模式下，乡村旅游企业需要积极探索能够保护与传承当地历史文化，并使其产生经济效益的创新发展模式
民俗文化依托型	① 地方性 ② 传承性 ③ 变异性 ④ 实用性	在此模式下，乡村旅游企业要发挥带有地方特色的民俗文化优势，保护发展其特色文化，将其内化为自身发展优势，从而助力少数民族地区致富
新兴节庆型	① 内容、形式等具有创新性 ② 有助于促进当地经济发展 ③ 营销属性十分显著	在此模式下，乡村旅游企业要专注当地的主要农作物或土特产的独特优势，举办具有可持续发展可能性的新兴节庆，并以此推动自身的同步发展

（三）综合发展模式

综合发展模式目前以田园综合体为主(见表2-7)。

表2-7 综合发展模式

类型	主要特征	培育措施
田园综合体	① 以产业为基础 ② 以文化为灵魂 ③ 以体验为活力 ④ 创新乡村消费,这是推动农村经济发展的重要动力	在此模式下,乡村旅游企业应对现有文件内容进行深入解读,与地方进行合作,以农业作为发展核心,挖掘特色农事项目,提升自身经营内容的独特性

三、乡村旅游经营企业的核心竞争力培育

（一）乡村旅游企业产品培育

旅游产品是随着旅游业的发展而出现的,代表着当地的特色。乡村旅游产品是旅游者在乡村旅游过程中所能购买或体验的一切有形的商品和无形的精神感受。乡村旅游产品是乡村旅游企业的开发重点及核心之一,其发展状况与企业的竞争力也息息相关。

1. 乡村旅游产品多样化

乡村旅游资源种类丰富,底蕴深厚,是开发乡村旅游产品多样性的重要源泉。但在发展乡村旅游的过程中,很多资源并未很好地融合进来,也没能进行充分地挖掘。因此,乡村旅游企业在发展过程中要加强市场调研,了解游客的文化需求,充分开发利用旅游资源打造旅游产品,丰富旅游产品内涵。

2. 乡村旅游产品特色化

乡村旅游产品是扎根于地方文化、具有地方特色的产品。但现有乡村旅游产品存在类型重复、缺乏创新性等问题,很多地方的乡村旅游产品也没有很好地凸显地方特色。因此,乡村旅游企业要注意创新服务模式,丰富游客旅游体验,培育产品品牌,提升产品特色。

3. 乡村旅游产品合理定价

现有乡村旅游产品的市场还不够完善,缺乏公正合理的定价机制,不少乡村旅游产品存在定价不合理、定价随意等情况。在此背景下,乡村旅游企业需要进行完备的市场调研,制定合理的价格,同时完备销售模式,实现销售规范化。

（二）乡村旅游企业服务能力培育

1. 旅游活动前服务

乡村旅游企业在经营旅游活动前,需要了解企业的服务产品,推动产品服务化,使产品具有更高的附加价值;同时推动服务产品化,使服务标准得到量化保证,以满足游客期望,提升游客满意度。

2. 旅游活动中服务

乡村旅游企业在提供旅游服务的过程中,一定要不断完善服务流程、提高服务质量;

做好供需管理,尽可能做到供需平衡,在提供最优质服务的同时接纳更多的游客;同时进行创新,将新兴技术应用到服务过程,提高服务整体能力;进行良好的服务营销,吸引更广阔的游客群体进行消费。

3. 旅游活动后服务

旅游活动后服务是基于游客满意度的服务评价。游客满意度反映的是游客的一种心理状态,它来源于游客对企业的某种服务产品消费所产生的感受与自己的欲望进行的对比[①]。乡村旅游企业在服务过程中若出现了一些失误影响了游客的体验,可以采取一些措施进行补救。服务补救是指针对服务系统中可能导致失误或已经发生失误的任一环节所采取的一种特殊措施,它不仅包括失误的实时弥补,也包括对服务补救需求的事先预测和控制以及对游客的抱怨和投诉的处理。

乡村旅游企业在服务过程中出现失误时,不仅要及时采取措施进行服务补救,也要进行必需的事先预测和控制,提高游客的满意度,获得更高的服务评价,以此推动游客带游客的持续发展,建立、稳固自己的客户市场。

(三)乡村旅游企业可持续发展能力培育

1. 创新与可持续发展

乡村旅游企业的经营管理受可持续发展原则的影响,要想实现可持续发展,就要以长期开发作为切入点,同时还需将旅游开发组合效应视为着陆点,坚持公平性、可持续性、共同性、利益协调性的基本思想,综合旅游业的经济发展、社会接受水平、生态环境等,确保发展能够得到长期支持。

2. 生态与可持续发展

旅游企业经营与环境保护和可持续发展密切相关。乡村旅游企业所经营的旅游产品应符合可持续发展的要求。旅游开发对当地生态环境有双面作用,一方面,旅游的开发促进了社会对当地生态环境保护的重视;另一方面,随着旅游的开展,大量游客来到当地对环境造成了一些破坏。

因此,乡村旅游企业要遵循政府的宏观指导,在政策引导下进行科学的微观管理,创立有益生态的旅游品牌,打造独具特色、绿色的农家生活旅游项目,引导游客在旅游的同时重视生态的维护。同时,注重综合效益,统筹兼顾经济与生态效益,规范性地进行开发经营,找到符合当地特色的方案,借鉴优秀的案例,引进外来的经验,把经验应用到自身的转型升级上,重视组织形式、管理方式、营销手段、人才管理等方面的不断创新,[②]不断提高自身的可持续发展能力。

(四)乡村旅游经营企业的战略培育

乡村旅游企业经营管理战略即在市场经济条件下,乡村旅游企业为谋求长期生存和发展,在外部环境和内部条件分析研究的基础上,以正确的指导思想,对企业主要目标、经

---

① 舒伯阳.服务运营管理[M].2版.北京:中国旅游出版社,2019.
② 江东芳,吴珂,孙小梅.乡村旅游发展与创新研究[M].北京:科技文献出版社,2020.

营方向、重大经营方针、策略、实施步骤做出长远的、系统的、全面的策划。①

乡村旅游经营企业的战略培育主要包括经营战略、竞争战略、合作战略、财务与资本经营战略、组织战略几个方面(见表2-8)。

表 2-8 乡村旅游经营企业的战略培育

战　　略	内　　容
经营战略	乡村旅游企业需要通过环境审视、指定公司使命、形成目标、选择与评价战略方案、战略实施、战略评估与控制这一过程来制定适宜自己的经营战略
竞争战略	乡村旅游企业在参与市场竞争的过程中需要根据不断变化的市场情况,合理运用总成本领先战略、差异化战略、集聚战略,发挥不同竞争战略的优势,从而树立更大的竞争优势
合作战略	合作战略是指乡村旅游企业超越竞争,根据发展情况和战略需求进行合理的战略联盟,发挥资源共享、协同发展的相关优势,实现综合效力
财务与资本经营战略	乡村旅游企业在经营过程中要注重财务战略的合理制定,维持企业短期、长期资金的合理调配和使用,保障企业正常运转
组织战略	乡村旅游企业在进行经营管理时要合理组织,与外部环境保持动态平衡,实现内部资源合理配置与运用

企业在经营过程中遭遇危机是难免的,建立有效的预警机制可以有效地规避危机、降低危机带来的损失。因此,乡村旅游企业要建立危机预警管理组织体制、高度灵敏体制,把危机预警系统制度化,加强员工危机管理理念,注重危机公关,积极引导旅游者改变行为模式。企业在管控危机时也要注意收缩战略、提高收入、削减成本、联合等策略的综合运用。②

▶四、乡村旅游经营企业的人才培育

保障乡村文化和旅游可持续发展,需要一支相对稳定的人才队伍,可以从硬件和软件两方面下功夫。硬件方面,要持续优化、美化乡村环境,加强乡村医疗、教育、康养、娱乐、信息化等基础设施建设,为人才提供良好的学习、生活、工作环境;软件方面,地方政府要坚持以人为本,关心人才成长,让每位乡村文化和旅游人才全身心投入乡村振兴事业,没有后顾之忧。同时,可以通过政策、税收、土地、激励等优惠举措带动人才回流,吸引本土产业领军人才回乡创业、就业。

(一)政府培育

政府既是乡村旅游人才培育过程的监督者又是领导者,要重视在乡村旅游中推进人才引进培育,构建人才保障体系。地方政府要在政策方面有所倾斜,建立激励机制,加大生活补贴。有关部门要重视对乡村旅游人才的培训,建立完善的乡村旅游人才培育体系。

1. 厘清差异化乡村发展需求

因地制宜,从乡村的实际环境和基础条件出发,从乡村文化和旅游发展的首要需求出发,关注所需人才类型的差异化。例如,旅游产业成熟度较好的乡村更需要产业领军人

---

①② 黎洁.旅游企业经营战略管理[M].北京:中国旅游出版社,2012.

才、创新人才,要打造有亮点、特色的乡村旅游品牌;旅游基础相对较弱的地区则需要练好"内功",重点培养村民通过文化和旅游致富的理念和意识,使其掌握必备的服务技能,加强公共基础设施建设。

2. 制定精准化吸引人才政策

通过政策引导,充分提高各地政府对乡村文化和旅游人才工作的重视,调动文化和旅游与农业融合发展的积极性,通过制定、落实精准化吸引人才政策,发挥好人才动能,把物流、人流、资金流、信息流汇聚到乡村文化和旅游发展中。第一,关注人才的匹配度。发展乡村文化和旅游除了需要经营规划类人才,还需要农业、建筑、艺术、手工、民俗等各个行业的当地传承人与创新者。只有帮助村民留乡致富,才能真正振兴乡村。第二,关注政策的匹配度。人才政策应当关注到人才队伍建设的各个环节,既要招引集聚人才,也要服务好人才成长和创新,让他们在乡村振兴事业中能够发光发热,从而吸引更多的有志之士投身乡村文化和旅游发展,助力乡村全面振兴。

(二)企业培育

创新可持续化留人激励机制,形成特色化人才使用与培育路径。要坚持"内培"和"外引"两手抓。"内培"就是培育本土人才。从文化和旅游专业性角度,普及文化和旅游产业知识,加强对乡村文化和旅游从业者服务意识、服务能力的培养,提高其综合从业素质。挖掘更加熟悉当地情况、更具乡土情感的"土专家""田秀才""乡创客"等本土人才,鼓励他们各施所能,参与乡村文化和旅游发展,形成在乡村内部人才带头发展文化和旅游产业的"头雁效应"。"外引"就是从乡村外部招引人才。利用区位、环境优势,与旅游企业、旅游院校和机构等合作,引进专家规划、开发旅游项目,为乡村旅游发展出谋划策。

乡村旅游企业在进行人才培育时要遵循系统、计划、实用、控制与反馈的原则,建立系统科学的人才培育机制,培育符合自身发展规划需要的、专业素养过硬的、富有责任担当意识的人才。

(三)协会培育

协会是助力乡村旅游企业发展的社会组织,在人才培育中要充分发挥协会的积极作用,通过协会构建乡村旅游人才培育与教育机制,将理论与实践相结合,培养乡村旅游的高质量从业人才。采取"走出去、请进来"和送教上门、网络培训、结对帮扶等多种方式,将乡村旅游产业发展与人才培养有机结合,积极营造良好的创业氛围。

课后练习

1. 面对目前社区参与乡村旅游的现状,谈谈激励社区参与乡村旅游的对策建议。
2. 如何优化乡村旅游社区参与模式?
3. 乡村旅游行政管理的定义和特征包括哪些内容?
4. 乡村旅游行政管理体系的内容有哪些,存在哪些优缺点?
5. 请举例说明行业协会在乡村旅游行政管理中的重要作用。
6. 请收集资料介绍乡村旅游小微企业和乡村旅游龙头企业。

模块三　乡村旅游经营业态划分

知识目标

1. 熟悉乡村旅游主要经营业态的类型。
2. 了解不同类型业态的主要特征。
3. 掌握不同类型业态的经营模式。

能力目标

1. 能够划分乡村旅游主要经营业态。
2. 能够判断不同类型业态的主要特征。
3. 能够依据不同类型业态的经营模式对乡村旅游业态提供经营建议。

素质目标

1. 热爱乡村，乐于分享乡村文化。
2. 尊重乡村原生性，具有规范经营理念。

导读

乡村旅游是实施乡村振兴战略的重要力量，通过农业与文化旅游的融合发展为农村经济带来新动能，推动"三农"发展进入新阶段。国家乡村振兴局的正式挂牌也为乡村旅游发展带来了新契机。乡村旅游的经营业态已逐步从初始阶段的"农家乐"形式逐渐向观光、休闲、度假复合型等多元业态进行转变和发展，乡村旅游产品也进入了创意化、精品化发展新阶段。

第一节　农家乐

【引例】

十亿镇亿元村："农家乐"先行者四川成都农科村[①]

四川农科村是中国第一家农家乐的开设地，近年来通过村集体和公司提档升级，休闲农业产业不断发展壮大。

亮点经验：一是公司运营，提档升级。2018年成立农科村景区管理运营公司，在街道党工委的指导下，探索出一条基于市场运作模式的农家乐提档升级转型之路，开展包装、

---

① 中国农村网.一村一品｜十亿镇亿元村："农家乐"先行者四川成都农科村[EB/OL].[2021-11-09]. https://baijiahao.baidu.com/s?id=1715961489129993372&wfr=spider&for=pc.

策划、招商、营销、运营,将农家乐升级为主题精品民宿、精品园艺培育、文创娱乐体验三种类型。二是引资创新,百花齐放。历经一年多的时间,农科村已组织参加了十几场招商演讲,开办了几十次活动;吸引了200多组投资考察组,成功引进新村民带来的二十个特色主题业态(包括艺术设计、中医汤道、茶道禅修、国学文创、亲子乐园等);带动了4组原住村民返乡创业提档升级,总投资过亿元。

思考:请结合学校所在地谈谈农家乐的发展现状和特征。

▶ 一、农家乐的定义、类型及特征

(一)农家乐的定义

"农家乐"一词最早出自宋代著名诗人陆游的诗句"农家农家乐复乐,不比市朝争夺恶"。农家乐作为一种旅游产品一直没有一个社会公认的权威定义,提法也多种多样,如农业旅游、乡村旅游、观光农业等。国内有学者将"农家乐"归于乡村旅游一类,指出农家乐是一种以农业文化景观、农业生态环境、农事生产活动及传统民族习俗为资源,融观赏、考察、学习、参与、娱乐、购物、度假于一体的旅游活动。[1] 总的来说,农家乐旅游是将农业经济和旅游经济结合,以城郊村民家庭为依托,以田园风光和别有情趣的农家生活为特色,吸引城市居民休闲度假、观光娱乐、体验农家生活及劳作、回归自然的一种旅游活动。

(二)农家乐的类型

1. 现代农业科技型

现代农业科技型农家乐以现代农业技术、生产示范园地为题材,向游客展示现代农业科技成果,让游客参观生产大棚中的蔬菜、苗木、水果、花卉,使其得到一种全新的感受,增加对农业工业化科技知识的了解。例如,上海市的马陆镇就是一个典型代表。马陆镇以农家乐项目的开发带动旅游产业的发展,促进中心村建设,探索出一条以"1+3"产业为主导的新农村建设的新路,使集聚区成为促进村民增收、适合市民休闲的理想区域,成为与新城核心区相呼应的城市绿洲。

2. 农村度假型

农村度假型农家乐利用乡村良好的自然环境优势,对其加以改造,辅以度假设施,完善吃、住、游等服务项目,让游客有一个休闲度假的场所,让游客感受贴近自然、回归自然的乐趣。江苏省昆山市的周庄镇就是一个代表,它利用自己良好的古雅环境优势,辅以很多现代化的旅游设施,把吃、住、玩等一条龙服务全部涵盖在镇子的规划中。

3. 农家庄园型

农家庄园型农家乐有较为明确的庄园范围,充分利用农户庭院空间,以及周围的鱼塘、树林、果园、菜地等农家资源,增设耕地种菜、现场采摘、自选自做等服务项目,让游客"吃农家饭、干农家活、当农家人、享农家乐"。例如,安徽省合肥市长丰县的长丰县草莓基

---

[1] 刘伟,刘鹏,常征. 我国农家乐发展现状及其影响因素分析[J]. 江苏农业科学,2018,46(11):323-327.

地就是这种类型。长丰县把无公害栽培和品种更新作为突破口,结合城市到农家乐的新趋势,开展了"草莓采摘一日游"等各项活动。

4. 民族风情型

民族风情型农家乐以展示农村古朴的民族风情为主题,从农家美食、农家院落、农舍建设、民间装饰等入手,辅以纯朴的民间歌舞表演、休闲娱乐项目,向游客展示乡土民俗文化,吸引游客休闲娱乐,体验农家风情。阳朔是一个汉族、壮族、瑶族聚居的地方,富有民族特色和地方特色的民风民俗。阳朔民俗文化活动主要通过各种节日聚会集中表现出来,有每年"二月社"、农历五月初八福利"五月八节"、农历六月二十三日"白沙尝新节"、中秋之夜壮族山歌会、公历十一月"阳朔漓江渔火节"等。

(三)农家乐的特征

1. 位于乡村或城郊地区,乡土特征鲜明

乡土性是农家乐旅游最为显著的特点,无论是作为旅游吸引物还是农家乐旅游的载体,村社组织、乡村生活和田园风光在农家乐旅游中都具有举足轻重的意义。不同于文化古迹和风景名胜点,农家乐是将农村风貌与乡土文化融为一体,展示现代农家特有的风貌,而非人工刻意雕琢的景观。农家乐的休闲旅游活动能够让游客亲身感受现代农村的生活气息和乡土文化。

2. 农户家庭为接待主体,强调客体的平民性

总体而言,农家乐旅游的主体是以工薪阶层为主的城市或城镇平民和注重生活情调的知识分子。其平民性特点强调,进行农家乐旅游活动的主体是来自城市(或城镇)之中的居民,他们的身份和职业不尽相同,但收入水平和消费指向却有相同或相似之处。

3. 原生美突出

以城郊或乡村地区自然风光和区域内的农业资源(如农业、林业、牧业、副业、渔业等资源)为旅游资源,原生美突出。农家乐旅游的对象物就是现实存在于某地,具有一定的旅游吸引力、属于某种社会类型的乡村社区模式,以及质朴自然的乡村景物。游客来到这里,就是因为这些对象物对他们来说可能是新鲜的、有体验价值的,是值得他们一看的。如果缺少了这些实实在在的东西,游客的旅游动机和游兴就会大大降低,甚至彻底丧失。

4. 住宿、旅游功能兼具,参与体验性强

农家乐旅游有别于其他休闲旅游形式,农家乐旅游所开展的各种类型的旅游项目就是乡村日常生活的一部分,游客可以亲自参加农业生产劳动,参与赶牛犁地、播种栽苗、浇水施肥、松土除草等农事作业,在体验农耕生活的辛酸劳累的同时,也可以参与采摘、收获、品尝等农业生产活动,感受农业丰收的喜悦。

▶ 二、农家乐发展概述

1. 发展现状

在我国,真正意义的农家乐始于20世纪80年代,其产生的原因和国外基本一致,即城市化所衍生出的一系列问题,如环境污染、生态失衡、资源枯竭及精神压力等,使生活在都市的人们极度渴望回归自然、放松身心,从而引发了对更放松、更休闲的旅游形式的探寻。

从2002年至今,我国农家乐进入规范化发展阶段,各地经营者和旅游主管部门开始对农家乐实行规范管理、升级上档、塑造形象、打造品牌,如上海市的《农家乐旅游服务质量等级划分》《长沙市"农家乐"星级的划分及评定标准》、成都市的《农家乐旅游服务质量等级划分及评定》《安徽省创建"农家乐旅游区(点)"实施标准》等规定和标准在一定程度上指导、规范了农家乐旅游的发展。

目前我国各地的农家乐旅游开发均朝着融观光、考察、学习、参与、康体、休闲、度假、娱乐于一体的综合型方向发展。根据农业农村部数据显示,在2010至2019年这十年期间,我国农家乐相关企业注册总量由原来的2.6万家增长至21.6万家,翻了三番,2010至2019年年复合增长率为26.5%。其中,2015年相关企业注册增速高达38%。

2. 发展特点

(1) 经营多元化和综合性

以提供吃住为主的单一模式不能满足游客多样化的需求,目前农家乐除了提供吃住外,已经开始涉足观光、旅游、休闲、度假、体验、学习、健身等多个领域,以更好地满足游客多样化和个性化的需求。

(2) 经营合作化和产业化

规模小、布局散、层次低、无序发展的状态很难满足大量游客的需求。随着乡村旅游的蓬勃发展,在政府的统一指导下,农家乐正朝着统一化、标准化、规模化方向发展,逐步实现产业化。特色小镇的发展将是实现农家乐规模化的一个重要途径。

(3) 特色化和品牌化

农家乐旅游更加注重特色和品牌的打造,依托发展资源,提高知名度。

(4) 注重休闲和体验

农家乐旅游重在参与和体验,农家乐成为都市人群休闲的场所,成为都市人群体验乡村生活的平台。

(5) 投资多元化

随着农村金融体制的改革,农家乐投资摆脱了乡村格局的限制,更多的外来资本涌入具有农家乐开发资源的地域进行投资和开发。

(6) "互联网+"融入农家乐

农家乐的迅速发展离不开互联网的支持,包括农家乐的市场营销、消费结算等都可以通过互联网来实现。

(7) 服务规范化

随着政府和农家乐经营者有意识地对从业人员进行农家菜烹饪、餐饮服务礼仪、食品安全和卫生等方面的培训,其服务质量也得到了很好的提升。

▶三、农家乐的经营模式

(一) 独户经营模式

独户经营模式又叫作自主、分散经营模式,是指从事农家乐经营的农户在自主自发的基础上，以每个农户为单位，分散自主经营，农家乐的所有权和经营权合二为一，而不是以委托或租赁等方式交给外来企业或个人经营管理的一种模式。

（二）联户经营模式

联户经营模式是在早期通过经营农家乐而富裕起来的农户的示范带动下，其他农户逐渐加入农家乐经营管理，从而形成的一种经营模式。

由于农家乐联户经营模式是在当地示范户的带动下发展起来的，地缘性较强，这就避免了与外界企业产生利益冲突和文化差异的问题，并且有利于保持原汁原味的乡土气息，对当地文化和特色的传承与发扬起到一定的积极作用。

（三）"公司＋农户"经营模式

"公司＋农户"经营模式是由公司牵头，吸纳当地农户参与农家乐的经营与管理，并对农户的接待服务进行规范培训，实施统一管理、定期检查，从而保证产品质量和服务规范性的经营模式。

在这种经营模式下，开发和经营管理所需的资金，可以通过协商，由公司和农户按照一定的比例出资；也可以将农户的房屋、田地和果园等个人财产作价入股，让农户按股份分红。

（四）"公司＋社区＋农户"经营模式

"公司＋社区＋农户"经营模式是对"公司＋农户"经营模式的改进，它能够在一定程度上充分保障开发和经营成本、利益的均衡分配。在这一模式下，"公司"有两种形式：一种是社区外的旅游公司或具有开发农家乐资质的公司，另一种是由村委会成立的乡村旅游公司。"公司"的职责是负责农家乐旅游的经营管理业务，如基础设施建设、营销宣传、服务监督等。

在"公司＋社区＋农户"经营模式下，"社区"一般是指作为社区代表的村委会或当地的农家乐旅游协会。"农户"是指参与农家乐旅游经营的农户个体单元，也称"业户"。

（五）专业合作社经营模式

为了更有效地整合资源，规范农家乐经营，可以将经营农家乐的多个农户组织起来，成立农家乐合作社，由合作社统一分配客源、统一宣传、统一经营。农户可共享客源信息，避免恶性竞争，形成"和谐致富"的良好局面。

在这一模式下，农家乐合作社可以为农户提供技术服务和信息指导，帮助其加强内部规范化管理；农户负责农家乐的具体经营事务。农家乐专业合作社经营模式能够充分发挥村民的自主意识，加强农家乐经营者内部联系，实现互惠互利，减少恶性竞争，形成规模效应和地区品牌优势。

第二节 洋家乐

【引例】

莫干山裸心谷[①]

裸心谷发展时间并不长(见图3-1),它利用乡土农舍改建而成的居所,为游客提供生态自然的居住体验,是强调可持续理念的高端奢华度假村。

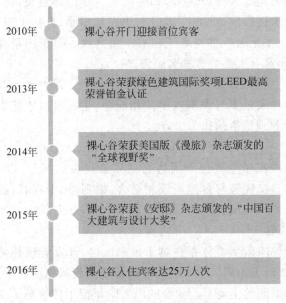

图 3-1 裸心谷发展历程

裸心谷主要客源为中高端度假和商务客户,业务范围以上海为主,辐射长三角地区,企业客户大多来此进行团队拓展。裸心谷主要为游客提供餐饮、养生、商务会议、聚会等场地,满足其度假体验及高端商务的需求。游客在此可以俯瞰大草坪和马场,还可在会所池畔和泳池小憩、享受宁静,同时会所餐厅会为其提供各种精致简餐。

思考:谈谈裸心谷吸引你的因素有哪些?

▶一、洋家乐的定义、类型及特征

(一)洋家乐的定义

"洋家乐"发展之初是由境外人士在风景优美的乡村租用当地废弃的农舍改建为家庭旅馆,主要客源仍是旅居中国的境外人士,其早期的规模和经营模式如同农家乐,但却与农家乐有着巨大的文化差异,因此被称为"洋家乐"。[②]随着越来越多的人参与洋家乐的经

---

① 资料来源:裸心谷官方网站. https://www.nakedretreats.cn/zh-CN/about-our-resorts.
② 王敏娟,Benjamin Taunay. 洋家乐:乡村旅游创新发展的成功实践[J]. 浙江外国语学院学报,2015(4):100-106.

营,其经营理念也不断更新,"洋人开的农家乐"已无法诠释这种新型业态的全部内涵。

自在闲适的乡村生活、未经雕饰的自然风光、西方文明与乡村淳朴民风的差异互补,是洋家乐大受欢迎的主要原因。因此,可将洋家乐定义为一种具有低碳环保理念、投资主体多元化、富有家庭氛围和生活气息、中外多种文化共融的乡村文化旅游新业态。

(二)洋家乐的类型

1. 区位资源型

这类洋家乐主要依托景区资源优势,如距离某一热门地点很近。"裸心谷"洋家乐就依托于莫干山国际旅游度假区,度假区历史文化底蕴深厚,自然生态资源优越,南北朝文学家沈约、庾信等历史文化名人都与莫干山有不解之缘。莫干山早在民国时期就是蜚声中外的度假胜地,每年都有大量游客慕名而来。

2. 农业资源型

农业休闲体验型洋家乐多与农场或田园相配套,主人可以依托农业优势设置农产品采摘、DIY 制作、美食料理等活动作为卖点。

3. 自然资源型

自然风光体验型洋家乐主要位于周边自然风景优美的区位,以风景作为主要卖点。这类洋家乐尽可能将自身优势与自然风景相融合,做到"你中有我,我中有你",让住宿客人最大限度地体会到优美的风景。

4. 历史文化资源型

历史文化体验型洋家乐主要分布在莫干山景区内,开发者依托传统建筑打造别样风格的民宿,如莫干山里法国山居。主人将山上的传统建筑风格沿袭下来,将中法两国的文化完美地融合在这片美丽的土地上。如今的山居既保留了传统莫干山乡村建筑的简朴风格,又在此基础上增添了几分现代化的气息。精致、现代而又略带怀旧之情的莫干山里法国山居成功地再现了 20 世纪 30 年代缓慢而精致的生活风格,让游客充分地感受中西传统文化,仿佛住进了历史里。

(三)洋家乐的特征[①]

1. 设计融入原生态理念

莫干山除了裸心谷、法国山居两大洋家乐是在林地、茶场里面建造以外,其他全部租用当地的混坯房,在不破坏原有房屋框架结构的前提下,围绕低碳环保主题,利用旧原料,根据房子本身的特点进行设计。所有的装饰都保留和深化了泥坯房原有的风格和材质,融入了新的设计元素,体现出自然和现代的融合,表达出主人的原生态理念。

2. 提倡绿色低碳生活方式

莫干山洋家乐在装修时不是从市场购买家具和建材,而是花了很多工夫在周围的村子里寻找旧家具,拆房剩下的雕花木梁、猪槽等都成了他们的装修材料。莫干山洋家乐倡导绿色低碳的生活方式,建议客人乘火车到杭州,而不是开私家车;不允许客人在室内抽

---

① 德乡旅.洋家乐的走红与启示[J].中国测绘,2018(5):66-71.

烟,第一次发现会警告,第二次发现就要将客人"赶出门";要求客人节约用电、用水;不提供每天换毛巾的服务;没有电视。

3. 倡导无景点另类健康休闲理念

洋家乐的选址远离城市的喧嚣,使人回归自然,与心灵对话,人们在此可以爬山、散步、骑车、钓鱼,或闭上眼睛,不思考也不说话,静听四周的鸟鸣声、山涧的流水声、竹海的摇曳声。这种经营理念主要是为了给城市的居民创造一个可以完全放松解压的天然场所,同时不破坏当地的自然环境,做到人与自然的真正融合。

4. 注重当地乡风民俗与西方文化融合

房屋内部的古朴装修,配上现代化的设施,让游客既可以体验本地的民俗风情又可以享受西方的文化生活理念,既做到了中西文化的完美结合,又确保了客人入住舒适。聘请当地人做管家,请村里的村民做员工。莫干山洋家乐每年三四月份会组织外国孩子和当地学生联谊,宣传环保理念;有时也会邀请村民参加露天音乐会、烧烤、露营等活动;春节期间还会特意安排外国客人与村民共度中国春节。

▶ 二、洋家乐发展概述

(一)发展历程

洋家乐可以理解为洋式民宿,区别于农家民宿,实则为民宿的一种衍生品。20世纪60年代的西班牙人把废弃的城堡改造成饭店用于留宿过往的客人,这便是洋家乐最早的起源。民宿则发源于20世纪60年代初期的英国,利用自用住宅空闲房间为旅客提供住宿以增加收入,属于家庭式的招待性质。国内的洋家乐以北京"小园"为发端,在德清莫干山形成规模。

1. 萌芽期

2007年,在上海工作的南非人高天成(Grant Horsfield)租下莫干山废弃的老房子,改造成供自己和朋友度假的地方,自此诞生了三九坞洋家乐。2008年,三九坞国际乡村会所正式营业,随后他又与合伙人成立酒店管理集团,旗下度假村"裸心谷"于2011年10月开业。之后,莫干山地区又陆续诞生了一批洋家乐,投资者分别来自南非、法国、英国、比利时、丹麦等国家和地区,规模从几间到百余间客房不等,有农家小院、农庄、别墅、度假村等不同形式,吸引了国内外众多消费者。初期的洋家乐以"裸心谷"为代表,走"修旧如旧"改造之路,保持了房屋的原始结构和风貌,体现了原生质朴的乡村风格和低碳环保的理念。

2. 成长期

"裸心谷"乡村度假酒店的诞生,标志着洋家乐走向企业化运营。成长期的洋家乐体现着设计师的自身元素与特点,有许多新建筑出现,风格更加现代,更加符合年轻人的口味。无论从数量、接待规模还是投资主体、客源市场上看,洋家乐都有了很大变化,开始走精品化、高端化的路线。除莫干山以外,浙江周边等地的洋家乐也迅速发展起来。政府部门开始关注和支持洋家乐的发展,并在2012年的政府工作报告中,提出要培育以洋家乐为代表的旅游新业态。

3. 成熟期

经历了10年成长,莫干山洋家乐迎来产业的成熟期。此时的洋家乐已经不再单纯由境外人士开办,投资主体变得多元化,形成了莫干山特色民宿聚落。此时的民宿逐渐从个人家庭副业运营转变为团队专业操作,向酒店化、标准化发展,既有城市中酒店的标准,也有民宿管家式的服务特色。民宿业的兴起,也带动了旅游、客运、餐饮、建筑业和农产品等领域的共同发展,加快了乡村经济结构的转型,使得旅游业成为莫干山的支柱产业。

(二)发展现状

洋家乐历经了近10年的快速发展,至今德清全县已有农、洋家乐550多家,2017年,以洋家乐为代表的150家特色高端民宿共接待游客49.8万人次,直接营业收入5.8亿元。洋家乐民宿的发展带动了莫干山乡村的发展和百姓的致富,促进了产业转型升级,并且为乡村旅游提供了新方向,目前洋家乐这一业态在长三角地区、珠三角、京津冀均呈现迅猛发展的态势。

三、洋家乐的经营模式

(一)中西文化体验型

以"莫干山里法国山居"为代表,其经营以中西文化体验为主要特色,山居主体为一幢呈"L"形分布的建筑物,四周系四幢较小的相对独立的长方形附属建筑,全部建筑物外立面设计风格相同,具有莫干山本地传统房屋样式的特点。酒店内部装修严格按照法国高级庄园的风格和标准,设有高级酒吧、法式餐厅、会议室等。高标准的泳池,户外SPA,精巧别致的灯饰,多种多样的植物、果树、花卉、草坪,使得整个山居自然和谐、静雅怡神。

(二)绿色生态体验型

以"莫干山西坞里73号"和"后坞生活"为代表,"莫干山西坞里73号"推崇回归大自然、回归淳朴的生活、回归原生态的生活方式,倡导环保、生态、自然、运动、健康和公益的经营理念,主要客源为户外运动爱好者。"后坞生活"集生态旅游、休闲观光、度假娱乐等功能于一体,是其英文名称"Howoolife"的音译,"how"即如何,"woo"即追求,"life"即生活,意思是让人们远离城市的钢筋水泥和喧嚣,置身于满目竹林间,感受大自然的随意。

第三节 乡村民宿

【引例】

月 亮 工 坊

月亮工坊(见图3-2)是坐落于临安天目山景区的一间民宿。毛姆曾经在《月亮与六便士》中写道:"在满地都是六便士的街上,他抬头看到了月光。"到了月亮工坊,你也可以抬头看看许久被生活遗忘的月亮、星星和萤火虫,停下脚步,返归本真。月亮工坊正对着的一片耕地,春天会开满金色的油菜花,夏天有向日葵花海,掌柜月亮姐姐还在这里种植了小番薯,田园风光不时吸引途经的路人驻足。不同于很多现代感十足的民宿,月亮工坊充满浓浓的怀旧风。破旧黄泥老房经过精心的改造,成为村中亮眼的风景。

图 3-2　月亮工坊

思考:谈谈乡村民宿对乡村旅游的发展有何作用和价值。

▶一、乡村民宿的定义、类型及特征

(一)乡村民宿的定义

乡村民宿最早出现在英国,以简单提供住宿与早餐(bed and breakfast)的模式经营。台湾是中国最早发展民宿的地区,20世纪80年代,当时台湾旅游景区住宿设施不足,当地居民就开始将闲置的房屋出租给游客,到了20世纪90年代,随着台湾休闲农业的发展,由居民提供给游客吃、住、游、玩的"民宿"开始流行。

在政策层面,2017年,国家旅游局发布的《旅游民宿设施与服务规范》中将民宿定义为"利用当地闲置资源,通过自营、合作、租赁等方式经营,主人或经营者参与接待,为游客提供体验当地自然、文化与生产生活方式的小微型住宿设施。"2019年,国家文化和旅游部发布并实施的旅游行业标准《旅游民宿基本要求与评价》中指出旅游民宿(homestay inn)是指利用当地民居等相关闲置资源,经营用客房不超过4层、建筑面积不超过800 m^2 ,主人参与接待为游客提供体验当地自然、文化与生产生活方式的小型住宿设施。

在学术层面,国内外学者分别从不同的角度对民宿下了定义,但尚未达成统一标准。[①] 一般来看,学者们通常会根据民宿所处的不同地理位置,将民宿划分成城镇民宿和乡村民宿。地处乡村及城市郊区的民宿被称为乡村民宿,以乡村风光和农事体验为主要的旅游吸引物。

---

① 李祗辉,曹慧琪,刘新洁,等.中外民宿研究:相关概念、发展演变与促进区域振兴[J].商业经济,2021(9):137-138,183.

（二）乡村民宿的类型

按照乡村民宿的特色定位划分，可将其分为赏景型、艺术型、农业型、非遗型、温泉型、怀旧型六种类型。

1. 赏景型

赏景型乡村民宿主要结合自然景观或是精心规划的人工造景，如万家灯火、满天星斗、庭园景观、草原花海或高山大海等。

2. 艺术型

艺术型乡村民宿主要由经营者带领游客体验各项艺术品制作活动，包括陶艺、雕刻、绘画、手工蜡、天灯制作等，游客们可以自己亲自创作艺术品并体验当地乡村的现代艺术和文化盛宴。

3. 农业型

农业型乡村民宿除提供农村景观、农家生活体验之外，还有农业生产方面的体验活动，配套观光果园、观光菜园、观光茶园等，让游客在乡间享受田园之旅带来的乐趣。

4. 非遗型

非遗型乡村民宿的民宿主人或非遗传承人着力将非遗资源和衍生产品引入民宿，丰富民宿文化内涵，增强游客文化体验，一方面能让游客全方位感受非遗的魅力，另一方面也让非遗资源在现代生活中焕发新的生机与活力。

5. 温泉型

温泉型乡村民宿主要结合当地地热资源，打造温泉设施，甚至在每间套房设置各具特色的泡汤池，并提供水疗、按摩等服务，让游客尽情放松身心，让大自然做最好的理疗师。

6. 怀旧型

怀旧型乡村民宿在装修设计方面着力保存或者复刻古建筑样式，在这种古朴的住宿环境中，游客可以缅怀过去，追寻记忆深处的乐趣。

（三）乡村民宿的特征

1. 区分民宿与酒店

民宿与酒店在规模、配套设施、服务等方面有所差别（见表3-1），酒店的设施密度与服务项目高于民宿，民宿与环境资源及社区的关联度较为明显。酒店是商业体，资金较为充足，重视硬件设施与标准化服务，游客尽可能在酒店内消费，利用外界资源相对较少。民宿是非标准经营，经济实力较弱，需借助周边环境，导入邻近的自然和人文资源，为游客提供当地的生活体验，与附近社区形成共赢、共生、共享的关系。

2. 区分民宿与农家乐

民宿与农家乐在规模、核心产品和主人服务的体现上差异较大（见表3-2），参考2019年文化和旅游部发布的《旅游民宿基本要求与评价》（LB/T 065—2019），单幢建筑客房数量应不超过14间（套），而农家乐的客房数量没有明确规定；民宿的核心产品是住宿，农家乐则以餐饮为主；民宿主人在经营中参与程度高，主人文化也是民宿的吸引力之一，主人与客人有良好沟通，主客联系较为密切，而农家乐的主客之间交流并不多。

表 3-1　民宿与酒店比较

比较项目	民宿	酒店
经营者	主人经营	职业经理人
物业	住宅等闲置资源	无特定规定
规模	单栋 15 间以内	无上、下限规定
地方资源	强调结合自然环境,体验当地风土民情或农村生活,周边环境资源利用性高	通常不主动提供酒店以外的服务,较少利用周边环境的资源
社区(群)关系	与当地小区居民、团体互动性强	通常少与当地小区居民、团体互动
配套设施	简单	较丰富
服务	主人家服务,强调浓厚人情味与家的温馨感	由员工提供服务,强调标准化服务

表 3-2　民宿与农家乐比较

比较项目	民宿	农家乐
经营者	村民或其他	村民
物业	住宅等闲置资源	自有住宅
规模	经营用客房不超过 4 层、建筑面积不超过 800 m^2	无规定
核心产品	住宿	餐饮等(非住宿)
卫浴设施	舒适度较高	不关注
主人服务	主人与客人有良好沟通,服务得到客人的认可	主人与客人交流不通畅

▶二、乡村民宿发展概述

▎(一)我国乡村民宿的兴起

1. 台湾乡村民宿

台湾是我国最早发展乡村民宿的地区之一。台湾乡村民宿兴起于 20 世纪 80 年代,经过多年发展和社会多方良性互动,已形成与当地的人文、自然景观和生态特色融合在一起的格局,成为乡村旅游文化的一部分。台湾乡村民宿精致独特、主题丰富、形态各异,饱含着民宿主人的巧思妙想,带着地域特色的文化气息,散落在静谧安然的青山绿野间、潮起潮落的海岸沙滩旁,向游客传递着台湾人骨子里的浪漫情怀和脉脉温情。

经过近 40 年的发展,民宿业已成为台湾旅游业中的一大特色,管理体系也较为完善。2011 年,修订后的台湾《民宿管理办法》对民宿作出了进一步规定,民宿必须位于风景特定区、观光地区、国家公园区、原住民区、偏远地区及澎湖列岛地区等,甚至有的区域规定民宿用地应为"非都市土地",因此台湾乡村民宿多处于风景优美的乡村偏远地带。在台湾主要休闲农业区中,民宿与休闲农业已经形成了互促互动的良好发展势头,休闲农业发展较好的地区也往往是民宿比例较高的地区。

民宿原本只是为游客提供住宿的地方，但是经过多年的发展，台湾乡村民宿已发展成独立产业，不需要依附周边景区。源于生活、融于生活的台湾特有乡村民宿文化吸引了游客入住，带动了一系列餐饮、娱乐、旅游等小镇产业，台湾民宿的主人根据自身爱好和不同游客的需求打造了极富有创意个性的主题化民宿，众多的民宿风格给游客提供了很大的选择空间。按照《民宿管理办法》规定，民宿经营规模一般在5间客房以下，150m^2以内，就算是特批的少数民族地区、偏远地区和澎湖列岛等地的特色民宿，客房也不能超过15间，这也决定了台湾乡村民宿日趋走向高端化、精致化的发展道路。

2. 大陆乡村民宿

大陆乡村民宿萌芽于20世纪80年代的乡村"农家乐"，早期乡村民宿只能提供简单的住宿、餐饮及采摘等有限的旅游产品，服务水平和硬件设施条件较差，以"住农家屋、吃农家饭、干农家活、享农家乐"而闻名。① 2012年以后，我国旅游度假需求增长迅速，大众出行主体由商务出行转向个人旅游，游客对于客栈、民宿等个体化主题酒店需求增加，各类社会资本涌入，民宿产业进入了爆发增长期。然而，由于乡村民宿都由民间自由发起，缺少全国性的指导规范，因此各地民宿质量良莠不齐、缺少合理的区域规划和配套的基础设施、缺乏品牌意识、与乡村居民关系紧张等问题接踵而来。

2016年以来，旅游民宿产业步入了由政府主导、各方合力发展的新阶段，2016—2019年，我国民宿产业发展迅猛，截至2019年9月30日，我国大陆地区民宿（客栈）数量达到16.98万家，相比2016年的逾5万家增长217.06%。

在经历了一段时间的无序发展后，原国家旅游局于2017年发布了民宿行业标准《旅游民宿基本要求与评价》(LB/T 065—2017)，首次对民宿进行了定义。2019年7月，文化和旅游部发布了修改之后的《旅游民宿基本要求与评价》(LB/T 065—2019)，规定了民宿的必备条件。2021年2月25日，国家文化和旅游部又发布了《旅游民宿基本要求与评价》第1号修改单，将民宿等级分为丙级、乙级和甲级，并新增了条款，要求提供餐饮服务时应制定并严格执行制止餐饮浪费行为的相应措施。标准的相继出台和修订体现了民宿发展的新理念，体现了文旅融合的新趋势，为民宿产业的健康有序发展提供了坚实保障。

目前，我国民宿产业迈入以高端化、专业化、品牌连锁化为特征，以民宿群落为主的精品民宿阶段。精品乡村民宿的硬件设施和服务水平较高，价格也较普通民宿昂贵，但却受到了游客的普遍欢迎。以北京怀柔区为例，近年来，精品民宿在怀柔区发展得很好，形成了以渔唐、老木匠、坚果农庄为代表的一批高端精品民宿品牌。未来业内机遇和挑战并存，文化型、生态型、康养型、亲子型、研学型等特色主题民宿将会更加受到市场青睐。

（二）我国乡村民宿圈

1. 云南乡村民宿

云南有着美丽雄浑的自然风光，巍峨的山、婉约的水，又是一个多民族地区，少数民族文化资源突出且绚烂多彩，在云南，大理、丽江、香格里拉、腾冲、西双版纳等地民宿随处可

---

① 江美亮.民宿运营与管理[M].北京：化学工业出版社，2019.

见,民宿已成为当地的独特风景。经过了几十年的发展,丽江已成长为民宿集中地。

2. 杭州乡村民宿

近年来,杭州先后出台了一系列民宿发展的扶持政策,形成了一系列民宿管理规范,加大专项资金扶持力度,释放出一大波政策红利,为行业健康发展提供充分的土壤、水分和阳光,将乡村民宿推向集聚化、正规化、精细化、产业化发展方向。杭州乡村民宿主要错落分布在西湖街道所属的6个社区,9个行政村的农居点中,尤其在四眼井、满觉陇和灵隐白乐桥一带最为集中,其他则零星散见于三台山、南山路、玉皇山等区域。

3. 莫干山乡村民宿[①]

浙江省德清县莫干山镇围绕"原生态养生、国际化休闲"的旅游发展主题,将乡村特色民宿作为当地乡村旅游的特色品牌进行发展,先后涌现出劳岭、紫岭、庙前、后坞、仙潭等一批民宿集聚区,规模效应逐渐形成,带动全镇民宿产业发展。莫干山镇也因此走出了一条独具特色的乡村旅游发展之路,推动乡村振兴。

▶三、乡村民宿的经营模式

(一)国外乡村民宿的经营模式

1. 英国乡村民宿经营模式

(1)实行等级制

比照旅馆分级认证方式,英国观光局将农家民宿设施分为四级,依序为登录(Listed)、1冠(1-Crown)、2冠(2-Crown)及3冠(3-Crown),每年会以不预先告知的方式进行查核。这种分级制度在实施之初,着力于对"硬件"进行评分认定,近几年则着力于对"软件"进行评分认定,其中包括地毯质地、窗帘、房间色调、起居室空间、服务等,此外,还对从业者如何进行民宿经营予以辅导。

(2)规范民宿经营

英国主管部门制定了消防设施及室内改装许可、食品卫生查核、税额等标准,民宿经营者设定的容客量如果超过6人,其卫生条件会受到较为严格的限制,此外,课税也较重,因此大多数的经营者都将容客量定于6人以下。

(3)提供民宿经营咨询及训练课程

政府为促进农家适应农业发展变局,为民宿经营者主动提供民宿经营咨询及训练全套课程,并设立专责团体,参与的主体包括农政、观光、农业推广组织、大学、义工团体及民间组织。

2. 法国乡村民宿经营模式

(1)等级制度

法国民宿联合会依据标准,对民宿的服务质量、住宿环境、舒适度、基础设施及卫生设施配备情况等项目进行综合分析、划分等级,并以法国乡村常见的麦穗枝数加以反映,从一枝到最高的五枝,麦穗数目越多,该民宿的综合条件越好。

---

① 张欣然.多元文化影响下的莫干山民宿营建策略研究[D].杭州:浙江大学,2019.

(2) 规范民宿经营

法国民宿沿袭欧洲传统，采用"B&B"方式经营。2000年以后，法国政府重新修订民宿法，限定民宿房间不得多于5间，超过者被视为"旅馆"。住宿以"天"计价的，称为"Chamber"；以"周"计价的，通称为"Gîte"。经营方式以家族经营为主。法国政府对民宿的占地面积、设备配备、清洁卫生情况、环境等都有严格要求，并且每5年进行一次评鉴，以此保证民宿业的良性发展，同时，法国政府要求民宿经营者为游客办理保险，确保游客的人身和财务安全。

3. 日本乡村民宿经营模式

(1) 许可制

日本民宿经营采用许可制，民宿在取得执照后方可营业。2018年6月15日，日本开始执行《民宿新法》，按照新法要求，房东必须在当地政府机关注册营业执照以取得许可编号，主要分为住宅宿泊事业者、住宅宿泊管理业者、住宅宿泊中介业者三大类。经营者须提交内容包括事业登记、住宅宿泊事业标示、消防安全检查标示，以及房源设备已完善并符合规范的证明。此外，如果屋主没有同住，房源必须通过第三方经营管理。

(2) 体验型

日本乡村民宿在立法上学习欧洲的模式，采取许可制，而且取名为"体验民宿"，说明了农业体验才是乡村民宿的主要卖点和特色。为吸引游客，各种体验项目均以特定农业或地方生产技术及资源为主题，如农业体验、林业体验、牧业体验、渔业体验、加工体验、工艺体验、自然体验、民俗体验、运动体验等。

（二）国内乡村民宿经营模式

1. 独立经营模式

独立经营模式是目前较为常见的一种经营模式，由民宿主自己独立经营。民宿小而精，大部分事宜都由民宿主自己处理，有的会聘用一个管家来帮忙打理民宿内部的事宜。

2. 连锁经营模式

目前国内大型民宿品牌大都采取连锁经营模式。民宿的管理经营和酒店类似，有专业化的管理团队和成熟的经营平台、营销系统、会员管理系统、品牌管理系统等，民宿实现连锁化。

3. 村委会主导的民宿统一经营模式

这类模式一般运用于乡村旅游中的集体改造的民宿。村民的住宅经过统一的改造之后由村委会统一管理，游客到达之后在村委会进行订房，不用费心去找，由村委会进行统一的安排。这样的民宿经营模式会更加方便游客。

4. 集中经营模式

这类模式是指外来公司对村庄进行全面产权收购、搬迁安置，自筹资金，对其进行整体度假化改造，并塑造独立度假品牌。例如，江西省婺源县篁岭古村，由婺源县乡村文化发展有限公司实行"养生＋度假"经营模式，开发公司将篁岭民居整体改造，全面包装。高端住宿民居的改造讲求文化性、乡土性与品质感兼顾，追求外旧内新、外朴质内奢华的效果。

5. 土地集中租赁模式

这类模式由投资公司在村里集中租赁土地进行度假化改造。例如,躬耕书院所在的浙江省丽水市黄泥岭村,村民以600斤稻谷每年每亩的价格租给公司,并被公司招进当员工,领取工资。

第四节 休闲农场

【引例】

成都"五朵金花"休闲农场

"五朵金花"休闲农场以高起点科学规划布局,形成"一村一品一业"产业特色,推动城乡一体化协调发展。突出连片开发经营,五个景区实现"一区一景一业"错位发展的格局。将乡村旅游、生态农业、观光农业、文明小镇旅游、重大节假日活动有机结合,促进休闲农场的可持续协调发展。"五朵金花"休闲农场有效融合了成都市城郊各村之间的旅游资源,形成以农家乐为主打产业、乡村酒店为依托、构建国家农业旅游示范区为特色、古镇旅游为亮点的农村旅游发展综合产业链,不仅提升了成都市旅游的总体实力,还丰富了乡村旅游的内涵,促进了生态农业与旅游业的可持续发展。此外,"五朵金花"休闲农场融合了生态农业、花卉产业与旅游产业,并引入文化创意产业,如摄影、绘画与音乐创作等,实现了休闲农场多业态的深度嫁接,不断提升农业附加值,提高村民收入。

思考:"五朵金花"休闲农场的发展对其他休闲农场有何启示。

一、休闲农场的定义及类型

(一)休闲农场的定义

综合国内学者对休闲农场概念的研究,休闲农场是一种新型农业经营模式("农业+旅游"),通过一定的生产条件,调整农业产业结构与布局,把农业自然资源加以综合利用,对农业资源进行深度的开发,发展集观光农业、休闲农业、旅游业于一体的综合农业发展新业态,进而提升村民的经济收入。休闲农场是发展现代化休闲农业的有效载体,休闲农场可以融合农、林、渔、牧四大产业,整合乡村文化、村民生活、生态环境,具有农业、工业、服务业的特征,以及为人们提供旅游观光、教育、体验农家生活等功能。休闲农场改变过去单一化、粗放式的农业经营模式,转向科学化、精细化、立体化种植的新型农业生产与休闲体验一体化发展新格局。[①]

(二)休闲农场的类型

休闲农场按照其功能侧重大致可分为如下类型。

1. 观光果园型

观光果园型农场在第一产业基础上经过对特色农业、景观农业、设施农业资源的简单

---

① 洪流.福清市相思岭休闲农场发展的策略研究[D].福州:福建农林大学,2018.

开发形成了以观光旅游为主导特征的初级发展形态。1981—1994年,我国台湾省农委会及农林厅共同在台湾省辅导办理48个乡镇市,设置完成16种观光果园,包括柑橘、阳桃、葡萄、梨、荔枝、龙眼、桃、莲雾、番石榴、百香果、草莓等,其总面积达1700公顷。

2. 乡村度假型

乡村度假型农场利用乡村的森林、山峦、溪流、草原、水域等乡土自然风光,附设各种游憩设施,为游客提供综合性休闲场所和服务,如香格里拉休闲农场和飞牛牧场。

3. 生态教育型

生态教育型农场利用其产业资源生动展现树木瓜果的名称、种类,以及昆虫的蜕变成长,户外学堂是培养环境伦理的最好方式。这里为游客参与农业、了解农产品生产制作过程、体验乡村生活提供了可能,尤其为城市青少年了解自然、认识社会、了解农业和乡村文化创造了条件。

4. 农耕体验型

农耕体验型农场将城市近郊的农地划分成若干小块供市民业余时间承租耕种,以自给为目的,让市民享受农耕乐趣,体验田园生活。

▶ 二、休闲农场发展概述

(一) 休闲农场的起源

自休闲农业兴起以来,有识之士便酝酿利用农业资源吸引游客前去游憩消费,在游客享受田园之乐时促销农产品,于是各种农业与休闲结合的农场的建设构想便应运而生。无论在国内还是国外,休闲农场的发展都很快,面积日益扩大,水平不断提高。大陆地区的休闲农场自20世纪90年代以来发展势头迅猛,一大批颇有发展前景的休闲农场相继涌现,如北京市平谷蟠桃观光采摘园、瓜类采摘园、上海的都市农园等,以及国家旅游局2005年公布的359个农业旅游示范园区,此外还有全国林业系统建立的1500多处各种森林、湿地、荒漠等类型的自然保护区和数百处森林公园等。国家旅游局把1998年的旅游主题定为"华夏城乡游",1999年定为"生态环境旅游年",2006年则定为"中国乡村旅游年"。这些活动为我国休闲农场的发展起到了巨大的推动作用。

(二) 国外休闲农场发展概况

休闲农场在国外有着悠久的历史。从1865年,意大利就成立了"农业与旅游全国协会",专门介绍城市居民到农村去体验自然野趣。如今,休闲农业已从萌芽阶段发展到成熟阶段,国外先后出现了观光农园、度假农场、家庭农园、教育农园、乡村民俗博物馆、生态农业示范区等多种类型的休闲农场。在实际的开发过程中,多类型的组合形成了多样化的农场开发形式。

(三) 国内休闲农场发展概况

1. 发展阶段

早期兴起阶段(1980—1990年)。该阶段处于改革开放初期,靠近城市和景区的少数农村根据当地特有的旅游资源,自发地开展了形式多样的农业观光旅游,举办了荔枝节、桃花节、西瓜节等农业节庆活动,吸引了城市游客前来观光旅游,增加了村民收入。

初期发展阶段(1990—2000年)。该阶段正处在我国由计划经济向市场经济转变的时期,随着我国城市化发展和居民经济收入的提高,人们的消费结构开始改变,有了观光、休闲、旅游的新需求。同时,农村产业结构需要优化调整,村民扩大就业、村民增收提到日程。在这样的背景下,靠近大、中城市郊区的一些农村和农户利用当地特有农业资源环境和特色农产品,开办了以观光为主的观光休闲农业园,开展采摘、钓鱼、种菜、野餐等多种旅游活动。

规范经营阶段(2000年—)。该阶段人们的休闲旅游需求开始强烈,而且呈现出多样化的趋势,一是人们更加注重亲身的体验和参与,很多"体验旅游""生态旅游"的项目融入农业旅游项目之中,极大地丰富了农业旅游产品的内容;二是人们更加注重绿色消费,农业旅游项目的开发也逐渐与绿色、环保、健康、科技等主题紧密结合;三是人们更加注重文化内涵和科技知识性,农耕文化和农业科技性的旅游项目开始融入观光休闲农业园区;四是政府积极关注和支持,组织编制发展规划,制定评定标准和管理条例,使休闲农业园区开始走向规范化管理,保证了休闲农业的健康发展;五是休闲农业由具有单一的观光功能开始拓宽为集观光、休闲、娱乐、度假、体验、学习、健康等综合功能于一体。目前,休闲农业已进入一个全面发展时期,旅游景点增多、规模扩大、功能扩展分布拓宽,呈现出一个良好的发展新态势。

2. 发展特点

(1) 休闲农业分布变化和新格局的形成

休闲农业开始阶段都分布在大城市周边地区,而现在已从大城市向中、小城市发展。在大城市,休闲农业从近郊区向中、远郊区发展从而形成了新的分布格局。就北京而言,以城市为中心,城市周边50公里以内,为观光、采摘、科技、教育、餐饮、购物旅游圈;城市周边50~150公里,为观光、休闲、体验、住宿旅游圈;城市周边150~250公里,为休闲、度假、特色旅游圈。

(2) 休闲农业从依托城市向依托景区发展

过去一些旅游景区主要从自己本身发展考虑,现在一些景区开阔了思路,把景区旅游延伸到农村,使景区旅游开发与乡村经济发展相结合,在自己发展的同时,通过多种方式积极引导村民参与旅游服务业,发展农业和休闲农业,走旅游致富的道路。

(3) 休闲农业从单一观光型农业向休闲、教育、体验型农业发展

过去,休闲农业多以农业观光和农家乐为主,功能单一,层次较低。现在,休闲农业已不满足于以"住农家屋、吃农家饭、干农家活、享农家乐"为内容的农家乐。在发展农业休闲旅游和农家乐的同时,还应开发乡村的民俗文化、农耕文化、生态文化资源,增加休闲、娱乐、养生、健身和回归自然等内容,从而使休闲农业向高品位、高层次、多功能方向发展。

(4) 休闲农业从自发发展逐步走向规范化发展

过去,休闲农业很多是自发发展的,没有经过规划论证,经营管理不规范。近年来,各地农业部门和旅游部门都开始重视规范化管理,制定了农业旅游和民俗旅游的评定标准,

有的还对农家乐和休闲农场制定了星级标准。依据标准定期进行评估,评出一级、二级休闲农业旅游示范区(点),使休闲农业逐步走向规范化和专业化。

(5) 休闲农业发展与新农村建设相结合

发展休闲农业必须考虑新农村建设的总体规划,密切开展农村产业结构调整、新村建设与整治以及生态环境改善等各项工作,使休闲农业发展与新农村建设结合起来。

三、休闲农场的经营模式

(一) 按经营主体分

按经营主体划分,休闲农场的经营模式可分为:政府主导型、企业带动型、协会合作型、个体经营型等。[①]

政府主导型的建设主体为政府,政府投入资金及技术并负责农场内的主体经营和管理。企业带动型的农场规模大、游览项目多、管理规范、接待能力强,游客对农场的满意度高。协会合作型具有区域协作性,能够聚集大量优势资源,在资金引进,开拓市场,整合资源上发挥着巨大作用。个体经营型的资金有限、投入量小,占地规模较小,基础配套及相应的服务能力较差。

(二) 按项目开发模式分

从项目开发模式上看,休闲农场主要有三种经营模式,即观赏型旅游模式、实践型旅游模式和综合型旅游模式。

观赏型旅游模式以"眼观"为主,通过观赏达到旅游目的。游客通过参观一些具有当地特色的农业生产景观、农业生产经营模式、乡村民居建筑,了解当地的风俗民情、传统文化和农业生产过程。该模式以游客亲身体验为特点,如品尝型旅游模式,游客可以亲自动手采摘尝鲜。

实践型旅游模式的主要目的是操作和学习,游客可以自己动手,品尝自己的劳动成果,通过实践学习一定的农业生产知识,体验农村生活,从中获得乐趣。

综合型旅游模式是把上述两种模式结合起来,让游客进行全方位的农业旅游体验,通过"干农家活、吃农家饭、住农家房、赏农家景、享农家乐"的生活方式,获得在城市中所体会不到的乐趣。

(三) 按功能组合形式分

休闲农场是以农业观光、农业休闲功能为主,兼有度假、文化娱乐、体育运动等多功能的综合性游览区。按其不同的性质和功能进行空间区划,休闲农场可分为观赏区、示范区、休闲区、产品区四种经营分区。

观赏区由观赏型农田带、瓜果园、花卉苗圃、珍稀动植物饲养场构成,游客可以身临其境,感受真切的田园风光和自然生机,如福州的千江月休闲农场、珠海的蝴蝶公园、随州的

---

① 陈继松.大连市休闲农场发展研究[D].大连:大连海洋大学,2019.

银杏公园。

示范区由农业科技示范、生态农业示范、科普示范构成,以浓缩的典型农业模式,展示特色农业生产景观与经营模式,传授系统的农业知识,游客可以从中得到教益。

休闲区由当地乡村民居、乡村活动场所构成,为游客营造能深入其中的乡村生活空间,使游客参与农耕活动,学习农作物的种植技术、农产品加工技术及农业经营管理等,体验农村生活,如龙宁德的知青农庄、井冈山的村民客栈、公社食堂。

产品区由可采摘的直销果园、乡村工艺作坊、乡村集市构成,可让游客充分体验劳动过程,并购买乡村旅游产品,推动乡村经济发展,如东莞的动手果园和木兰川的"吱吱"土布坊。

第五节 国家农业公园

【引例】

全国首家——山东兰陵国家农业公园

兰陵国家农业公园,是山东省唯一的国家农业公园试点项目,是全国首家国家农业公园。兰陵国家农业公园项目包括十个功能区,景区内外环境采用远程监控、智能室温、无土栽培、立体种植等现代农业科学技术种植了近千种高档蔬菜、瓜果。一年四季,郁郁葱葱、争奇斗艳,使游人目不暇接,流连忘返。

思考:谈谈国家农业公园与其他乡村旅游业态的不同。

一、国家农业公园的定义、类型及特征

(一)国家农业公园的定义

国家农业公园,是以特色村庄的资源为核心,将区域内乡村自然资源、生态资源、农业资源、文化资源、景观资源等进行整合、提升,并凸显"乡土、乡情、乡愁、乡韵"内涵的特色"综合体"。可以说,农业公园是以原住居民生活聚落为载体,以"看得见山、望得见水、记得住乡愁"为愿景,同时涵盖美学化的农业景观、生态化的农时田园、艺术化的农耕文化、产业化的农事组织、科学化的农业生产、新型化的农村社区的公园发展新形态。[1]

国家农业公园的建设要以农村集体土地为立足点,土地所有制的性质决定了农业公园概念的内涵与外延。除了与其他国家级公园存在本质的差异外,农业公园将不会涉及商业圈地和大拆大建等影响民生的问题,更与乡村产业、乡村发展、乡村旅游等发展趋势相吻合,是全域旅游在区域范围内的具体体现形式。

---

[1] 中国村社发展促进会.中国农业公园与休闲旅游康养产业发展论坛在四川曾家山召开[EB/OL].(2017-11-03)[2021-12-13].http://www.village.net.cn/news/index/2262.

(二)国家农业公园的类型[①]

1. 以单一主题园区和村庄发展为特点的农业公园

北京周边市县因靠近北京,拥有庞大的休闲旅游消费市场需求,滋生了许多主题农业公园。受惠于发达城市强劲的市场需求,2007年,北京市密云县蔡家洼村提出建设"设施农业公园"的概念,依次带动了一批主题农业公园的兴起,如北京通州南瓜主题公园、怀荣凤山百果园。这些农业公园多为自行建设,归口单位多为县(市)农委、农业局等相关单位。这种类型的园区一般会将某一主题做到极致,并且开发设计一些与之相关的副产品,从而达到吸引游客和延伸产业链的目的。例如,通州南瓜主题乐园,不仅有南瓜采摘,还有南瓜艺术园、南瓜主题餐、南瓜伴手礼、南瓜屋、南瓜科普园等内容。

2. 以综合型园区建设为特点的农业公园

以现代农业发展为特点的综合型园区在不断发展的过程中,拓展农业多功能,在此基础上成立了以综合型园区为特点的农业公园。例如,2012年6月由村社促进会批复认定"中国农业公园"称号的山东兰陵国家农业公园,已于2013年4月中旬开园。另外,河南中牟国家农业公园、琼海龙寿洋国家农业公园也随后相继开园。这些公园都有一个共同点,即具有综合性园区特点,内容包含生产、生活、生态和服务等领域的内容,园区具有明显的功能分区,这些功能分区都拥有相对独立的运作项目,也可以和其他园区合作,形成具有复合效用的综合园区,实现多产业、多业态的融合发展。

3. 以行政区划为特点的农业公园

随着国家农业公园的内容越来越多,其规模范围也越来越大。部分地区开始探索发展具有行政区划特征的国家农业公园,这类农业公园具有全域旅游的特点。其典型代表有武汉江夏区的"农业大公园"。2015年年底,武汉江夏区提出打造武汉农业大公园,并建4个公园,即江夏梁子湖赏花公园、江夏农业公园、武汉郊野公园、慢生活体验公园。此类公园还有已经建成投产的平度国家农业公园。平度国家农业公园项目是由国家农业部授牌的,全国唯一一个集休闲农业、生态农业、科技农业、文化农业与乡村旅游于一体的田园综合体。项目占地30平方千米,总投资50亿元,由农业部主体指导,是今后国家农业公园的评选和审批参照标准。这种具有行政边界的现代农业公园不仅可以有效推进当地新农村建设、发展观光农业、促进农产品消费、增加村民收入,而且对于现代农业旅游的改革创新具有重要的借鉴意义。

(三)国家农业公园的特征

国家农业公园被认为是一种多功能的农业综合体,在建设新农村、发展观光者农业、展示农业科技、解决三农问题等方面具有显著功效。这使得国家农业公园脱胎于传统的农业旅游和休闲旅游业态,同时与一般的农业公园、城市公园相比,它也具有自身独特的发展特征,可以认为,它是中国乡村旅游和休闲农业的升级版和高级形态。《中国农业公园创建指标体系》将国家农业公园的发展和评比以具体指标的形式展示出来,指标体系内

[①] 汪勤.基于商业画布的古田国家农业公园商业模式构建研究[D].福州:福建农林大学,2017.

容涵盖乡村环境、民俗风情、农耕文化、产业结构、基础设施、品牌规划六大要素。具体看来,国家农业公园的发展特征包括以下五个方面[①]。

1. 多功能业态集合的全域性园区

国家农业公园的建设和发展汇集了农学、林学、水产学、旅游学、建筑学等多学科知识体系,并且建设思路具有园区化倾向,地域范围一般至少以村镇为单位,能够集农业生产、村民生活、旅游发展和乡镇建设于一体,是一个具有多功能业态集合的全域性园区。

2. 具有明显的功能分区,发展离不开行政力量的支持与参与

国家农业公园的多功能特点决定了它具有明显的功能分区,这些功能分区将农业公园的功能充分地展示出来;而全域性决定了国家农业公园的发展必须有政府和村镇集体的参与,只有在行政力量的支持下,才能保证社会资本在参与建设和经营国家农业公园时不会产生过多的阻碍和纠纷,减少建设成本,提高发展效率。

3. 需要强大和完善的产业形态作支撑

国家农业公园是以农业生产活动为基础,农业与第二、三产业相结合的一种新型的交叉型产业,即一、二、三产业融合。它变单向的、个体的农业生产、消费、销售为集约化、规模化生产,并结合游客观赏、品尝、消费休闲、体验、购物、度假等,形成区域的产业集群效应,是实现高效农业的一种非传统途径,也是推动农业产业转型升级的一种有效方式。

4. 需要强劲的品牌形象来提升知名度和影响力

国家农业公园的建设不能仅仅依靠资本投资来打造旅游吸引物,它是依托本土的产业形态和产业产品,是通过打造既有品牌形象来提升地区知名度和影响力的"成长型"业态。只有鲜明、有特色的品牌形象,才能通过品牌的传播影响力来提升与地区农业的竞争力,实现农业与其他业态的融合发展,达到建设国家农业公园的目的。

5. 符合时代发展需求

国家农业公园的应运而生符合当前社会的发展需求,能够解决三农发展、粮食蔬菜安全、居民休闲和社会经济发展等需求。国家农业公园的发展不仅有助于统筹城乡一体化的发展,还有助于促进地方经济发展,不仅政府支持,社会资本也青睐于参与建设。

二、国家农业公园发展概述

(一)国家农业公园的起源[②]

国家公园的概念源自美国。第二次世界大战结束后诞生的地标式国家公园文献《道尔报告》就清楚地指出,国家公园是"一个开阔的、风景秀美而相对带有原始乡村风貌的区域,其用途是为了国家的利益,并通过恰当的国家决策和行动予以保障"。这一定义被随后的霍布豪斯委员会采纳,并将国家公园总结为"壮丽的自然美景,高品位的户外游憩价值和延续成片的空间范围"。1974年,国际自然资源保护联盟(IUCN)把国家公园界定为以生态保护为目的,以环境教育为原则,实现生态文明代际传承的自然保护地,是一种公

---

① 汪勤.基于商业画布的古田国家农业公园商业模式构建研究[D].福州:福建农林大学,2017.
② 王昆欣,张苗荧.国家农业公园的发展思路及对策建议[J].浙江农业科学,2017,58(2):193-197.

益性的可持续发展的自然领地。英国对国家公园的定义与美国有所不同。英国国家公园的重要使命是建立通往乡村的游憩活动,同时要保留传统景观和创造这种景观的综合性农业实践,包括在国家公园指定区域内长期延续下来的私有土地所有权。

在我国,国家农业公园是继农家乐、渔家乐、花家乐、林家乐及生态观光农业园等乡村旅游业态之后兴起的一种新型乡村休闲方式。我国国家农业公园的概念类似于英国。根据农业农村部主管的全国性社团组织中国村社发展促进会(CCRD)定义,国家农业公园是以自然村庄和原住民的生活、生产圈为核心,涵盖园林化的乡村、生态化的田园、现代化的农业生产等景观,并融农耕文化、民俗文化和乡村产业文化等于一体的新型公园形态。

自20世纪80年代起,日本、马来西亚等国家出现了以农业公园命名的农业园区,如日本的江永崎农业公园、松阪农业公园,马来西亚的沙巴农业公园等。

创建国家农业公园的目的在于更快、更直接地促进乡村文化遗产、农业文化遗产的保护,促进乡村旅游、农业旅游朝着更科学、更优化的形态发展,配合国家以发展乡村旅游拉动内需发展的战略、全域旅游发展战略、农业供给侧结构性改革需求,推动联合国粮农组织"关于保护全球重要农业文化遗产"项目(世界农业遗产)工作的开展。

(二)国外农业公园发展概况

农业公园作为一种与观光农园、休闲农庄、农家乐相区别的农业旅游高端形态,在日本、马来西亚和德国等国家起步较早。但是真正意义的农业公园是近几年才发展形成的。

马来西亚农业公园的形式颇具特色,其宗旨是为旅游者提供有关马来西亚大自然的风貌特征和农业生产方面的科学知识,它的最大特点是寓游乐休息于学习之中。这里不仅常年举办各种展览和表演,而且可以进行生物试验,举办社交活动,人们在这里还可以接受马来西亚农业历史和农业技术方面的教育。农业公园已成为马来西亚最受喜爱的公园之一,吸引着众多的国内外游客。

日本农业公园的实质是休闲农业发展的一种较高形态,是农业园区与旅游景区的混合体,有较完整的农业产业链条和完善的旅游服务设施。日本农业公园分为以单一农产品为主的专业性农业公园和综合性农业公园。专业性农业公园,在日本所有的都市农业中占据主流,也最受市民欢迎。它按照公园的经营思路和特点把农业生产、加工、农业实习、进修与休闲娱乐结合起来。在公园中,会有农学专业的学生开辟试验田,用于农业实验;会有陈列展示旧农具和传统农耕文明、农业文化遗产的博物馆;也会有一些专门教游客磨豆腐、烹制爆米花、制作鲜花糕点的农产品加工展示区,形式都很新颖。综合性农业公园一般建有服务区、景观区、草原区、森林区、花卉区及活动区等。最为新奇的是江永崎农业公园南瓜森林,其以"野""洋""学"最具特点,吸引了来自世界各地的生态观光客。

农业主题公园有很多,但最具特色的要数荷兰的库肯霍夫公园,公园以花为主题,其郁金香的品种、数量、质量及布置手法堪称世界之最。公园的周围是成片的花田,园内由郁金香、水仙花、风信子,以及各类的球茎花构成一幅色彩繁茂的画卷。园中各类花卉有600万株以上,其中很多是难得一见的珍稀品种。每年的春天,这里都会举行为期8周左右的花展,同时还会安排许多相关的活动,包括园艺与插花等的工作坊、各种主题的展览等。

（三）国内农业公园发展概况

我国以农业为主题的公园目前仍处于起步和探索阶段，各具特色的农业景区与园区悄然形成。早在2001年，中国村社发展促进会就在贵州省惠水县尝试筹建中国农村社区发展促进工程CCRD主题公园（中国农业公园），以期在此基础上进一步筹建世界农业公园，并与惠水县政府联合制定了项目总体规划大纲，提出了项目三步走：先建设中国农村社区，发展促进工程产业化园区；在此基础上建设CCRD主题公园；最后努力创造条件建设惠水"世界农业公园"。

2008年，中国村社发展促进会等社团组织制定了《国家农业公园评定标准及申报评价体系》，并接连评选了奉化滕头村、常熟蒋家巷等七个中国农业公园，由此掀起了中国建设农业公园的热潮。

2016年，根据农业部制定的相关标准，中国村社发展促进会拟计划用5～8年的时间，打造出100个"中国农业公园"。同年，广东省计划建设10个农业公园，涵盖园林化的乡村景观，生态化的郊野田园、胶园、果园、茶园，景观化的农耕文化，产业化的组织形式，现代化的农业生产，体现现代农业的"生产性、生活性、生态性"三生理念。在北京昌平区、通州区，每年都会举办大型农业嘉年华，通常还会配套策划举办草莓节、月季节等，吸引上百万人游览，这也充分说明了农业公园对广大市民有着强烈的吸引力。据不完全统计，中国目前（截至2021年）国家农业公园已达50余家，如北京市密云区现代农业产业园、重庆市万州区农家农业公园、江苏省南京市高淳区现代农业产业园等。

但是目前来看，这些农业景区与园区的设施单一，涉及内容范围较窄，忽视了将村庄作为核心的基准要素之一，故难以形成以乡村为中心的中国农业公园，更难体现带动村民致富的作用。特别是近几年，由于乡村旅游的快速发展，各地依托现代农业园区、旅游地产、乡村景区等打造了类似的农业公园，但这些业态主要由商业资本主导，缺乏村庄主题和村民生产与生活的环境，脱离了农业的根本与实际，不能算作农业公园，只能算作涉农的园区。

国家所倡导创建的是发展模式和商业模式多元化的中国农业公园。首先，它是以农业为主题的旅游综合体，立意高、起点高、品牌高，又以村庄为核心进行创建，因此公园可根据当地的生态环境、气候条件制订农业生产计划，形成延伸产业链。在春、夏、秋、冬四个季节，游客来此游览自然会创造不同的收入，公园内精心点缀的经济作物的自然生长也不受影响，公园为游客提供吃、住、行、游、娱、购，多种配套服务，形成多元赢利机制，更有利于为项目实施地带来理想的生态效益、社会效益和经济效益。[①]

第六节　乡村博物馆

【引例】

花园村中国农村博物馆[②]

2014年6月30日，中国农村博物馆在浙江省东阳市南马镇花园村建成开馆。该馆以

---

① 沈泽江.中国农业公园理论探索[M].北京：中国农业出版社，2017.
② 王江红.坐落在浙江花园村的首家中国农村博物馆[J].管理观察，2017(26)：14.

理论和实践、制度与发展、实物跟影像等内容和形式,反映了中华人民共和国成立以来,以名村为代表的中国现代化农村的发展历程和重大成就,是以农村发展史为主要内容的农村博物馆的典型。中国农村博物馆是花园村以村一级为单位兴建的、具备一定规模的农村博物馆,是我国农村博物馆建设的"先行者"。花园村强调文化兴村,中国农村博物馆是提高村民文化素质、发展文化事业的重要组成部分,更是平衡物质文明和精神文明发展的有效手段。

思考:你认为中国农村博物馆有何特色和价值?

一、乡村博物馆的定义、类型及特征

(一)乡村博物馆的定义[①]

在英语词汇中,乡村博物馆一般指以农业、农村和农村生活为主题,在20世纪中叶为快速响应农村生产生活变化,而迅速发展起来的一类博物馆。

我国博物馆学界对乡村博物馆并无统一的概念界定,它是新博物馆学理论与乡村振兴自然结合的产物,被认为是社区博物馆的乡村化,兼具生态博物馆的特点,是一种设立于广大农村地域,以农业、农村、村民为主题,具备收藏、展示、教育、研究等功能,并向社会公众开放的博物馆。

(二)乡村博物馆的类型

根据不同条件,乡村博物馆可以有多种分类。乡村博物馆根据设立主体不同,可以分为国有博物馆和非国有博物馆;根据藏品和基本陈列内容不同,可以分为历史博物馆、艺术博物馆、科技博物馆、综合博物馆和其他类型。除此之外,乡村博物馆还可以根据不同的发展形态或文化遗产保护类别来划分。

习近平总书记在党的十九大报告中指出,农业农村农民问题是关系国计民生的根本性问题,必须始终把解决好"三农"问题作为全党工作重中之重。乡村博物馆建设的目标是要解决农村出现的诸多问题,成为农村社会和谐发展的必要力量。当前农村社会的问题可以简单概括为"三农"问题,"三农"包括农业、农村、农民。根据乡村博物馆主要关注的文化遗产类别在"三农"视角下不同的归属,乡村博物馆可划分为主要与农村社会的主要居住者"农民"相关的博物馆、与农民的居住地和居住环境"农村"相关的博物馆、与农民从事的主要经济生产活动"农业"相关的博物馆等。[②]

1. 农民博物馆

农民博物馆主要包括以在当地农村历史发展中生活过的人所创造的历史为主题的博物馆。这里的"农民"泛指农村居民,包括从事农业劳作的居民、失地务工的居民,以及居住在农村的非农人群。

农村居民是农村的缔造者,农村的一切都与生活在这里的人有关。农民博物馆包括

[①] 季晨.苏南农村博物馆研究[D].南京:南京师范大学,2018:28-29.
[②] 季晨.苏南农村博物馆研究[D].南京:南京师范大学,2018:35.

反映村民革命斗争的英雄人物和重要事迹的"红色"博物馆(纪念馆),如宜兴革命陈列馆;反映在当地农村出生或生活过的历史名人的故居及纪念馆,如锦溪杰出人物馆;反映一方风土人情的民俗博物馆,如江南农家民俗馆;其他各类反映当地人文特色的专题博物馆。

2. 农村博物馆

农村博物馆主要包括与农村历史及农村聚落景观相关的博物馆。这里的"农村"泛指农村社区居民生活的人文与生态环境的结合体,既包括历史的,也包括当下的。反映村庄历史的村史馆是"农村"博物馆中最常见的一类,这类博物馆包含反映村庄历史的各类村史馆、村情馆,如张渚镇茗岭村村情村史馆;除此之外,还包括反映一个地区农村文化特色的博物馆,如江南文化博物馆;反映农村建筑聚落的博物馆,如浙江省武义璟园古民居博物馆。一些民族村寨博物馆也可纳入这一分类。

3. 农业博物馆

农业博物馆主要包括与农业生产相关的博物馆。这里的"农业"指的是包括种植业、林业、畜牧业、渔业、副业等产业形式在内的广义农业,不仅包括农业生态,也包括农业技术。

在农业博物馆分类中,最直观的就是一些以农业为名的博物馆或者以农业文化遗产为主要对象建设的博物馆,如奇台农耕文化博物馆和吐鲁番坎儿井博物馆;反映畜牧业的博物馆,如安佑猪文化博物馆;反映渔业的常州鱼文化博物馆;还有反映副业的博物馆,如江南茶文化博物馆;等等。

(三) 乡村博物馆的特征

1. 地域性

乡村博物馆的地域特征明显。藏品多是从当地村民或非遗传承人家里征集、捐赠和社会收购所得。这些物品都是地域文化的有形载体,蕴含着当地历史故事,承载着社会记忆,积淀了村民群众过去生活的各种信息。

2. 社区性

乡村博物馆的规模一般都比较小,且资金有限,在展馆选择上多利用社区现有建筑来陈列展品,与周边环境相依附,其主要的服务对象也来自周边乡村地区,范围非常有限。结合村庄实际情况,创建村民喜闻乐见的乡村博物馆,让村民在参观时能够切身感受到乡村记忆的烙印。

3. 生态性

丰富多样的乡土资源,源于乡土、成长于乡土,难以离开乡土,就像许多原址保护的考古发现一样,乡村博物馆的周边环境也是其重要组成部分。一旦脱离乡土,它们就会成为失去文化关联性的藏品或展品。所以,与城市博物馆、美术馆的建设不同,乡村博物馆的建设更需要因地制宜,使其与乡村生态产生深层联系。

4. 文化性

乡村博物馆的藏品是能够反映乡村农业文明、生活习俗,以及乡村社会变迁的实物、图片和影像资料,能够诠释乡村地域的生产生活方式,传承乡村文化,为乡村留住可持续发展的核心资本,为时代留下乡愁,是寄托乡土文化的重要载体。

二、乡村博物馆发展概述

(一) 乡村博物馆的起源

乡村博物馆约在19世纪末出现,斯堪森露天博物馆是早期乡村博物馆的典型代表。斯堪森露天博物馆的主体是从瑞典各地迁来的、不同时期的83座农舍,除此之外还有店铺、手工作坊、教堂、钟楼、风车等建筑。所有建筑按原状复原陈列,来反映各个时期的乡村建筑面貌。室内及街道都按当时的场景进行布置,工作人员按照传统进行生产生活,用在农场收集的物品组织展示。工业化之前的乡村生活及乡村景观开始受人重视,以乡村生产、生活为主题的博物馆开始出现。

在20世纪40—50年代,东欧国家也在努力建设这样的博物馆,如罗马尼亚乡村博物馆。该馆始建于1936年,占地面积10公顷,展品就是散布其中的40个院落共66座乡村建筑,包含房舍、作坊和教堂等,这些展品均为20世纪30年代从罗马尼亚各地农村迁移过来的,是一座介绍罗马尼亚农村建筑艺术、民间艺术和村民生活习俗的露天博物馆。

社区博物馆或生态博物馆是乡村博物馆的重要表现形态。生态博物馆和社区博物馆是"新博物馆"中的明星姊妹,它们的最初尝试都与乡村或城市边缘欠发达社区有关。早在雨果·戴瓦兰提出生态博物馆概念之前,法国中央政府就已经在20世纪60年代晚期投资建设"地方自然博物馆",用以振兴法国乡村地区的经济和文化。而后,乔治·亨利·里维艾将瑞典斯堪森露天博物馆的理念引入法国地方自然公园,保持公园中所有自然景观和文化遗产的原真性,将人与自然环境作为一个有机整体加以保护和展示,并由当地居民直接管理。馆内陈列了当地的农具、传统家具和手工艺品,馆外大部分仍是自然景观,公园内以传统农牧业为基础。关于乡村的更多信息得到了人们的重视,这不仅是对历史的保护,也是对当下社区发展的关心。①

如今,博物馆的概念正不断扩大,博物馆已不再是单纯的机构。博物馆的物品涵盖了人类社会和自然环境间的所有证据,博物馆的遗产范围也超越了有形遗产,包含了无形的文化遗产。除此之外,博物馆的社会概念将所有人类群体平等地包含在博物馆中,并且追求多元化的可持续发展模式。博物馆概念的变化促使博物馆将农村的历史证据、文化景观、农村居民,乃至农村社会的方方面面发展都纳入自己的工作范围。

(二) 国外乡村博物馆发展概况

纵观世界博物馆发展史,许多国家的博物馆都有向农业地域扩张的高潮时期,如日本在20世纪30年代出现的乡土博物馆运动,以及20世纪50—60年代出现的发展中小型博物馆运动;苏联在20世纪70年代出现的社会博物馆运动;等等。英国在20世纪50年代也出现了工业化后对乡村和乡村生活的怀旧浪潮,这股浪潮在20世纪70年代达到顶峰,这期间涌现了大批乡村博物馆。乡村博物馆的出现不仅使村民生活更加舒适,也使其内心更加自信,还促使大批城市居民前来寻找闲适的乡村生活。

---

① 段丽萍.安义古村群的乡村博物馆考察和研究[D].南昌:江西师范大学,2020.

20世纪下半叶至今，西方发达国家的博物馆建设不断向乡村地域扩张。20世纪60年代，法国乡村地区发展失衡，出现持续颓势。为了扭转这种失衡局面，法国首创了"生态博物馆"概念，并率先在乡村地区展开实践。法国的"生态博物馆"覆盖了自然、文化和产业等多种生态，强调居民参与，传达自然环境与人类之间的密切关系。与法国的情况类似，20世纪70年代日本出现"乡村过疏化"，于是"地域社会"成为社会关注的焦点，乡土博物馆得以在日本迅速发展。从挖掘地域特性到参与学校与社会辅助教育，从着重展开知识普及到呼唤域内居民亲身参与，日本乡土博物馆发展出了多种类型。

(三) 国内乡村博物馆发展概况

我国的乡村博物馆实践始于20世纪90年代，其初衷源自政府对文化遗产（物质与非物质）保护的愈加重视，以及在"新博物馆运动"的国际思潮下，国内博物馆学界对生态环境与少数民族地区文化价值的重新审视。1998年，经中国、挪威学者多次勘察后，我国第一座生态博物馆在贵州省梭嘎乡的苗族村寨建立。随后，云南、浙江、内蒙古、广西等地相继建立生态博物馆，其模式在强调"生态性"与"整体性"的基础上与我国传统村落保护、文化遗产保护以及历史文化城镇建设等政府主导的实践相结合，确立了第三代生态博物馆的新模式。与生态博物馆运动一同兴起的还有社区博物馆运动，其概念由20世纪60年代美国博物馆学家狄隆利普里首次提出。20世纪80年代日本学者伊藤寿朗系统阐述了第三代博物馆形态"地域博物馆"的理论，认为地方博物馆不应受行政区域的等级限制，它并非国家博物馆的缩小版，而是基于地方社会的需求而运作的。相较于传统博物馆，新博物馆学在理论上进行了一次范式转换，将"博物馆（建筑）—藏品—展示"，转变为"地域—遗产—居民"。生态、社区博物馆就是一种扩大保护领域、服务当地居民的乡村（社区）博物馆。

进入21世纪后，国家公布了多项有关乡村文化的名单（名录），也提出了加强乡村建设的要求，在政策的促进下各地开始了兴办博物馆的浪潮。例如，2015年山东省公布了第一批"乡村记忆"工程的文化遗产名单，其中仅乡村（社区）博物馆就有56家。纵观我国乡村博物馆二十年来的发展，其范围从偏远的少数民族聚集区扩展至普遍的农村地区，社会价值从文化遗产续存转变为服务乡村振兴、促进乡村旅游、关怀弱势群体、协调人际关系等。这些变化反映出我国乡村博物馆的概念随着社会发展而改变，它是上述多种理论彼此借鉴、融合、共存下的产物。

(四) 乡村博物馆的功能

1. 收藏功能

实物性是博物馆的最主要特性之一，藏品是博物馆存在的物质基础，没有藏品就不能称为博物馆。乡村博物馆藏品的来源包括私人收藏与收购、个人或团体的捐赠、社会调查征集、藏品即产品或作品、调拨与交换、考古发掘等。

2. 展示功能

展示陈列是博物馆实现其社会功能的最主要方式，乡村博物馆大多为长期固定的陈列，临时展览较少，陈列方式也以主题性陈列为主。乡村博物馆中也有一些现代化的展馆和建筑、多主题分区的展览布局,以及现代化的安保、照明系统。以传澄袜子博物馆为例,整个展区分两层,分布着综合陈列、品牌展览、红色主题、科技展厅、名人典藏、互动区等。也有一些展馆利用古旧建筑,再现传统生活场景。

3. 教育科研功能

教育是博物馆的核心职能,作为社会教育机构,乡村博物馆必须组织科学、有计划的教育活动,有效地普及科学文化知识,宣传爱国主义,弘扬民族文化,提高人们的审美水平。乡村博物馆主要通过协助学校教育、校外教育及进行成人的终身教育实现教育功能,并为科学研究、旅游观光和文化休闲服务。

4. 休闲娱乐功能

随着博物馆功能的扩展,休闲娱乐也成为博物馆的重要功能之一。乡村博物馆既挖掘和提升了当地的人文内涵,也提供了旅游和休闲产品。以苏州甪直古镇的多家乡村博物馆为例,这些博物馆展示了古镇的历史底蕴,是古镇旅游不可或缺的景点。

▶三、乡村博物馆的运营模式

(一) 名村办馆

苏南名村自发建成了一批乡村博物馆,有华西村艺术博物馆、永联村展示馆、蒋巷村村史展览馆和江南农家民俗馆、武家嘴村史馆等。地方政府会为苏南名村办馆提供馆舍建设及运行的资金,或在资金方面给予适当的优惠政策。也有一些乡村博物馆为村集体出资建设,或是村集体与企业联合建设,如蒋巷村的江南农家民俗馆。馆舍的建设包括建成后的运行经费多依赖本村经济收入,发展的情况也与当地经济状况及重视程度密切相关。

(二) 政府统筹

政府统筹的乡村博物馆以政府为主导,进行品牌化、规模化打造,在建馆原则、展示内容、管理方式及保障体制上形成了一套完整的系统;在经济投入上,采取上级补助与村级自筹相结合的方式;根据各馆建设的实际规模,经验收合格后由区(县)财政提供资金保障。

(三) 合作经营

一些位于特色古镇的乡村博物馆依托旅游产业优势与旅游公司开展合作,由旅游公司无偿提供博物馆馆舍用于办展及办公使用,各馆负责人提供展品,并为该馆的展览提出相应方案,旅游公司根据展览需求提供免费装修。有的古镇采取联票制度,由旅游公司制定并出售景点联票,根据各馆的参观人次给予各馆门票分成,旅游公司也会给予各馆适当的经济补助。

> **课后练习**
>
> 1. 请查找资料比较农家乐和洋家乐的发展模式的差别。
> 2. 结合具体的乡村旅游点,分析其经营业态。

策划开发篇

模块四　乡村旅游资源调查与评价
模块五　乡村文化保护与利用
模块六　乡村旅游产品策划和营销

模块四　乡村旅游资源调查与评价

> **知识目标**

1. 熟悉乡村旅游资源的定义。
2. 了解乡村旅游资源的特征。
3. 掌握乡村旅游资源的评价方法。

> **能力目标**

1. 能够对乡村旅游资源开展调查。
2. 能够判断乡村旅游资源的类型。
3. 能够对乡村旅游资源进行评价。

> **素质目标**

1. 能够做到尊重资源，爱护资源。
2. 能够遵循"绿水青山就是金山银山"的理念。

> **导　　读**

乡村旅游资源是乡村旅游业发展的基础，是乡村旅游业可持续发展的基本要素。只有掌握和理解乡村旅游资源的特征、分类和评价，才能对乡村旅游资源进行合理的开发。

第一节　乡村旅游资源概述

【引例】

乡村旅游六种模式（节选）[①]

江记农庄是江小白打通产业链上游的重要一环，其农庄属性的增值服务也为其带来了一、二、三产业的融合发展。农庄主体农业虽为高粱种植，但因地制宜，利用了油菜花与高粱轮番播种的属性，采用现代化科技种植，加强技术指导，为农户提供全套农田机械化服务，推动规模化种植，增加了单位面积的收益。除了自有的 5000 亩示范基地外，江小白还在周边地区开展 10 万亩高粱订单种植，促进当地农户增收致富，采用"企业＋基地＋农

---

① 乡村与旅游.你不知道的乡村旅游六种模式？[EB/OL].[2020-12-22].https://m.thepaper.cn/baijiahao_10500391.

户"的订单种植合作模式,以托底价收购高粱,既解决了农民后顾之忧,也解决了土地闲置的问题。江记农庄依托自身独特的资源,发展农旅文化产业,通过高粱文化与艺术展示体验、情景餐饮、特色民宿、科普研学、高粱节、田园运动、春酿节、窖藏封坛仪式等主题活动,建立生态、立体、健康的农业产业经营模式,结合江小白酒业的工业旅游,形成一条完整的旅游产业闭环,带动当地乡村旅游发展。

思考:结合你所处的地区,谈谈这些年乡村旅游资源的变化情况。

▶ 一、乡村旅游资源的概念

乡村地区内凡能对旅游者产生吸引力,具备一定旅游功能和价值的自然和人文因素,并且能被旅游业开发利用,产生经济效益、社会效益和生态效益的统称为乡村旅游资源。

乡村旅游资源并不局限于农业旅游资源的范畴,但也不能扩大至除城镇以外的所有旅游资源的集合,而是大致由乡村地区的自然旅游资源、文化旅游资源和社会旅游资源三部分构成的有机整体。需要注意的是,构成乡村旅游资源的三个部分并非截然分开、彼此对立,而是相互融合,横跨自然和人文旅游资源大类,从而构成旅游资源大族群中的一个重要分支。可以说,乡村旅游资源是以自然环境为基础、以人文因素为主导的人类文化与自然环境紧密结合的文化景观。下面是学界对乡村旅游资源要素比较全面的总结(见表4-1)。

表4-1 乡村旅游资源要素

要 素	具 体 示 例
乡土工艺要素	如剪纸、石雕、木雕、竹雕、皮雕、藤编、芒编、月桃叶编、织布、刺绣、蜡染、贴饰、陶艺、泥塑、豆画、绣花鞋垫等
水利要素	如古井、机井、滴灌、水车、辘轳、沟渠、排水系统等
植物要素	如农作物、防护林、行道树、绿篱、盆景、绿化苗木、路边野花(草)、湿地水生植物、野生植物资源等
动物要素	如家禽、家畜、水产、昆虫、鸟类、宠物、野生动物、微生物等
地貌要素	如山地景观、河谷景观、湖泊景观、岩溶景观等,以及相关联的地形地貌,如山地、丘陵等
气候要素	如气温、降雨、雪景、雾凇、蓝天、白云、月光、星空等
农田要素	如水田、梯田、旱田、稻田、麦浪、高粱地、甘蔗园、红薯地、花生地、瓜园、芝麻花、烟草花、棉花等
道路要素	如主干公路、乡间道路、羊肠小道、田间便道、桥梁、独木桥、马车、人力车、机动车、手推车等
农具要素	如犁、耙、骡马大车、风车、木锨、簸箕、石磨、锄头、铲、织布机、纺线车、弹棉花机等
服务设施要素	如电话亭、邮电所、快递点、停车场、游览码头、咨询中心、派出所、垃圾收集点、公共厕所、垃圾箱、风雨亭、标志牌、旅馆、餐厅、小吃店、野餐烧烤点、冷热饮料店、商场、商店、商亭、银行、商务会展中心、各种游乐场和高尔夫练习场等
农家小院要素	如纺线车、织布机、风箱、锅台、酸菜缸、木箱、老式床、土床、土炕、箩筐、拐子、小木凳、草墩、草垫、锅盖、簸箕、桑叉、斗、升、馍筐、马灯、煤油灯、犁、锄头、镐头、泥缸、酒缸、红薯干、芝麻叶等

二、乡村旅游资源的特征

乡村旅游资源具有以下六个主要特征,乡村旅游资源的利用和保护皆以此为依据进行。

(一) 乡土性

20 世纪以来,乡村和都市的并存构成了重要图景,在中国更是如此。"从基层看去,中国社会是乡土性的。"费孝通先生的《乡土中国》为我们打开了一扇认识乡土性的大门。"乡村旅游"必须紧密地与乡村资源环境、乡村社区环境和生产生活环境相融合,这种有别于城市、专属于乡村的本质属性,也构成了乡村旅游资源的乡土性。

(二) 时令性

自然旅游资源和农业生产常常受到自然条件的周期性影响,如气候变化、水热条件、四季变更等,从而产生明显的周期性。正是乡村旅游资源的以上特点,才使其在时间分布上呈现出一定的周期变化,这种跟随时令而变的周期性模式,就是乡村旅游资源的时令性。"掌握季节,不违农时"是农业生产最基本的要求之一。在乡村地区,许多景物在一年四季中都显露出不同的美,如新疆的赛里木湖,春夏秋冬四季各有独特色彩。

(三) 地域性

我国疆域辽阔,南北东西自然地理环境差异巨大,使乡村旅游资源具有较强的地域性。一方面,不同的自然地理环境下乡村地区生产生活的本底千差万别,如生活在青藏高原与黄土高原的人们,其生产、生活方式截然不同。另一方面,不同的自然地理环境孕育了各具特色的民俗文化。随着空间尺度的扩大,地域性成为乡村旅游资源的重要特征,周庄便是长江中下游以南地区具有小桥、街巷、流水、人家的特色风貌景观的典型代表乡村。

(四) 民族性

我国是一个多民族聚集的国家。少数民族大部分地处偏远山区、牧区及高寒地区,即范围广阔的乡村地区,这为乡村旅游的发展提供了其赖以存在的基本物质基础。原始秀美的自然环境、特有的民族文化元素、生态与文化相结合的民族乡村景观,以及淳朴厚重的民族风情,共同构成了乡村旅游资源的民族性特征。

(五) 脆弱性

乡村地区远离喧嚣,拥有独特的民族民俗风情,散发着自然、原始的味道,是吸引众多游客到此旅游的重要原因。但是,我国高品质的乡村旅游资源大多数分布在偏远地区,原始形态的保留程度较高,一经破坏,很难恢复原来的面貌。加上乡村旅游资源的规模通常较小,与大规模的山水旅游资源、高恢复力的城市旅游资源相比,显得更加脆弱。

(六) 动态性

乡村旅游资源并不是一成不变的,它本身就带有发展性质。一方面,某些事物在其存在之初并没有被作为旅游资源,但随着旅游者需求的变化,它成了具有吸引力的旅游资源,如破旧老屋成为民宿、普通种植农业变成观光农业和休闲农业。另一方面,随着时间的变化,乡村旅游资源自身的结构、规模、品质也会发生变化,如草木花卉会有发芽、生长、枯荣等生命周期景象。一些老房子经过改造成为民宿或文化书店等,重新焕发生机,就是乡村旅游资源具有动态性的典型代表。

三、乡村旅游资源的分类

乡村旅游开发必须以乡村旅游资源的分类与综合评价为前提,乡村旅游资源的分类综合评价是组织乡村旅游活动的依据和基础。2017年12月29日发布的《旅游资源分类、调查与评价》(GB/T 18972—2017)的分类体系对乡村旅游资源分类具有指导意义,但乡村旅游资源又有其自身独特的个性,如果仅仅套用国标对乡村旅游资源进行分类和评价,很难对乡村旅游资源的类型进行具有指导意义的判断。

(一) 基于资源属性的分类

1. 自然旅游资源

自然旅游资源通常是指那些以大自然造物为吸引力本源的旅游资源,是由地貌、气候、水文、土壤、生物等要素组合而成的自然综合体,是形成乡村旅游资源的基底和背景。结合乡村旅游资源的性状、成因、美学特征,可将自然旅游资源分为以下几种。

(1) 气候条件

例如,光照充足、空气清新、清凉避暑、干爽宜人等。一方面,气候条件影响着动植物的分布、土地类型、耕作制度及民居类型,对乡村景观的发展起着巨大的推动作用,影响乡村旅游活动的开展,如元阳的壮美梯田、婺源古村的油菜花海等就是受气候条件的影响而形成的特有景观。另一方面,气候条件是形成乡村旅游资源季节性特征的重要原因,即随四季的变化而形成的农业生产、社会生活的季节性变化规律。

(2) 风光地貌

地貌条件对乡村景观的宏观外貌起着决定性的作用。其中,海拔的高低、地形的起伏决定了乡村景观的类型,如江南平原地区的水乡景观、山区的梯田景观等。而地貌条件也制约着一些地区资源的利用和开发程度,从而影响各地乡村的社会经济和人们的生活状况,形成不同经济发展水平的乡村景观。

(3) 水文条件

水文条件影响着农业类型、水陆交通、聚落布局等。例如,位于龙门山构造带中南段的四川虹口地区,水文资源独特,岷江水系的龙溪河和白沙河属常年性自然河,再加上一些贯穿于整个地区的山溪小河,使得这个地方成为夏季人们常光顾的避暑胜地,尤其"水中麻将"的称号更是让其声名在外,成为乡村旅游的典范。

(4) 动植物资源

各纬度带和海拔高度不同的地区,动植物的品种和生长状况完全不同,除了可观赏性外,还有可闻性、可食性、可听性、可感性等特点。植物形成了各具特色的森林景观、农田景观、草原景观等,不同的动物种群又形成了牧场、渔场、饲养场等不同的乡村景观,可进行各种旅游活动的开发,满足人们观赏、保健、休养、狩猎、垂钓、考察等多元需求。

2. 文化旅游资源

我国乡村地区地域特色鲜明,江南民俗、农耕文明、古都风情等保存相对完好,文化旅游资源的优势十分明显。乡村文化旅游资源是乡村地区人们在生产生活过程中积聚的精神财富,也是游客在乡村旅游过程中能亲身体会和感受到的重要内容和对象。依据不同文化资源的表现形态,可将文化旅游资源分为以下几种。

(1) 民居建筑文化

受地形、气候、建筑材料、生产生活方式和生产力水平不同等诸多因素的影响,我国的乡村民居呈现多种形式,如北方游牧民族的帐篷或毡包、藏族地区的碉楼、陕北黄土高原的窑洞等。有些地方的民居建筑已成为当地乡村的地标和核心吸引力,如皖南的宏村、浙江的诸葛村、江苏的周庄、福建的客家围屋等,深受游客的喜爱。

(2) 农事农耕文化

乡村地区是我国农业发展的主战场,拥有丰富多彩的农事文化。在农业生产中,不同的耕作方式使用的农具各种各样,不同作物的耕种与收获必须遵循不同的时令,再加上当下乡村中传统耕作方式与现代高科技耕作方式相混杂,规模经营与农户经营相混杂的局面,充分体现出乡村内涵深厚的农耕文化。

(3) 民俗节庆文化

我国拥有五十六个民族,其民俗风情各有特点,节庆活动也是多种多样,可以说丰富的民俗节庆文化是乡村旅游最为宝贵的资源之一。民俗文化承载的是历史发展长河中人们的精神与情感,是农村原生态的、深厚的文化积淀,民俗文化所涉及的范围非常广泛,有文学、音乐、舞蹈、体育竞技、医药、手工技艺、服饰、礼仪、婚俗等方面。除了我国传统的端午节、中秋节、元宵节等节日外,各少数民族都有其别具特色的节庆,如藏族的浴佛节、侗族的播种节、苗族的吃新节、彝族的火把节、傣族的泼水节等,这些节庆形成了深受游客喜爱的乡村风情。

(4) 乡村艺术文化

民间艺术是区域大众生活的体现和特征,在乡村地区流传着许多传统精湛的手工艺制作,如木版年画、剪纸、手编花篮、手工刺绣、皮影、泥塑、蜡艺等,它们是乡村非物质文化资源的重要载体。民间艺术的这一特性,逐渐成为乡村文化创意旅游的一个重要方面,传统艺术的创新,不仅丰富了乡村旅游体验,而且强化了旅游目的地的品牌形象,如吴桥借助杂技这一民间艺术,将杂技文化成功融入美丽乡村建设,使杂技文化成为吴桥的一张旅游名片。

3. 社会旅游资源

社会旅游资源是指在特定社会文化区域中,对旅游者产生吸引力的人群及与其生活有密切联系的事物和活动,通常包括能反映或表现旅游接待地区的社会、经济发展成就或特色,从而对旅游者产生吸引的各种事物。常见的社会旅游资源包括以下几种。

(1) 乡村景观风貌

乡村景观风貌主要是指具有一定特色的乡村旅游设施、乡村风貌、建设成就等。真正富有特色的乡村景观,对各种类型的旅游者都有或大或小的吸引力。例如,浙江桐庐将灵动的富春山水和各个风情村镇巧妙结合,培育了25个风情特色村(点),让桐庐乡村"处处是景、时时见景",成为闻名遐迩的美丽乡村。

(2) 乡村经济成就

乡村的经济发展状况包括该地的城乡交流状况(如观光农田、农村修养地建设等),乡村的产业发展,乡村特产如有机农产品、特产加工品的生产等。最为典型的是乡村农副土特产品,它具有地域特色强、品种多样的特点,对城市、外地游客来说是新鲜而宝贵的旅游资源。将农副土特产品融入乡村旅游,不仅是增强乡村旅游吸引力的有效途径,也是促进农副土特产品销售、提高农民收入的便捷途径。

(3) 乡村农业旅游资源

乡村农业旅游资源是指可被旅游开发利用的农、林、牧、渔等农业资源,是人们对利用的自然环境要素进行农业生产而形成的。相较于一般的自然环境有人工参与的痕迹,乡村农业旅游资源是人与自然和谐相处的产物,同时也是我国悠久的农耕文化的具体体现。居住在松花江沿岸的赫哲族,因其独特的渔猎文化而出名。如今的赫哲人,有的走下了捕鱼船,有的发展服务业,有的从事民族文化的传播。他们开发桦皮画、制作鱼皮衣,这些民族特色浓郁的产品深受青睐,吸引了国内外的游客纷至沓来。

(4) 社会好客精神

中国素来就是著名的"礼仪之邦",孔子有云,"有朋自远方来,不亦乐乎"。好客的礼仪是中华民族的优良传统。乡村旅游是体验经济和生态旅游相结合的产物,人们选择乡村旅游不仅仅是远离城市体验乡村生活,更是寻找绿色文明及尚存的传统淳朴的民俗文化氛围,是对具有"亲和力"的生活环境的向往。这种好客文化体现在乡村各种待客礼俗、参与式的民族歌舞乐等各种各样的文化事象之中,营造出乡村旅游好客的文化氛围,典型的代表有藏族的献哈达、苗族的拦路酒、壮族的对歌等。

(二) 基于资源等级的分类

根据旅游资源管理级别进行分类,可将乡村旅游资源分为世界级、国家级、省级、市县级四类。这样划分的目的在于掌握一定区域内旅游资源的垄断程度和对旅游者可能产生吸引力的程度。

1. 世界级乡村旅游资源

这类资源主要指乡村类世界遗产地,由不同要素和景观组合而成的独特的乡村旅游资源,可满足游客亲近自然、体验遗产原真性、感受人类与自然和谐共生的多重旅游需求,对游客有极强的吸引力。

世界级乡村旅游资源多以全球重要农业文化遗产、世界遗产的形式出现,汇聚具有世界性突出价值的民居建筑、乡村聚落、村落布局、产业活动、民间习俗、文化节事等要素,旅游资源独特,吸引力半径大。不同于一般乡村旅游目的地,乡村类世界级旅游资源有其独特性和垄断性特征,以皖南古村落——西递、宏村为例,其村落布局独具匠心,村落与山水地貌浑然一体,民宅建筑清雅脱俗,古村落文化底蕴深厚,旅游资源价值独特,是中国乡村类旅游地的典型代表(见表4-2)。

表 4-2　入选世界遗产名录的项目（截至 2022 年年底）

遗产地名称	类　型	入选时间
皖南古村落：西递、宏村	文化遗产	2000 年
开平碉楼与村落	文化遗产	2007 年
福建土楼	文化遗产	2008 年
红河哈尼梯田文化景观	文化遗产	2013 年

全球重要农业文化遗产是农村与其所处环境长期协同进化和动态适应下所形成的、独特的土地利用系统和农业景观。目前，全世界共有 65 项全球重要农业文化遗产，分布在 23 个国家和地区，而中国以 19 个项目位居第一（见表 4-3）。

表 4-3　入选全球重要农业文化遗产名录的项目（截至 2023 年 11 月）

遗产名称	入选时间
浙江青田稻鱼共生系统	2005 年
云南红河哈尼稻田稻作梯田系统	2010 年
江西万年稻作文化系统	2010 年
贵州从江侗乡稻-鱼-鸭系统	2011 年
云南普洱古茶园与茶文化系统	2012 年
内蒙古敖汉旱作农业系统	2012 年
浙江绍兴会稽山古香榧群	2013 年
河北宣化城市传统葡萄园	2013 年
福建茉莉花与茶文化系统	2014 年
江苏兴化垛田传统农业系统	2014 年
陕西佳县古枣园	2014 年
浙江湖州桑基鱼塘系统	2018 年
中国南方稻作梯田	2018 年
山东夏津黄河故道古桑树群	2018 年
甘肃迭部扎尕那农林牧复合系统	2018 年
河北涉县旱作石堰梯田系统	2022 年
福建安溪铁观音茶文化系统	2022 年
内蒙古阿鲁科尔沁草原游牧系统	2022 年
浙江庆元林—菇共育系统	2023 年

2. 国家级乡村旅游资源

国家级旅游资源由国务院审定并公布，主要包括中国历史文化名村、中国重要农业文化遗产实录、国家级美丽乡村、国家农业公园、全国休闲农业示范点、国家级休闲农业与乡村旅游示范县、全国工农业旅游示范点、国家级现代农业示范园、国家级重点文物保护单位、全国乡村旅游重点村等，具有重要的观赏价值、文化价值或科技价值。

国家级乡村旅游资源大多拥有国家级称号，在全国具有一定的知名度，除了省内游客和周边游客外，对远程游客也具有很强的吸引力。这类乡村均视旅游业为主导产业，旅游产业结构佳,游客量逐年增长,旅游收入效益较好并能有效带动农民就业。以第一批中国重要农业文化遗产——江苏兴化千垛油菜花景区为例(见图4-1),当地人利用垛田这种独特的地貌,发展休闲观光农业,连续举办的兴化菜花旅游节已成为享誉全国的新兴旅游亮点,兴化市委市政府按照中国重要农业文化遗产保护的要求专门制定了保护规划和保护办法,正在加大挖掘、保护、传承的力度,让垛田农业系统为推进兴化农业现代化,促进兴化农业增效和农民增收发挥更大的作用。

图 4-1　江苏兴化千垛油菜花景区

3. 省级乡村旅游资源

省级乡村旅游资源数量众多,主要涉及省级历史文化名村、省级美丽乡村示范村、省级乡村旅游示范点、省级乡村旅游重点村、省级现代农业示范园、省级农业公园、省级休闲农业示范点、省级乡村旅游特色村、省级田园综合体等。

这一级别的乡村旅游地生态环境优良、交通便利,发展特色鲜明,示范引领作用突出,以城郊休闲为主,重点针对家庭游、亲子游、商务游、周末休闲游等市场进行产品设计,主要吸引3小时经济圈以内的游客,游客出行以自驾为主。例如,江苏省金湖县孙集村(湖畔旺屯)为江苏省乡村旅游重点村,依托"乡情、乡味、乡趣"的设计理念,湖畔旺屯以展示乡村生态、风貌与民俗民风为出发点,依托白马湖向日葵的故事景区、白马湖国家湿地公园、棋盘古镇、金绿源乡野庄园等多个旅游景点(区),开发乡村休闲、生态农业观光、户外野营探险、水果采摘等旅游产品,打造乡村特色旅游品牌;联动孙集村湖畔旺屯(见图4-2)省级农村农房示范点及杉荷里集散服务中心,营造一个极具特色的古村度假休闲、生态农业观光旅游目的地。

4. 市县级乡村旅游资源

市县级的旅游资源主要为各地的市县级文物保护单位、市县级现代农业示范区、市县级休闲农业示范点等。市县级乡村资源数量繁多,一般规模不大,以吸引城市周边2小时交通圈客群为主,产品丰富多样,但同质化现象较为普遍,因此特色化、产业化成为其发展的关键。

模块四 乡村旅游资源调查与评价

图 4-2 孙集村湖畔旺屯

第二节 乡村旅游资源调查

【引例】

衡阳蒸湘挖掘乡村旅游资源 激发乡村新活力[①]

为丰富旅游内容,蒸湘区全面盘活、深入挖掘乡村旅游资源潜能,按照生态经济高质量发展原则,实施"旅游+",积极发展"旅游+医养",加快建设雨母山华侨城、银泰生态度假区等集健康、疗养、休闲、文化、旅游等功能于一体的重大文旅项目和区域医养中心。同时开发非传统旅游项目,如依托犁田、插秧、打谷、编草鞋等原汁原味的农业生产活动,进行传统农耕文明旅游开发;对农业生产中的浇灌、施肥、收割、养殖等活动进行包装编排……让游客通过深度"浸入",以"深"游促"慢"游,延长游客停留时间,发挥旅游乘数效应。如今,蒸湘区临江现代农业科技产业园、新竹乡村振兴示范园、土桥高新特色果蔬产业园等一批"田园综合体+观光+民宿"产业,如雨后春笋般不断涌现,蒸湘农村正焕发勃勃生机。

思考:在进行乡村旅游资源调查时,如何挖掘具有当地乡土特色的旅游资源?

▶一、乡村旅游资源调查的目的

乡村旅游资源调查的目的是系统、全面地查明调查区域内乡村旅游资源的空间分布、赋存数量、等级质量、组合状况等基本情况,掌握乡村旅游资源开发、利用与保护的现状及存在的问题,以查明可供利用的乡村旅游资源状况,为乡村旅游资源评价、开发、利用及其保护提供科学的决策依据。

---

① 新华网.衡阳蒸湘挖掘乡村旅游资源 激发乡村新活力[EB/OL].[2021-12-21]. http://www.xinhuanet.com/travel/20211221/0639075499ee44f48192d82bf03f878b/c.html.

二、乡村旅游资源调查的形式

在确定旅游开发的战略时,首先要进行旅游资源的调查。[①] 旅游资源调查是对旅游资源进行考察、勘察、测量、分析、整理的一项综合性工作,它可以了解旅游资源的赋存状况,摸清旅游资源的家底,掌握旅游资源的利用状况和一些相关数据,挖掘出其开发利用的潜力;可以供旅游主管部门和规划部门进行旅游规划和旅游宣传使用;可以建立旅游资源的档案资料,进行旅游资源的管理;可以促进旅游资源的保护;可以供旅游资源研究使用。

按照《旅游资源分类、调查与评价》(GB/T 18972—2017)要求,旅游资源调查分为旅游资源详查和旅游资源概查两个档次,两者在调查方式和精度要求上有所不同。在实际的工作中,根据工作需要,可以把旅游资源的调查分为旅游资源概查、旅游资源普查、旅游资源详查、旅游资源典型调查和旅游资源重点调查。

(一)旅游资源概查

旅游资源概查是指对旅游资源的概略性调查或探测性调查。概查以定性为主,主要目的是对大区域的旅游资源进行调查,以确定旅游资源的类型、分布、规模和开发程度。该调查主要适用于了解和掌握特定区域或专门类型的旅游资源。在调查对象上,只需对涉及的旅游资源单体进行调查;在调查过程中,可以简化工作程序,不需要成立调查组,调查人员由其参与的项目组织协调委派;在调查内容上,只需调查限定在专门目的所需要的范围;在调查成果形式上,可以不填写或择要填写"旅游资源单体调查表"等。

(二)旅游资源普查

旅游资源普查是为了某种特定目的而专门组织的一次性全面调查,是对统计总体的全部单位进行调查以收集统计资料的工作。旅游资源的普查一般是在概查的基础上进行的,是对一个旅游资源开发区或远景规划区内的各种旅游资源进行的综合调查。它可以针对一个大的空间范围(如整个国家、一个省份),也可以针对一个比较小的空间范围(如一个城市、一个乡村);可以针对某一类型旅游资源(如文物古迹、古树名木),也可以针对所有类型的旅游资源;不仅要调查目前广泛被承认的旅游资源,还要调查潜在的旅游资源。潜在的旅游资源是目前还没有被人们认识,随着旅游的发展将会对人们产生吸引力的自然或人文资源,这需要旅游资源普查人员具有独到的眼力和丰富的经验。旅游资源普查的内容包括旅游资源的特征、性质、分布(位置)、数量、质量、开发利用程度、保护现状、开发条件等。旅游资源普查需要大量的人力、物力、财力和时间的支持,涉及面广、调查单位多,是一个耗时长、耗资大、科技水平高的工作,因以实地考察为主,所以旅游资源普查获得的数据一般比较准确,规范化程度也较高。

---

① 黄羊山.旅游规划原理[M].2版.南京:东南大学出版社,2020.

(三)旅游资源详查

旅游资源详查一般是在概查和普查的基础上进行的,是对区域内所有的旅游资源单体进行的更为详尽和全面的实地考察。旅游资源调查程序包括调查准备和实地调查两个阶段,要求对全部旅游资源单体进行调查,提交全部"旅游资源单体调查表"。

(四)旅游资源典型调查

旅游资源典型调查是根据调查目的和要求,在对旅游资源进行初步分析的基础上,有意识地选取少数具有代表性的典型旅游资源进行深入细致的调查研究,借以认识同类事物的发展变化规律及本质的一种非全面调查。旅游资源典型调查是一种定性研究,且调查方式方便、灵活,可以节省时间、人力和经费。

(五)旅游资源重点调查

旅游资源重点调查是指在全体旅游资源中选择一部分重点旅游资源进行调查,以取得统计数据的一种非全面调查方法。对部分重点旅游资源进行调查所取得的统计数据能够在一定程度上反映全体旅游资源的基本情况和发展基本趋势。旅游资源重点调查投入少、调查速度快、所反映的主要情况或基本趋势比较准确,通常用于不定期的一次性调查,但有时也用于经常性的连续调查。

▶三、乡村旅游资源调查的内容

乡村旅游资源调查涉及与旅游活动有关的方方面面,调查的内容复杂而繁多,主要包括对乡村旅游资源的形成条件、资源状况、开发条件三大方面的调查。

(一)形成条件调查

通过对乡村旅游资源的认识,我们知道乡村旅游资源形成的背景环境主要包括自然环境、人文环境和社会环境三个方面。值得注意的是,在通常情况下,同一地区的不同资源单体,几乎都拥有相同或相近的形成环境,可以一并进行调查。调查乡村旅游资源形成条件主要是了解和掌握区域内的基本情况,从而找出乡村旅游资源的整体特色及内在联系。其涉及内容如下。

1. 调查区的地貌特征

调查区的地貌特征主要包括岩石、地层、地质构造、地形地貌的分布特征、发育规律和活动强度,对其进行调查可全面概括地了解调查范围内的总体地质地貌特征。

2. 调查区的水文特征

调查区的水文特征主要包括主要水体类型、各类水体的水质、水量的变化情况、利用情况,以及已发生和可能发生的水灾害及其对旅游资源的不利影响等。

3. 调查区的动植物特征

调查区的动植物特征主要包括动物和植物的特征与分布、具有观赏价值的动植物的类型和数量、特定生存环境下存在的珍稀动物和植物,以及其分布数量、生长特性和活动规律,可供游人观赏的客观条件和防护措施等。

4. 调查区的气象、气候和环境因素

调查区的气象、气候和环境因素主要包括气候类型、气温(年均温、极高温、极低温)、盛行风、年降雨量及降雨量的时空分布、光照强度、湿度、大气成分、气候特点及污染情况等。

5. 调查区的历史沿革

调查区的历史沿革主要包括调查区在人类历史上的发展历程及遗留下的各种遗迹情况。

(二) 资源状况调查

资源状况调查包括调查区的乡村旅游资源数量、密集程度,乡村旅游资源单体的类型、面积、形态,不同乡村旅游资源类型上的组合结构、同一类型乡村旅游资源内部的组合结构,以及乡村旅游资源空间上的组合结构等。具体内容如下。

1. 自然景观的调查

自然景观的调查主要包括构成特色山体的岩石地层、构造;构成地貌形态的沟谷、洞穴等;构成水景的泉、溪、瀑、湖等;具有特色的动植物和气象因素;等等。

2. 人文景观的调查

人文景观的调查主要包括调查各类古建筑遗址、古人类活动和文化遗址、古交通遗址、石刻、壁画及特色村寨等。

(三) 开发条件调查

乡村旅游资源开发条件调查包括调查区的"食、住、行、游、购、娱"六大要素的发展状况;旅游客源市场的人口学特征及旅游消费行为特征;与周边旅游资源的竞合关系等。涉及内容如下。

1. 调查区的经济条件

调查区的经济条件主要包括一个国家或地区的社会经济制度、经济发展水平、产业结构、国民经济发展状况、国内生产总值、人口与居民状况、居民收入水平、工农业生产总值及构成状况、劳动力结构、物资资源状况、消费结构与消费水平、物价指数与物价水平、失业率及经济发展动态等。

2. 调查区的社会文化条件

调查区的社会文化条件主要包括调查区所处的社会结构、社会风俗和习惯、信仰和价值观念、行为规范、生活方式、文化传统、人口规模与地理分布等因素的形成和变动。对其进行调查可以了解调查区学校、邮电通信、医疗环卫、安全保卫、民族分布等基本情况,清楚当地人的职业构成、受教育程度、文化水平、宗教信仰、风俗习惯、社会审美观念、价值观念、文化禁忌,以及应用新技术、新工艺、新设备的情况等。同时还应调查当地的旅游氛围、接受新事物的能力和对发展旅游业的态度。

3. 调查区的政策法规环境

调查区的政策法规环境主要包括当地有关乡村旅游资源开发管理的方针、政策,社会经济发展规划,以及资源法、乡村旅游法、环境保护法、乡村旅游管理条例和乡村旅游管理措施等的建立及执行情况。

4. 旅游客源市场调查

旅游客源市场调查主要包括国际游客、国内游客、外地游客、本地游客的数量、所占比例、各自停留时间、旅游动机、消费构成和消费水平,以及年龄、性别、职业、文化程度等基本情况。

▶四、乡村旅游资源调查的方法

乡村旅游资源调查的内容繁多杂乱,因此需结合多种调查方法,以提高工作效率,使旅游资源调查结果可信度更高。常用的旅游资源调查的方法有以下几种。

（一）野外调查法

野外调查法是旅游资源评价、开发及合理利用与保护的基础工作,要认识旅游资源的分布特点、形成机制、演化规律、地域特色、数量、规模、类型、结构、功能、价值等内容,获得宝贵的一手资料,必须深入实地进行考察。[1]

野外调查主要包括三个方面的内容：第一,调查了解区域旅游资源形成的背景条件（地貌、水文、生物、气象气候、历史等）,找出其整体特色及内在联系；第二,旅游资源属性（具体特征）调查；第三,旅游资源开发条件（社会、经济等方面）调查。上述调查资料可以通过野外观察、测量、记录、录音、摄影、摄像、遥感等技术手段获得,强调获得资料的客观性、真实性和准确性。

（二）文案调查法

文案调查法又称资料查阅寻找法、间接调查法、资料分析法或室内研究法。调查人员通过收集乡村旅游资源的各种现有信息数据和相关资料,从中摘取与调查项目有关的内容进行分析研究,从而获取研究范围内乡村旅游资源的文字和图片信息。但由于乡村地区的语言文字特点,一般文字资料较少,且乡村一直处于人与自然的互动状态,很多资源的特性也会随着时间而变化,一些相关的信息数据和相关资料会有时效性不强的特征,因此在乡村旅游资源调查中,这种方法只能是一种辅助的调查方法。

（三）座谈访问法

座谈访问法包括座谈会和访问两种形式。在乡村旅游资源调查中,座谈会是调查人员与当地政府、村民代表、年长者及相关专家等共同参加的会议,一般在当地进行。这种集中探讨式的会议信息量大、效率高,会上要做好会议文字记录、录音、录像等工作。访问法是在考察过程中进行的,调查对象主要是当地相关部门、居民及旅游者,通常采用调查

---

[1] 吴国清.旅游资源开发与管理[M].重庆：重庆大学出版社,2018.

问卷、调查卡片、调查表等,通过面谈调查、电话调查、邮寄调查、留置问卷调查等形式进行访问。由于大量乡村地区的历史和文化习俗并没有文字资源,一般通过口口相传,所以访谈法在乡村旅游资源调查中是非常重要和常用的调查方法,调查人员通过该方法能获得大量必要并且有价值的第一手资料。

(四)现代科技调查法

现代科技调查法具体包括遥感法、GPS定位法、物探技术法等。乡村地区所处的地理位置一般较偏僻,旅游资源实地考察受到许多环境因素的限制,使用遥感技术可以对不易调查到的旅游资源进行考察。同时由于周边可能有较大规模的森林、草场等,故在对其旅游资源进行调查时可采用遥感技术收集多种比例尺、多种类型的遥感图像和与之相匹配的地形图、地质图、地理图等,这不仅能对乡村旅游资源的类型定性,而且可以发现一些其他调查方法不易发现的潜在旅游资源。GPS是全球定位系统的简称,是一种空间定位技术,通过此种方法可以测定调查区内旅游资源的位置、范围、面积、体量、长度等。物探技术是一种用物理方法进行勘探,以不同岩、矿、土之间的物性差异为物质基础,观察和研究地球物理场的时空分布规律的技术。此种方法主要用于调查尚未发掘的地下文物。

(五)网络调查法

网络调查是传统调查在新的信息传播媒体上的应用,是指在互联网上针对调查问题进行调查设计、资料收集及分析咨询等活动。网络调查主要有两种方式:一种是网上直接调查,利用互联网直接进行问卷调查,收集一手资料;另一种是网上间接调查,利用互联网的媒体功能,收集二手资料。网络调查具有传统调查所不可比拟的优势,如成本低、速度快、具有隐匿性、具有互动性等。

五、乡村旅游资源调查的步骤

(一)调查准备阶段

1. 制订工作计划

制订旅游资源调查的工作计划和工作方案,涉及调查范围、调查对象、调查方式、调查任务完成的时间、投入的人力和财力多少、调查的精度要求、成果的表达方式等内容。

2. 成立调查小组

如果旅游资源调查是由旅游主管部门牵头,则调查小组可以由主管部门来组织;如果旅游资源调查是主管部门委托其他机构进行的,则调查小组由旅游主管部门和被委托机构共同来组织。由于旅游资源涉及很多管理部门和学科,因此调查小组不仅要具有一定的知识结构、考察能力,还要具有一定的协调能力。

3. 拟订旅游资源分类体系和设计旅游资源调查表

旅游资源分类体系根据被调查区域的特征来制定,但为了与其他地区或全国进行对比,最好采用普遍使用的旅游资源分类方案,也可以在这种普遍方案的基础上进行修改,然后将拟订好的旅游资源分类体系和要调查的内容制成表格,便于实际应用。

4. 二手资料的准备

这项工作主要是对二手资料进行收集，以及得到调查时需要用的地理底图。二手资料是旅游规划者间接获取的资料，把别人的资料拿来利用，可以节省大量的人力、物力和财力，可以获得调查地的大致情况，让规划者对其有一个大致的整体印象。二手资料广泛存在于各种书籍、报刊、宣传材料上，有的还存在于已经进行过部分和局部调查的部门和有关人员手里。已经得到的旅游资源需要填入设计好的调查表。地理底图是旅游资源调查中进行定位和编制旅游资源图的基础，一般选用地形图。根据被调查对象的范围大小选择比例尺，范围大的可以选小一点的比例尺，范围小的可以选大一点的比例尺。外出调查前可将地图折成合适的大小，便于携带。

5. 仪器设备的准备

一般在旅游资源考察过程中所需要的仪器和设备有用于测量和指示方向的罗盘、用于简单测量长度的皮卷尺、用于资料摄录的照相机和摄像机、用于定位的GPS定位仪、用于记录的铅笔和笔记本、用于在地图上做记号的水彩笔等。

6. 调查人员的培训

如果调查人员比较多，且分散行动，则需要对他们进行必要的培训。培训主要是为了让调查人员在旅游资源的了解、调查方法、调查结果、填表、填图、测量、记录等方面保持认识上的一致、行动上的同步，以使工作便于衔接。

（二）调查实施阶段

确定具体调查线路，对区域内的乡村旅游资源进行全面的调查，摸清资源基本状况和分布位置。野外实地勘察是一种最基本的调查方法，调查人员直接接触旅游资源，可以获得宝贵的一手资料和感性认识，调查的结果也翔实可靠。实地勘察包括观察、踏勘、测量、登记、填绘、摄像等工作，要做到勤于观察、及时记录、及时填图、现场摄录。这项工作非常辛苦，非常费时、费钱、费力，需要调查人员有体力、耐力和毅力，但也很有乐趣，可以让人挑战自我、挑战自然、发现新资源，有一种挑战之美、发现之美，所谓"苦中有乐"。

（三）调查整理阶段

将收集到的资料和野外考察记录进行系统总结，并借助有关技术手段，进行数据分析与处理，形成正式表格与图件，最后编写乡村旅游资源调查报告。

1. 完成旅游资源分布图的编制

将初步填绘好的旅游资源分布草图经编辑、转绘，最后形成旅游资源现状分布图。编辑时要选择合适的比例尺、拟定形象直观的图例。

2. 编写旅游资源调查报告，建立旅游资源档案

报告中应该包括旅游资源调查的范围、对象、时间、组织、方法；旅游资源的分布、类型、数量、特征、开发利用情况、保护情况、开发利用条件和简单的评价；对旅游资源开发利用的有关建议等内容。

第三节 乡村旅游资源评价

【引例】
从乡村旅游资源特征、产品类型、发展模式三个维度认识乡村旅游[①]

发展乡村游,通过振兴旅游产业带动一、二、三产业融合,前景潜力巨大,要做好乡村游,就必须要有科学的资源观,每个乡村所处的经纬度都是独特的,每个乡村所拥有的地质地貌,以及所形成的山、河、湖、林、田也是独特的,其风雨雷电,云霞霜雾的变化更是独特的,这种独特性体现在地质学、土壤学、天文学、风水学、美学、人类学、经济学等不同维度,这种不同维度的独特性,让我们每个村庄都拥有了成为"第一村庄"的自然禀赋。

思考:评价乡村旅游资源与一般的旅游资源有什么差别。

一、乡村旅游资源评价的目的

乡村旅游资源评价就是从合理利用和保护旅游资源及取得最大社会经济效益的角度出发,运用某种方法,对一定区域内的旅游资源本身的价值及其外部开发条件等进行综合评判和鉴定的过程。

欲使潜在的资源优势转化成现实的社会经济优势,需要一个经过包括旅游资源综合评价在内的开发建设过程。只有通过对旅游资源进行全面的调查分析与论证,并做出科学的评估,才能使乡村旅游资源的开发利用、乡村旅游地的规划建设具有明确的方向和坚实的基础。乡村旅游资源评价的目的主要包括以下几个方面。

(一)明确乡村旅游资源的质量

通过对乡村旅游资源的类型、规模、结构、组合、功能和性质的评估,确定旅游资源的质量水平、整体价值及其在乡村旅游开发建设中的地位,为合理开发与利用和规划建设提供科学依据。

(二)确定开发的顺序和规模

乡村旅游资源评价能够为区域旅游资源的合理开发利用和规划建设提供理论依据,是乡村旅游开发规划工作的重要基础和前提。通过旅游资源调查评价,人们能清楚认识到乡村区域内旅游资源的质量、特色、开发价值,能对乡村旅游业的开发和利用条件有综合的了解。同时,可以以市场需求为导向,结合乡村地区旅游资源的特色,明确规划思想,确定旅游地的旅游产品类型,确定旅游项目开发的先后顺序、步骤、重点及规模。

(三)促进乡村旅游资源的管理

旅游资源评价通过对旅游资源的质量、规模、水平进行评定,为旅游资源的分级管理

[①] 新农人袁帅.从乡村旅游资源特征、产品类型、发展模式三个维度认识乡村旅游[EB/OL].[2022-09-28]. https://www.163.com/dy/article/HIB97J5R0518EABD.html.

提供依据,使各级旅游资源得到合理的管理,旅游资源管理水平得到提高,对旅游资源的保护得到加强。

▶二、乡村旅游资源评价的内容

乡村旅游资源的开发固然受旅游资源本身条件影响,但外部客观条件对乡村旅游资源开发的限制也是必须考虑的。

(一) 乡村旅游资源价值评价

1. 旅游资源价值

乡村旅游资源具有的乡土性、特殊性等特性是吸引游客出游的关键因素,是乡村旅游资源开发的灵魂。乡村旅游资源的特性越突出,其旅游吸引力就越大,从而使该区域具有较高的旅游价值、较高的开发价值和良好的开发前景,"新、奇、特、绝"的乡村旅游资源往往能够成为区域旅游发展的重要支柱。

2. 美学观赏价值

美学观赏价值主要是指乡村旅游资源能提供给旅游者美感的种类及强度。无论是自然景观,还是人文景观,它们首先必须符合美学原则。乡村旅游资源的美大体包括形式美、形体美、色彩美、嗅味美、韵律美、动态美和意境美等。乡村旅游的主要形式之一是观光,观光是旅游者鉴赏美的活动,人们能够感受到的美感种类越多,感受就越强烈,对其评价就越高。

3. 历史文化价值

历史文化价值是指乡村旅游资源所包含的历史文化内涵,主要包括两个方面:一方面是其本身所具有的历史文化内涵。乡村旅游资源本身具有或体现了某一历史时期的某种文化特征,或者与一个民族或国家的历史文化传统有着密切联系;另一方面是指旅游资源与重大历史事件、历史人物、文艺作品、传说故事等有着密切关系,如果这些资源艺术价值很高、影响特大,对此乡村旅游资源的评价就会提高。

4. 科学研究价值

科学研究价值主要是指乡村旅游资源的某种科学研究功能在自然科学、社会科学和教学科研方面具有的特点,能为科学工作者、探索者和追求者提供研究场所,这些场所通常建有自然保护区、博物馆、纪念地等。

5. 经济社会价值

乡村旅游资源的经济价值是指旅游资源可能带来的经济收入。对乡村旅游资源的经济价值进行评估,不仅应根据成本与收益的直接经济指标进行评估,还应评估因关联带动作用而产生的综合经济收益。乡村旅游资源的社会价值在于它们为旅游者带来的福利和娱悦身心的程度。它可以使人们开阔视野、增长知识、拓宽人际交流、促进科技文化交流、美化和改善环境,保护资源,实现整个社会的可持续发展等。

6. 旅游功能价值

旅游功能是乡村旅游资源可供开发与利用、能够满足某种旅游需求的特殊功能,是其价值的具体体现。乡村旅游资源如果可以提供高品位的旅游活动项目,满足开展多种旅游活动的需求,它就具有多种旅游功能。旅游功能越多,宜进行的旅游活动越多,吸引的旅游者也越多,其价值也就越大。

（二）乡村旅游资源环境评价

1. 旅游资源的自然环境

自然环境是由乡村旅游资源所在地的地质地貌、气象气候、水文、土壤、动植物等要素组成的。自然环境对乡村旅游资源的质量、时间、节律和开发起着直接的决定作用。作为乡村旅游资源开发地，其环境应以能让游客从视觉、听觉、嗅觉、触觉及味觉等全方位感受舒适宜人为宜，恶劣的自然环境将阻碍区域旅游业的开发。

2. 旅游资源的经济环境

旅游资源开发必须依赖开发区的经济环境，经济环境即乡村旅游资源所在地的经济状况，主要是指投资、劳动力、物质供应及基础设施条件等。乡村旅游资源开发不能仅依靠外来投资，更重要的是得到当地经济发展状况的支持。人力是开发旅游资源必不可少的条件，劳动力的数量及收入水平是旅游业劳务市场的基本衡量标准。物质供应及基础设施条件，能为乡村旅游资源开发提供所需的设备、原材料等，以促进乡村旅游资源开发的顺利进行。

3. 旅游资源的社会环境

社会环境是指乡村旅游资源所在地的政治局势、社会治安、政策法令、医疗保健、风俗习惯及当地居民对旅游业的态度等。旅游是一项对社会环境比较敏感的经济活动，一个地区的政治局势和社会治安，直接影响旅游者的出游决策。在稳定的社会环境中，旅游将得到快速的发展，而一旦社会环境动荡，乡村旅游资源开发和旅游业将会受到严重的危害。

4. 旅游资源的环境容量

旅游环境容量，又称旅游承载力或饱和度，是指在一定时间条件下，在一定乡村旅游资源的空间范围内所能开展的旅游活动能力，也就是既不严重影响乡村旅游资源的质量，也不影响旅游者的体验，一般用容时量和容人量两方面来衡量。乡村旅游资源所处的环境容量对旅游资源的开发规模具有决定作用，为了保障乡村旅游资源的有序开发和永续利用，规划者会选择环境容量中数值最小的指标作为开发规模的限制。

（三）乡村旅游资源开发条件评价

1. 区位条件

乡村旅游资源的区位条件是影响资源开发可行性、开发规模和效益度的重要外部条件，包括地理区位、交通区位和旅游产业区位。大量事实表明，旅游点（区）的经济价值许多时候并不与乡村旅游资源价值呈完全正比，乡村旅游资源往往在很大程度上因其特殊的地理位置而增强了吸引力。

2. 客源条件

乡村旅游资源开发必须以客源市场为依据，客源是维持旅游经济活动的必要条件，没有一定数量的游客，乡村旅游资源开发就不会产生良好的经济效益。乡村旅游资源的客源条件可以从两方面进行分析：一是空间区域，即客源分布半径及密度，这是由乡村旅游资源的吸引力和社会经济环境决定的；二是时间，即客源的不均匀分布形成了旅游的淡旺季，这与当地气候的季节性变化和旅游者的闲暇时间分布有一定关系。乡村旅游资源特殊性强、规模大、社会和经济环境好的地区，其客源范围和数量都较为可观。

3. 设施条件

设施条件主要包括两个方面，一方面是指乡村旅游资源所在地区与旅游六大要素相关设施的开发现状,另一方面是指与旅游六大要素相关设施的未来开发前景。现状是了解乡村旅游资源开发的设施基础,前景是了解乡村旅游资源开发的未来规模。

4. 投资条件

资金是旅游资源开发的必要条件,乡村旅游资源开发需要大量资金的持续投入。资金是否充裕、财力是否雄厚,直接关系旅游开发的可能性,以及开发的深度和广度。与投资相关的要素主要包括资源所在区域投资渠道的畅通程度和政府对旅游投资的政策倾斜程度。旅游投资主体越多、投资渠道越畅通、政府对乡村旅游资源投资的优惠政策越多,其投资条件就越优越,越有利于当地旅游资源的开发。

5. 施工条件

乡村旅游资源的开发还需考虑项目的难易程度和工程量。首先是工程建设的自然基础条件,如地质、地貌、水文、气候等条件;其次是工程建设的供应条件,包括设备、食品、建材等。评价施工环境条件的关键是权衡经济效益,对开发施工方案需进行充分的技术论证,同时要考虑经费、时间的投入与效益的关系。这些条件与乡村旅游资源开发有着密切的关系。

▶三、乡村旅游资源的评价方法

旅游资源评价方法很多(见表 4-4),可以分为定性评价和定量评价两种类型。

表 4-4 旅游资源评价方法[①]

评价类型		方法实例
定性评价	一般体验性评价	① "中国最佳旅游城市"评选 ② 中国"经典红色旅游线路"评选
	美感质量评价	① 专家学派——美国土地管理局风景资源管理系统对自然风景质量的评价 ② 心理物理学院派——西黄松林的风景质量评价 ③ 心理学派——森林风景的神秘性评价
	其他定性评价方法	① "三三六"评价体系:"三大价值""三大效益""六大条件" ② "魏小安综合评价体系":"游览地的资源构成""要素种类的多少""要素的单项评价问题""要素的组合情况""可能容纳的游客量""人文资源的比较""开发的难易程度"7 个标准 ③ "王兴斌等级评价法":对"资源的科学文化价值""美学观赏价值""康体休闲价值"及"开发的社会条件和自然环境"加以分析,分为"世界级""国家级""省级""地方级"4 个等级 ④ "六字七标准"评价体系:"六字",即美、古、名、特、奇、用;"七标准"则指季节、污染、联系、可进入性、基础结构、社会经济环境和市场 ⑤ 八度指标评价模型:"八度"指旅游资源的珍稀度、古悠度、奇特度、规模度、保存度、审美度、组合度、知名度 8 个度量指标
	基于"国标"的评价	①《旅游资源分类、调查与评价》(GB/T 18972—2017)中对旅游资源单体的评价 ②《旅游景区质量等级的划分与评定》(GB/T 17775—2003)中对旅游区(点)的质量等级评定

---

① 吴国清.旅游资源开发与管理[M].重庆:重庆大学出版社,2018.

续表

评价类型		方法实例
定量评价	技术性单因子定量评价	① 地形适宜性评价 ② 气候适宜性评价 ③ 海滩及海水浴场评价
	综合性多因子定量评价	① 菲什拜因-罗森伯格模型 ② 模糊数学评价法 ③ 综合价值评价模型 ④ 层次分析法 ⑤ 美学评分法 ⑥ 观赏性旅游地综合评价模型 ⑦ 价值工程法 ⑧ 指数表示法

（一）定性评价

定性评价法是一种描述性评价方法，是对旅游资源进行全面的调查后，针对旅游资源各个方面进行综合性的评价，使用范围广泛，形式多种多样。但这种方法主观性很强，在使用过程中需配合运用多种数据和资料，才能发挥更多的作用。该类评价方法很多，在此仅介绍一些具有代表性的方法。

定性评价需要选取几个评价标准，然后逐项评价。卢云亭提出一套旅游资源评估体系，将旅游资源从三大价值（历史文化价值、艺术观赏价值、科学考察价值）、三大效益（经济效益、社会效益、环境效益）、六大条件（地理位置及交通条件、景观地域组合条件、旅游容量条件、市场客源条件、投资条件、施工条件）方面进行评估。黄辉实将旅游资源从两方面进行评价：一是从资源本身来评价，选取美、特、奇、名、古、用六个指标；二是从资源所处的环境来评价，选取气候、土地、污染、资源联系、可进入性、基础设施、社会经济环境七个指标。

（二）定量评价

定量评价是通过数学计算得出评价结论的方法，指按照数量分析方法，从客观量化角度对科学数据资源进行的优选与评价，为人们提供了一个系统、客观的数量分析方法，结果更加直观、具体。常见的定量评价法有技术性单因子评价法和综合性多因子评价法。

1. 技术性单因子评价法

技术性单因子评价法即在进行旅游资源评价时，针对旅游资源的旅游功能，集中考虑某些起决定作用的典型因素，并对这些关键因子进行适宜性评价或优劣评判，运用大量技术性指标是这类评价的基本特征。

这种评价一般只限于自然资源评价，对于开展专项旅游活动如登山、滑雪、游泳较为实用。目前较为成熟的有旅游湖泊评价、海滩及海水浴场评价、气候适应评价、溶洞评价、滑雪旅游资源评价、地形适宜性评价等。

2. 综合性多因子评价法

综合性多因子评价法是在考虑多因子的基础上，运用数学方法，通过建模分析，着眼于旅游资源的整体价值评估或旅游地的开发价值进行的综合评价。这类评价方法很多，如层次分析法、指数分析法、综合评价法、旅游地综合评估模型、共有因子综合评价法等。本书主要介绍以下三种。

（1）指数评价法

指数评价法主要分为三步：第一步，对旅游资源开发现状、吸引力，以及外部区域环境进行定量分析；第二步，调查分析旅游需求，主要包括旅游需求量、旅游者人口构成、旅游者逗留时间、旅游花费趋向、旅游需求结构及节律性；第三步，拟定总体评价公式，建立表达旅游资源特质、旅游需求与旅游资源之间关系的若干量化模式。评价公式为

$$E = \sum_{i=1}^{n} F_i M_i V_i$$

式中，E 为旅游资源评价指数；F_i 为第 i 项旅游资源在全部旅游资源中的权重；M_i 为第 i 项旅游资源的特质与规模指数；V_i 为旅游者对第 i 项旅游资源的需求指数；n 为旅游资源总项数。

最后，可以根据调查结果和评价指数确定旅游资源的旅游容量、密度、节律性和开发序位。

（2）层次分析法

层次分析法（AHP）最早是由美国运筹学家托马斯·塞蒂（Thomas Saaty）提出的，在国内应用这一研究方法的领域很广泛。它将复杂的问题分解成若干层次，在比原问题简单得多的层次上逐步分析，将人的主观判断用数量形式表达出来。其主要步骤如下。

第一步，划分出旅游资源评价因子的大类、类和层，构成旅游资源评价模型树。

第二步，给出评价因子的大类、类、层的权重，对评价模型树中各层次分别建立反映其影响关系的判断矩阵，确定评价因子排序的权重及位次。

第三步，根据权重排序，以 100 分为总分，按权重赋予各个因素分值，得到旅游资源定量评价参数表。

第四步，根据各评价因子的权重，确定基本评价因子的指标。

第五步，应用调查结果和评价指数确定旅游资源的容量、密度、需求规律和开发顺序。

（3）共有因子综合评价法

《旅游资源分类、调查与评价》（GB/T 18972—2017）中对旅游资源价值采用了旅游资源共有因子综合评价法，即依据旅游资源共有因子综合评价系统赋分标准，采用打分评价方法。

评价体系：依据"旅游资源共有因子综合评价系统"赋分。包括两个档次、三个评价项目和八个评价因子。两个档次为"评价项目"和"评价因子"，三个评价项目为"资源要素价值""资源影响力""附加值"。"资源要素价值"项目中含"观赏游憩使用价值""历史文化科学艺术价值""珍稀奇特程度""规模、丰度与概率""完整性"五项评价因子。"资源影响力"项目中含"知名度和影响力""适游期或使用范围"两项评价因子。"附加值"含"环境保护与环境安全"一项评价因子。

计分方法：评价项目和评价因子用量值表示。资源要素价值和资源影响力总分值为 100 分，其中"资源要素价值"为 85 分，分配如下："观赏游憩使用价值"30 分、"历史科学文化艺术价值"25 分、"珍稀或奇特程度"15 分、"规模、丰度与概率"10 分、"完整性"5 分。

"资源影响力"为15分,分配如下:"知名度和影响力"10分、"适游期或使用范围"5分。"附加值"中的"环境保护与环境安全"分正分和负分。每一评价因子分为四个档次,其因子分值相应分为四档(见表4-5)。

表4-5 旅游资源评价赋值标准

评价项目	评价因子	评价依据	赋值
资源要素价值	观赏游憩使用价值	全部或其中一项具有极高的观赏价值、游憩价值、使用价值	30～22
		全部或其中一项具有很高的观赏价值、游憩价值、使用价值	21～13
		全部或其中一项具有较高的观赏价值、游憩价值、使用价值	12～6
		全部或其中一项具有一般的观赏价值、游憩价值、使用价值	5～1
	历史科学艺术价值	同时或其中一项具有世界意义的历史、文化、科学、艺术价值	25～20
		同时或其中一项具有全国意义的历史、文化、科学、艺术价值	19～13
		同时或其中一项具有省级意义的历史、文化、科学、艺术价值	12～6
		历史价值或文化价值,或科学价值,或艺术价值具有地区意义	5～1
	珍稀奇特程度	有大量珍稀物种,或景观异常奇特,或此类现象在其他地区罕见	15～13
		有较多珍稀物种,或景观奇特,或此类现象在其他地区很少见	12～9
		有少量珍稀物种,或景观突出,或此类现象在其他地区少见	8～4
		有个别珍稀物种,或景观比较突出,或此类现象在其他地区较多见	3～1
	规模、丰度与概率	独立型旅游资源单体规模、体量巨大,集合型旅游资源单体结构完美、疏密度优良级;自然景象和人文活动周期性发生或频率极高	10～8
		独立型旅游资源单体规模、体量较大,集合型旅游资源单体结构很和谐、疏密度良好,自然景象和人文活动周期性发生或频率很高	7～5
		独立型旅游资源单体规模、体量中等,集合型旅游资源单体结构和谐、疏密度良好;自然景象和人文活动周期性发生或频率较高	4～3
		独立型旅游资源单体规模、体量较少;集合型旅游资源单体结构较和谐,疏密度一般,自然景象和人文活动周期性发生或频率较少	2～1
	完整性	形态与结构保持完整	5～4
		形态与结构有少量变化,但不明显	3
		形态与结构有明显变化	2
		形态与结构有重大变化	1
资源影响力	知名度和影响力	在世界范围内知名,或构成世界承认的名牌	10～8
		在全国范围内知名,或构成全国性的名牌	7～5
		在本省范围内知名,或构成省内的名牌	4～3
		在本地区范围内知名,或构成本地区名牌	2～1
	适游期或使用范围	适宜游览日期每年超过300天,或适宜于所有游人使用和参与	5～4
		适宜游览日期每年超过250天,或适宜于80%左右游人使用和参与	3
		适宜游览日期每年超过150天,或适宜于60%左右游人使用和参与	2
		适宜游览日期每年超过100天,或适宜于40%左右游人使用和参与	1
附加值	环境保护与环境安全	已受到严重污染,或存在严重安全隐患	-5
		已受到中度污染,或存在明显安全隐患	-4
		已受到轻度污染,或存在一定安全隐患	-3
		已有工程保护措施,环境安全得到保证	3

在定性和定量相结合的方法基础上,还会用到一些其他的方法。一是体验性评价法,即根据评估者(旅游专家、旅游者)的旅游经历,亲身体验对某一(系列)旅游资源的感受,然后就这些感受进行评估。定性评价一般用体验性评价来获得结果,一些定量数据也用这种方法获得分值。因此,在旅游资源评价之前,评估者一定要进行实地考察,或者有这种经历,以获得感性的体验。二是对比法,即根据替代性原理对比周围及其他地区相同或类似的旅游资源价值,客观准确地评判被评价资源的价值,不能盲目夸大或贬低旅游资源的价值。三是多因素综合评价法,即评价时根据评价目的选择评价因素和评价因子,然后就这些因素和因子逐项进行评价,得出数量结果,经汇总后得到总的评价结果。

根据对旅游资源单体的评价,得出该单体旅游资源共有综合因子评价赋分值。依据旅游资源单体评价总分,将其分为五个等级,从高级到低级分别为:五级旅游资源得分值域≥90分,四级旅游资源得分值域75~89分,三级旅游资源得分值域60~74分,二级旅游资源得分值域45~59分,一级旅游资源得分值域30~44分。总分≤29分的单体称为"未获等级旅游资源"。其中五级旅游资源又称"极品级旅游资源",五级、四级、三级旅游资源统称为"优良级旅游资源",二级、一级旅游资源统称为"普通级旅游资源"。

根据资源得分,还可将乡村旅游资源划分为不同的品质等级标准,详见表4-6。

表4-6 旅游资源品质等级标准

分值/分	品质级别
80~100	很有潜力
60~79	有潜力
40~59	较有潜力
20~39	一般
0~19	没有潜力

"国标"中的评价方法,在理论上适用于所有的旅游资源,但由于乡村旅游资源通常规模较小,观光价值一般,且具有乡土性、时令性、脆弱性等特征,故从"国标"的各项评价因子来看,仍有部分因子与乡村旅游资源的契合度不高,导致在以"国标"评价乡村旅游资源时,常常出现等级过低(以普通级和未获等级资源为主)的问题。因此,"国标"并不完全适用于对乡村旅游资源的评价,不宜作为唯一评判标准,但"国标"却为研究更加适应乡村旅游资源的评价方法奠定了基础。

▶四、形成旅游资源调查报告

旅游资源调查报告是要求提交的必不可少的规范化文件,报告汇集了旅游资源调研的全部数据和资料,是旅游资源调研工作的综合性成果。报告编制是旅游资源调查与评价工作的最后一项内容,应本着材料典型、内容翔实、中心明确、重点突出、结构合理、实际客观的原则进行编写,以便为外界认识调查区域内旅游资源的总体情况提供丰富、准确的资料,为业内人员进行区域旅游规划提供理论依据和附件材料。

调查报告的内容根据调查区资源类型和调查方法的不同而有所区别,但一般由标题、目录、前言、概要、正文、附件等几个主要部分组成。

（一）标题

标题主要包括调查项目的名称、调查单位、调查日期等内容。

（二）目录

目录通常是调查报告的主要章节及附录的索引。

（三）前言

前言要将调查任务来源、目的、要求、调查区位置、行政区划与归属、调查组基本情况、工作期限、工作量等内容进行概述。

（四）概要

概要包括调查区域概况，以及此次调查的工作任务、目的、具体要求等内容。同时，在概要中，还应将调查人员的组成、工作安排及期限、工作量和取得的主要成果进行简要的介绍。

（五）正文

正文是调查报告的主体，其核心内容包括以下几个方面。

1. 调查区的旅游环境

调查区的旅游环境包括调查区的位置、行政区划、自然地理特征（地形、水系、气候和气象，动植物等）、交通状况和社会经济概况等。

2. 旅游资源开发的历史和现状

应以动态发展的眼光简述调查区旅游开发的基本情况。

3. 旅游资源基本情况

介绍旅游资源的类型、名称、分布位置、规模、形态和特征等（可附带素描、照片、影像资料）。

4. 旅游资源评价

运用科学的方法对调查区内旅游资源进行综合性评价。同时，在与同类旅游资源和其他区域内的主要旅游资源进行对比的基础上，结合旅游资源的自身状况评定旅游资源的等级。

5. 旅游资源保护与开发建议

要在此部分重点指出调查区旅游资源开发中存在的问题并有针对性地提出建议，最后在报告的结尾列出主要参考文献。

在报告的撰写过程中，以上内容是必须包含的，不能遗漏，调查者可根据具体情况对报告的内容进行一定的调整和增补。

6. 附件

旅游资源调查报告附件是对主题报告的补充或详尽说明，主要包括背景资料、图件、声像材料及其他需要进一步详细说明的材料等。

(1) 背景材料

有关调查区基本概况的一些材料,由于在报告中不便过多地强调,可以在附件中详细列出。

(2) 调查图表

图件主要是反映调查区旅游资源状况的系列图件;表格主要是有关旅游资源统计数据的汇总表。

(3) 声像材料

声像材料主要是调查区内经编辑整理后的旅游资源录像带、影像碟片、照片集、幻灯片等。

(4) 其他材料

其他材料包括一些主要的调查日记、资料卡片、随笔等。

> 课后练习

1. 论述旅游资源的特征。
2. 试说明旅游资源评价所涉及的内容。
3. 举例分析说明旅游资源定性评价和定量评价的优缺点。

模块五　乡村文化保护与利用

▌知识目标▐

1. 熟悉乡村文化的定义。
2. 了解乡村文化的特征。
3. 掌握乡村文化保护与旅游化利用方法。

▌能力目标▐

1. 能够对乡村文化资源开展保护。
2. 能够判断乡村文化资源的类型。
3. 能够对乡村文化资源进行旅游化利用。

▌素质目标▐

1. 能够做到尊重文化、爱护文化。
2. 能够遵循乡村文化保护与适度旅游化利用的理念。

▌导　读▐

乡村是中华传统文化的源头和根基,也是历史信息的重要载体,文化印记是乡村建设必须倚重和发扬的优势资源。让居民望得见山、看得见水、记得住乡愁,让乡村成为生态宜居的美丽家园,是我们未来的乡村愿景。乡村文化是中华民族文化的根脉,注重乡村文化的保护和旅游化利用,在传承中保护,在发展中创新,助力乡村振兴。

第一节　乡村文化内涵

【引例】

"文化铸魂引领乡村振兴,文旅融合助推富民强村"[1]

文创赋能,活化乡土遗产。数尊500多年历史的"树山守"石像化身为三大系列近百种"树山守"文创产品,打造乡土文化IP,并且通过IP运营形成了"我在树山守候你"的特色品牌和复合的IP形象。

思考:结合你所处的地区,谈谈这些年乡村文化的变化情况,以及何为乡村文化内涵。

---

[1] 苏州高新区(虎丘区)宣传部.树山村获评全国乡村文化产业创新影响力典型案例[EB/OL].[2021-09-27]. http://www.snd.gov.cn/hqqrmzf/zwxw/202109/eb0236b422ae4cd8acea48e6a701658f.shtml.

一、乡村文化的概念

乡村文化是指从地域空间上讲,生活在乡村地区的人民,在其日常的劳作、生活和娱乐中所滋生的文化。从物质层面看,乡村文化包含了乡村建筑、宗庙祠堂、民族服饰和日常饮食习惯等;从非物质层面看,乡村文化包括地方传说、民间故事、传统技艺、民歌戏曲、民族节日等。但凡在乡土社会的土壤中滋生,并在日常生活中被保留和传承下来的文化都可以划归为乡村文化的一部分。[①]

二、乡村文化的类型

乡村文化是一种源于乡村生活,不同于城市文化的另一种文化,它是乡村居民在长期从事农业生产和生活的过程中创造的物质成果和精神成果的总和,是一种带有浓厚的乡土气息和人文气息的文化。在这里,我们按照文化的结构分层,将乡村文化分为乡村物质文化、村民行为文化、乡村制度文化和乡村精神文化。

(一)乡村物质文化

乡村物质文化是指为了满足村民自身生存和发展所创造出来的、通过物质产品形式表现出来的文化类型,包括乡村的自然景观、空间肌理、乡村建筑、生产工具等。其中,乡村建筑、古村落,以及田园景观、农耕工具等是乡村物质文化的代表性内容。

(二)村民行为文化

行为文化关注村民行为,是村民长期以来形成的、比较一致的、特定行为方式和行为结果的积淀,可以表现为村民约定俗成的行为习惯和行为风俗。行为文化体现着村民的价值取向,有时虽然精神文化发生了转变,但部分行为文化却依旧流传下来,从这一角度来看,人们也能从村民行为文化中洞察到乡村精神文化的发展与变迁。

(三)乡村制度文化

乡村制度文化是从行为文化中分离出来的,是村民为了满足生存和发展需要,主动创制出来的有组织的规范体系,主要包括乡村组织管理体制、乡村制度和礼仪俗规等内容。它已经形成了规范,村民如果不自觉遵守,则不是违俗,而是违规。中国乡村问题是十分复杂的,不同自然地理环境和历史环境下生成的形形色色的村落,均有自己的一套村规和制度,用以约束村民行为,用以维护乡村可持续的和谐发展。

(四)乡村精神文化

乡村精神文化,也可以被认为是一种心理文化,是在乡村村民心中逐渐生成的一种具有乡村特质的、相对持续稳定的意识形态。乡村精神文化具有继承性和发展性。继承性

---

① 宋志鹏.回归乡土:自媒体短视频中的乡村文化呈现[J].视听,2019,(12):161-162.

是指乡村文化与其他文化一样,具备人类文化基因的继承性,可持续、可传承;乡村精神文化的发展性是指乡村文化在实践当中可以不断丰富完善,拥有待完善和发展的性质。乡村精神文化是推进乡村物质文化发展的内在动力。

三、乡村文化的特征

(一) 乡土性

乡土性是传统中国农业文明的底色,是传统农民的重要心理与行为特征。乡村文化本来就是乡土文化,是一方人融入和面对这方土地所形成的特殊文化形态,这种乡土性,大部分以亲缘和地缘关系为基础,都是带有道义和情感的,通过物质和精神传达出乡土观念和心理感情。在农村,乡土性已经渗透到人类思想意识的深处,是我们传统文化中最持久最根深蒂固的观念。

(二) 传统性

乡村文化都是在继承传统的基础上慢慢演变发展起来的,是根据时代的不同不断更替,老百姓基于过去的传统生活方式,逐步形成了较为一致的行为方式、道德规范、习俗惯性和心理素质等。在普通的老百姓身上可以更多地体现民族传统文化的特质,农村百姓的日常生活,就能够反映出百姓的性格和百姓的心理素质,农耕文化、饮食文化、建筑文化、民族文化、艺术文化都是老百姓祖祖辈辈传下来的,这也体现了传统的特质。

(三) 自然性

乡村文化的特性取决于乡村环境,在特定的环境下,人与自然紧密结合形成了乡村文化。乡村文化是千百年来人与自然不断融合、很少受到外界冲击、自然而然形成的文化形态,乡村地域大多都有独特的自然生态,人口相对较少,生活环境相对闭塞,受外来文化影响较小,在这些区域里保留着这种原始的状态,山光水色、耕作习俗,民俗风情都与大自然息息相关。

(四) 稳定性

由于乡村地区自古以来都相对封闭,乡村文化一旦形成在短时间内不会发生剧烈的变迁,一个地方的乡村文化是和当地居民的心理特征、环境和背景相融合的。这种文化相对比较稳定、凝聚力强,对未来文化有着较强的排斥力,不会轻易受到外来文化的干扰而发生较大的变化。乡村文化是乡村百姓在长期共同生活中形成的、独有的、相对稳定的文化,几千年来形成的农业文明决定了乡村文化在乡村社会中不会轻易发生改变。

(五) 地域性

乡村文化的地域性特别强,每个地方的文化都固定在特定区域之中,有时山前山后就有着比较大的文化差异,这种文化是这个区域所独有的,并且是在这个区域一直延续的,这一点在一些民俗上表现得特别明显,不同地域的乡村表现出不同的文化特色。

第二节　乡村文化保护与利用内容

【引例】

徽州传统村落保护利用的做法与成效[①]

2008年，国家设立徽州文化生态保护实验区，2019年将其升格为徽州文化生态保护区。2020年6月，黄山市成功列入全国传统村落集中连片保护利用示范市。

通过抢救性保护、整体性保护、生产性保护、数字化保护等多种方式，统筹推进物质文化遗产与非物质文化遗产保护。设立黄山徽文化基金，引导发展以徽州四雕、文房四宝等为代表的传统技艺类徽文化产业企业入驻园区，集群发展，推动形成以民间非遗博物馆为主，包括专题博物馆和非遗展示中心的多形式保护格局，打造"幢幢有故事、村村有文化"的古村落文化风景线。

思考：结合徽州传统村落保护利用的做法，谈谈你对古村落保护的看法。

一、乡村物质文化保护与利用

（一）保护的政策依据

2017年，党的十九大报告提出乡村振兴战略，指出"要坚持农业农村优先发展，按照产业兴旺、生态宜居、乡风文明、治理有效、生活富裕的总要求，建立健全城乡融合发展体制机制和政策体系，加快推进农业农村现代化"。乡村振兴战略的提出推动了社会各界对乡村文化的传承与保护的关注，为此，政府也发布了更为详细的多个指导意见。

2023年2月13日，由中共中央、国务院发布的《中共中央　国务院关于做好2023年全面推进乡村振兴重点工作的意见》作为21世纪以来第20个指导"三农"工作的中央一号文件，对实施乡村振兴战略进行了全面部署。

（二）保护原则

1. 系统性

乡土景观不是独立于其他个体环境而存在的，它是在特定的自然生态环境和社会历史文化环境的共同作用下形成的。因此，乡土景观保护不只要对乡土景观本体进行保护，还要对其赖以生存的环境进行整体保护。只有做好了整体保护，乡土景观的整体性和可持续性才会有保障。

2. 历史性

要保护历史文化遗存原先的、本来的、真实的历史原物，要保护它所遗存的全部历史信息，要坚持"整旧如故，以存其真"的原则，修缮是使其"延年益寿"而不是"返老还童"。

---

① 人民网.安徽：传统村落保护利用与乡村振兴——以皖南徽州古民居为例[EB/OL].[2021-05-25]. http://chinajob.mohrss.gov.cn/c/2021-05-25/305150.shtml.

3. 动态保护

乡村景观是随社会历史发展而形成的文化遗存,随着历史的不断发展和变化,其必然会打上时代的烙印,甚至产生新的乡土景观。在新农村建设过程中,在保持乡村景观的自然和历史文化传统特征的同时,要保证村民居住环境的改善和居住水平的不断提高,在不破坏乡村景观整体性原则的基础上,在动态变化中寻求乡村景观保护的最佳途径。

4. 发展性

应用发展的眼光对传统乡村文化景观进行保护。无论对村落景观进行整体性保护,还是对传统建筑、街道、院落等的传承,不能只顾"闭门造车"切断与外界的交流,应当根据时代发展和社会进步的需要,充分挖掘和利用有限的景观资源,并对其加以合理的利用和开发,强化公共参与,实现在利用中传承乡土文化景观。

(三) 乡村物质文化类型[①]

乡村物质文化是指为了满足乡村生存和发展而创造出来的物质产品所表现出来的文化。物质类文化包括自然环境、空间肌理、乡村建筑、生产工具等,又可分为以下四类。

1. 传统聚落文化类

传统聚落文化类包括古建筑、传统民宿、乡村街道、特色村巷、牌坊、石窟、遗址、古墓、祠堂、宗教场所等。

2. 农业设施类

农业设施类包括道路、田园、鱼塘、河流、水库、水渠、温室、烤房、磨坊、榨油房等。

3. 土地利用类

土地利用类包括山林、植被、水系、土地利用状态等。

4. 农林产品类

农林产品类包括种植业产品、养殖业产品、野生动物、中药材、矿产资源产品等。

(四) 乡村物质文化保护方式[②]

乡村物质文化应由国家统一保护。文化和旅游部协同农业农村部、中宣部等相关部门,在全国范围内进行一次全方位、多层次的乡村文化普查和整理工作,构建乡村文化存量、类型与状态的数据库系统,对重点文化类型、村落等进行重点保护,这是做好乡村文化保护工作的前提和基础。组织相关的专家和学者对乡村文化遗存进行科学的认定、鉴别和分类,以便对不同的文化遗产采取有效的方法和形式进行有针对性的保护。中央政府应明确地方政府保护乡村文化的职责,尤其是要消解基层政府需要借助破坏乡村文化谋求民生与发展的利益驱动力,加大保护资金的投入,做到国家重点保护一批、地方政府维护一批、乡村与社会共同维护与开发一批。

基层政府的行为是乡村文化保护的决定性因素,经济利益与发展诉求则是基层政府

---

① 王小蓉,廖莎莎,马婧颖,等. 发展我国乡村文化产业研究报告[J]. 中华建设,2022(1):126-129.
② 张英魁,徐彩勤. 当代中国乡村文化遗产保护的困境与治理对策——基于山东省莒县柏庄古村的考察[J]. 长白学刊,2015(5):117-126.

行为的内在导向。基层政府的财政压力成为乡村文化保护最关键的制约因素,一般来说,乡村文化遗产保存丰富的地区,财政收入大都偏低,基层政府面临着巨大的财政压力,不但无资金投入保护与开发,往往还需要以拆除文化遗址来规划建设,或从中获取收益。完善的保护制度与资金保障是乡村文化保护的必要条件。同时,要加强对于专项资金的监管力度,切实提高专项资金的使用效益。另外,在资金来源方面,还可以借鉴国内外优秀的经验,探索多渠道资金来源,如政府投资、企业资助、个人捐赠等。专项财政的投入与专门治理机制的建构,将乡村文化保护工作提到了重要的位置,也保证了乡村文化保护工程保质保量地完成。

在加强国家政策供给、化解乡镇财政压力、增加专项基金投入之外,还必须在国家的全面统合之下,建构一种地方政府、社会、市场与村庄相互协同的治理体系。政府提供政策支持与基本公共设施建设的保障,并引导乡村文化保护与开发的方向,积极走向社会和市场,寻求企业与社会资金、力量的介入;同时,还须赋予村庄以文化保护的相应职责,乡村自身要做到重视自己的文化遗产,有传承与保护的主体意识,并明确相应的职权。

(五) 乡村物质文化旅游化利用

乡村物质文化是乡村旅游资源开发的核心,人们之所以能够将乡村开发为旅游地,一个主要原因就是乡村地区大多保存了相对完整的物质文化景观,这些物质景观不仅是游客体验的对象,还是乡村发展旅游的基础,更是乡村地区的核心旅游吸引物。对于乡村文化旅游化利用的观念是不断变化和发展的。自20世纪80年代起,乡村文化保护重点逐渐从静态保护转向活态传承和地方复兴,问题不是要不要旅游,而是旅游如何利用。① 旅游化利用由静态到动态、由单一性到系统性的过程,经历了社会利用、市场化利用、活态保护、"生活化"利用、乡村性回归、再地方化、社区参与、文化生产、可持续利用、全域化等理念交叉更替。

适度而有效地进行乡村文化的开发可实现乡村文化与旅游二者的良性互动,共生共建,即旅游利用成为乡村文化的主要形式,旅游利用促进乡村文化价值传播并为乡村文化提供资金保障,而乡村文化保护及展示技术的提升又为旅游发展注入活力。

▶二、乡村非物质文化保护与利用

(一) 乡村非物质文化类型②

乡村文化中的非物质文化是指人类在社会历史实践过程中所创造的各种精神文化,包括节庆民俗、传统工艺、民间艺术、民间武术、村规民约、宗族观念、宗教信仰、道德观念、审美观念、价值观念及古朴闲适的村落氛围等。非物质文化包括以下五类。

1. 生产生活方式类

生产生活方式类包括饮食、养生、家传秘方、服饰、耕作方式、农产品加工技术、纺织技艺、传统手工艺、居住习惯等。

---

① 杨辰,周俭.乡村文化遗产保护开发的历程、方法与实践——基于中法经验的比较[J].城市规划学刊,2016(6):109-116.
② 王小蓉,廖莎莎,马婧颖,等.发展我国乡村文化产业研究报告[J].中华建设,2022(1):126-129.

2．风俗习惯类

风俗习惯类包括宗教与祭祀活动、语言、节庆、庙会、礼仪、丧葬、婚嫁等。

3．精神信仰类

精神信仰类包括宗教信仰、价值观念、世界观、图腾、村规民约、道德观念等。

4．文化娱乐类

文化娱乐类包括文史、音乐、戏剧、绘画、民间艺术、民间舞蹈、民间杂技、民间体育、艺术作品等。

5．历史记录类

历史记录类包括神话与传说、人物、事件、族谱、地方志等。

(二) 乡村非物质文化保护方式

1．提高主体的文化自觉性和保护意识

非物质文化遗产的保护是传承主体和保护主体共同努力的结果。乡村工匠、乡村艺人作为乡村非物质文化遗产传承的核心力量,要摒弃保守的传承观念,树立自觉开放的传承意识,将自己持有的精湛技艺和技术毫无保留地传授给后人,同时按照文化发展的规律,以弘扬优秀传统文化、提高社会精神文明为己任,对乡村非物质文化遗产进行不断的革新和发展。乡村干部是乡村非物质文化遗产抢救、保护和传承的"排头兵",广大村民是乡村非物质文化遗产的创造者、拥有者,也是文化保护的践行者和革新者,要通过多种途径,提高村民的文化保护意识。不同领域的社会组织要树立利用自身专业优势助推乡村非物质文化遗产保护的文化自觉性,与当地政府、基层文化工作者及人民群众形成文化传承和保护的合力。

2．建立长效保护机制,实施科学管理

乡村非物质文化遗产在新文化语境中,自我保护能力极其薄弱,需要乡村内部和外部力量进行整合,通过政府主导、专家介入、社区参与、学校加入等环节建立长效保护机制,运用科学管理方法,使其在乡村社会中保有旺盛的生命力。首先,村民委员会和乡村基层党组织应充分发挥主导作用,通过建立专门的文化保护委员会或设置专项工作人员,落实、明确乡村非物质文化遗产保护工作,并在专家指导下,进行文化摸底,按照优胜劣汰的原则,通过普查、鉴别、认定和筛选,遴选出具有代表性的非遗文化项目,明确保护对象。其次,专家介入,成立专家委员会。通过聘请的方式,邀请相关专家对非遗项目的保护给予科学指导,提高乡村非遗保护工作的科学性。最后,学校加入,为乡村非物质文化遗产传承培养有生力量。

3．合理开发,探寻新的文化表达方式

传统文化与现代社会协调发展的关键是具有合适的现代表达方式,乡村非物质文化遗产在文化市场的兴起中,借助生产、流通、销售等手段进行生产性保护或者通过挖掘、评估、整合等环节与其他业态相结合,是在当代社会中探寻适宜表达方式的有益尝试,也是吸引青壮年回乡创业、发展乡村多元产业的有效途径。

(三)乡村非物质文化旅游化利用

1. 加大政府统领扶持力度,强化资源整合

引导和扶持本地区非物质文化遗产资源保护和传承力度,合理规划本地区非物质文化遗产资源融于当地乡村旅游的范畴和形式;此外,确保本地区乡村非遗文化旅游长久发展需要的人才保障,着力提高科学培养本地区非物质文化遗产传承人及传承人群的数量。

加大乡村非物质文化遗产旅游文化内涵挖掘及项目创新设计,在乡村文化资源开发中突出项目非遗特色,努力打造全新乡村文化旅游项目。以文化传承为核心资源进行明确、清晰的个性化旅游定位规划,积极尝试、打造特色主题的乡村文化旅游模式,开发系列乡村文化旅游文创产品。①

2. 加大宣传力度,把握宣传导向,打造品牌化运营

首先,加大乡村文化旅游宣传力度,把握市场导向。运用多种新媒体手段对本地区乡村非遗文化资源、乡村旅游新产品进行宣传,引导旅游者进行文化旅游消费。其次,政府、企业需多了解乡村文化旅游者的旅游动机,确保乡村非遗文化旅游项目的文化内涵具有针对性。最后,加强乡村文化旅游品牌化建设。非物质文化遗产作为一种差异性文化符号建构着地区特有的文化资源,鉴于此,打造特色乡村文化旅游产品并提高品牌效应,在保证旅游质量品质化与特色化的稳定长效发展过程中显得至关重要。

3. 引入国际合作

旅游业从根本上说是开放创新的。国际的思想交流和跨部门的交流,为乡村非物质文化遗产注入了新鲜的血液,更加有利于乡村非物质文化遗产旅游的开发和可持续发展;乡村非物质文化遗产具有丰富、鲜明的中国特色,这对世界各地的游客具有莫大的吸引力;国际合作除了为乡村非物质文化遗产旅游带来机遇外,和国际友人的接触和合作、与国际方法的接轨和利用、对国际声誉的影响和提高,都是相关管理部门需要面对的困难,同时也对其能力的提升有所帮助。②

三、乡村农业文化遗产保护与利用

农业文化遗产是一个包含知识技术、传统文化、自然生态、农业景观等的复合系统,其拥有丰富的物质和非物质资源,适度、合理开发农业文化遗产资源,将资源转化为价值,需要旅游参与者的共同参与。需要注意的是,乡村农业文化遗产有着复杂的内涵,它是人类与自然的复合体,是物质与精神的复合体,是农业经营与乡土文化的复合体,是农业乡村历史与未来可持续发展的复合体。③

(一)乡村农业文化遗产类型

农业文化遗产是一个综合体系,大致分为遗址类、物种类、工程类、技术类、工具类、文

---

① 蔺晓.浅析新疆非物质文化遗产与乡村文化旅游的融合发展——以吐鲁番地区为例[J].新疆艺术(汉文),2019(6):129-135.
② 庞亚婷.基于SWOT分析的国际合作对乡村非物质文化遗产旅游的影响研究[J].农业经济,2020(12):135-136.
③ 邓蓉.试论农业文化遗产的特点与保护[J].现代化农业,2022(1):54-56.

献类、特产类、景观类、聚落类、民俗类十种主要类型。其中的非物质农业文化遗产主要是技术类、特产类和民俗类三种类型。

1. 遗址类农业文化遗产

遗址类农业文化遗产指已经退出农业生产领域的早期人类农业生产和生活遗迹,这些遗产包括遗址本身,以及遗址中发掘出的各种农业生产工具遗存、生活用具遗存、农作物和家畜遗存等。如稻作遗址、洞穴遗址、渔猎遗址等。

2. 物种类农业文化遗产

物种类农业文化遗产指人类在长期农业生产实践中驯化和培育的动物和植物(作物)种类,主要以地方品种的形式存在。物种类农业文化遗产又可细分为畜禽类物种和作物类物种。如现存的传统畜禽品种、现存的传统农作物等。

3. 工程类农业文化遗产

工程类农业文化遗产指为提高农业生产力和改善农村生活环境而修建的古代设施,它综合应用各种工程技术,为农业生产提供各种工具、设施和能源,以求创造最适于农业生产的环境,改善农业劳动者的工作、生活条件。如农田灌溉系统、运河闸坝工程等。

4. 技术类农业文化遗产

技术类农业文化遗产指农业劳动者在古代和近代农业时期发明并运用的各种耕种制度、土地制度、种植和养殖方法与技术。如土壤耕作技术、防虫防灾技术等。

5. 工具类农业文化遗产

工具类农业文化遗产指在古代及近代农业时期,由劳动人民所创造的、在现代农业中缓慢或已停止改进和发展的农业工具及其文化。涉及的农具主要包括依靠人力、畜力、水力、风力等非燃气、燃油动力的农具及文化,以及在由手工工具和畜力、风力、水力农具向机械化农具转变时期所创造的半机械化农业工具及其文化。如养蚕工具、养蜂工具等。

6. 文献类农业文化遗产

文献类农业文化遗产指古代留传下来的各种版本的农书和有关农业的文献资料,在农业历史学界、图书馆学界等一般使用(古)农书、农业历史文献、农业古籍或古代农业文献来概括,包括综合性文献和专业性文献。如月令、救济类文献等。

7. 特产类农业文化遗产

特产类农业文化遗产即通常人们所指的传统农业特产,指历史上形成的某地特有的或特别著名的植物、动物、微生物产品及其加工品,有独特的文化内涵或历史。如农业特产、农副特产等。

8. 景观类农业文化遗产

景观类农业文化遗产即农业景观,它是由自然条件与人类活动共同创造的一种景观,由区域内的自然生命景观、农业生产、生活场景等多种元素综合构成,其景观所反映的是相关元素组成的复合效应,包括与农业生产相关的植物、动物、水体、道路、建筑物、工具、劳动者等,是一个具有生产价值和审美价值的系统。如渔业景观、林业景观等。

9. 聚落类农业文化遗产

"聚落"一词在古代指村落,如中国的《汉书·沟洫志》的记载:"或久无害,稍筑室宅,遂成聚落。"近代泛指一切居民点,是人类各种形式的聚居地的总称。聚落不单是房屋建筑的集合体,还包括与居住直接有关的其他生活设施和生产设施。如农业聚落、农业贸易聚落等。

10. 民俗类农业文化遗产

民俗类农业文化遗产指一个民族或区域在长期的农业发展中所创造、享用和传承的生产生活风尚,包括关于农业生产和生活的仪式、祭祀、表演、信仰和禁忌等。如生活习俗、宗教信仰等。①

(二) 乡村农业文化遗产保护方式②

农业文化遗产具有活态性、适应性、复合性、多功能性、可持续性等特点,是祖辈们留下的宝贵财富。农业文化遗产还表现出显著的濒危性和脆弱性。这些独特的农业生产系统曾经历过干旱、洪涝、饥荒、瘟疫、冲突与战争,而在当今社会它们正面临着现代化、城镇化等带来的诸多威胁与挑战,如农村劳动力流失、土地利用和生产方式改变、传统文化无以为继等。农业文化遗产是一个"活的"系统,包含动物、植物等"活的"要素,在传统知识和技术的支持下有农民的持续参与,并随着社会的发展不断演变。农业文化遗产的活态性决定了对其不能进行"封闭式"或"冷冻式"保护,而应尊重其随时代而变化的特点,采取动态保护的思路,即让农民从维持传统农业生产方式中受益,让遗产地在生态保护与文化传承的前提下发展。

通过一、二、三产业的协同发展,释放遗产地的经济潜力,提高遗产地农民的生活质量,是一种有效的农业文化遗产保护策略。除了能够产生经济效益,遗产地产业融合发展还具有显著的社会效益。研究表明,遗产地的产业融合度与劳动力融合度呈正相关,推动遗产地产业融合发展可以有效促进农民在本地就业。

建立农业文化遗产的保护多方参与机制。政府、科学家、农民、企业、社会组织及广大民众均为利益相关者,都应参与到农业文化遗产的保护中。在农业文化遗产保护中,这一现状正在发生改变,社区的地位和作用正逐步获得认识和认可。不论是在旅游开发还是在产业发展中,遗产地社区都越发受到关注和重视。

建立农业文化遗产保护监测评估机制。科学有效的监测评估不仅能实现遗产自身的保护及其价值的维护,还能实现遗产地的可持续发展。目前有关农业文化遗产监测评估方面的研究并不多,已有研究多是对框架和体系的初步探讨。例如,有学者提出中国应在国家层面建立一套由三级监测网络、动态监测系统和两级巡视制度构成的GIAHS监测体系。

(三) 乡村农业文化遗产旅游化利用③

农业文化遗产地具有丰富的旅游资源,依托这些资源开发多种类型的旅游产业,既能够提高遗产地居民保护农业文化遗产的积极性,又能够解决遗产地劳动力就业、维护社会

---

① 农业文化遗产[J].福建农业,2017(5):31-32.
② 焦雯珺,崔文超,闵庆文,等.农业文化遗产及其保护研究综述[J].资源科学,2021,43(4):823-837.
③ 闵庆文,张碧天.中国的重要农业文化遗产保护与发展研究进展[J].农学学报,2018,8(1):221-228.

经济的稳定。作为一种旅游资源,农业文化遗产具有特色明显、分布范围广、脆弱性和敏感性高、可参与性和复合性强等特征,其多样复合的属性为相关旅游开发可行性模式提供了依据。农业文化遗产地的旅游资源可分为主体要素和辅助要素、有形要素和无形要素,以及若干特定的旅游资源。基于典型农业文化遗产地的多功能性分析,可以得到遗产地旅游发展的基本框架。关于旅游发展后遗产地的居民感知和利益分配情况,以及旅游演化机理、旅游的生态环境影响等方面也有所涉及。

农业文化遗产旅游和乡村旅游、农业旅游有明显的区别,因为前者需要更加关注保护与发展的关系。关于乡村旅游、农业旅游、生态农业旅游的研究为农业文化遗产旅游的研究奠定了基础,为合理开展农业文化遗产旅游提供了宝贵的经验。生态旅游是一种具有保护自然环境和维系当代人们生活双重责任的旅游活动,在遗产地开展生态旅游不但可以有效地保护农业遗产,而且可以在保持原来生活方式的基础上提高其生活质量。

第三节 乡村文化旅游化利用模式

【引例】

西递旅游化利用[①]

西递镇,别称西溪、西川,因村中有前边溪、后边溪和金溪三条由东向西的河流而得名。近年来西递镇从以下几个方面开展利用。

一是以当地居民为旅游开发主体,让当地居民全面深入融入旅游产业的各个环节,通过分红及发放奖金等多种方式让利给当地居民。二是政府灵活放权,找准定位,充分发挥好协调利益的角色,明确先开发后治理的定位,致力于旅游资源的持续开发和利用。三是企业为运作主体提升文化旅游利用效益。旅游收益带动了当地财政收入的快速增长,村民分红也有所改善,并通过成立"西递旅游服务总公司"进行共同开发和管理经营,极大提升了西递文化资源的旅游化利用和开发。

思考:结合你所处的地区,谈谈这些年乡村文化旅游化利用情况有哪些创新?

乡村旅游即以乡村文化为产品核心的旅游,其凭借着清新的田园风光、恬静的自然环境满足了都市人远离喧嚣、返璞归真的情感需求。因此乡村文化逐渐旅游化利用,形成了乡村文化旅游化利用。

一、乡村文化旅游化利用原则

(一)强调完整性和真实性

乡村文化旅游化利用需经过乡村文化旅游生产、流通、消费等程序,实现乡村文化的活态传承。但经历了漫长发展历程的乡村文化,在活化利用过程中应彰显其深厚的文化底蕴及较高的文化价值,必须坚持完整性与真实性原则,保护本真的乡村文化内涵、原生

---

① 吉根宝,孔祥静,王丽娟,等.基于乡村振兴战略的乡村文化保护与旅游利用[M].南京:南京大学出版社,2021.

环境及乡村文化全部价值,实现乡村文化的活态传承与发展。

(二)关注灵活性与体验性

灵活性则强调在对乡村文化活化利用过程中要根据其自身的属性与特点因地制宜地对其进行旅游化开发利用。体验性则旨在引导人们在实践中认知事物,让游客用自身实践去感受乡村文化的外在形态并领悟其精神内涵。灵活性与体验性相结合,则强调要充分发挥不同类型乡村文化的内在特性,通过多样化的外在形式对其进行活化利用。

(三)突出创新性和技术性

随着数字时代的发展,乡村文化旅游化利用需要 5G、VR、MR、大数据等现代信息技术的支持。同时更应增强创新要素投入,对乡村文化进行创新性利用与创造性发展,创造出具有市场吸引力的乡村文化旅游产品,从而推动乡村文化的活化利用。创新性和技术性则强调运用高新科技、改造传统资源、创新活化利用方法等,为乡村文化适应时代需求创造有利条件,从而使乡村文化适应时代趋势,实现乡村文化旅游可持续发展。

▶ 二、乡村文化旅游化利用模式

从保护利用的主体出发,乡村文化保护与旅游化利用主要有政府、企业、社会组织和乡村社区等主体。根据其自觉意识、参与程度、行为效果的差异,可划分成政府主导型、乡村主导型、企业主导型和综合主体主导型四种模式(见表5-1)。

表5-1 乡村文化旅游化利用模式

旅游化利用模式	利用主体	政府角色	乡村社区	含义	特点
政府主导型	政府	主导	参与或配合	政府投资、规划、利用、开发、经营全过程	政府自上而下宏观主导与控制;乡村社区在政府主导下参与或配合乡村文化旅游化开发利用,村民的收益和话语权相对较低
企业主导型	企业	引导	配合	企业投资、规划、利用、开发、经营全过程	政府引导下,由企业主导利用乡村文化旅游化利用,市场充分竞争,以经济利益为核心,保护意识相对弱,村民的收益和话语权相对较低,易过度开发
乡村社区主导型	乡村社区	引导	主导	乡村社区自主投资、规划、利用、开发、经营全过程	政府引导下,乡村社区自下而上自主开发非濒危乡村文化资源;依消费需求旅游化开发,村民的收益和话语权高,开发积极性高,可能存在过度开发或低层次开发

续表

旅游化利用模式	利用主体	政府角色	乡村社区	含　义	特　点
综合主体主导型	多个主体	引导或参与	参与或配合	政府、企业、乡村居民、研究机构、其他社会组织中有2个及以上主体主导，进行投资、规划、利用、开发、经营全过程	多个主体主导乡村文化旅游化利用与开发，各利益主体更易协同，乡村文化保护与旅游化利用可持续性强

课后练习

1. 试概括各种乡村文化旅游化利用模式优势。
2. 试举例介绍你了解的乡村物质文化或乡村非物质文化。
3. 查阅资料了解中国重要农业文化遗产中的一项或几项，并进行课堂汇报。

模块六　乡村旅游产品策划与营销

▎知识目标▎

1. 了解乡村旅游产品的含义。
2. 熟悉乡村旅游产品策划的特点、原则、基本思路和策划要点。
3. 了解体验式乡村旅游产品的内涵与类型。
4. 了解乡村特色旅游产品的内涵、原则和意义。
5. 了解乡村旅游节事活动的内涵、原则和意义。
6. 熟悉乡村产品新媒体营销的形式和手段。

▎能力目标▎

1. 能够按照乡村旅游产品策划的一般程序撰写策划书。
2. 能够撰写体验式乡村旅游产品策划。
3. 能够撰写乡村旅游特色产品策划。
4. 能够撰写乡村旅游节事活动策划。
5. 能够设计乡村旅游线路。
6. 能够选择合适的创新营销手段实施产品营销。

▎素质目标▎

1. 正确认识乡村旅游产品策划的作用与意义，合理规划，促进乡村发展与振兴。
2. 遵守乡村旅游产品策划的保护优先原则与科学管理原则，促进乡村旅游生态可持续发展。

▎导　读▎

乡村旅游策划是对乡村旅游资源进行整合，运用创意思维，实现自然与人文资源及旅游市场的优化组合。创新营销是推广乡村文旅融合成果的重要途径，要结合乡村实际，选择适当的营销组合路径，打响乡村文旅融合品牌。

第一节　乡村旅游产品策划概述

【引例】

浙江青田稻鱼共生系统

青田县位于浙江省中南部，瓯江流域的中下游，该县自公元9世纪开始一直保持着传统的农业生产方式——"稻田养鱼",并不断发展出独具特色的稻鱼文化。青田县委、县府高度重视稻鱼共生产业发展和文化挖掘工作,成立了县"稻鱼共生系统"项目保护和开发领导小组,与此同时,通过广泛宣传和政府的高度重视,也提高了当地居民对稻鱼共生系统重要性的认识,激发了他们的保护热情。

思考:青田县政府是如何借助稻鱼共生品牌开发乡村旅游产品,促进青田县乡村旅游发展的?

▶ 一、策划概述

▎(一)策划概念

广义的"策划"是指策划的本性,即人类为达到某种目的,利用自己的智慧所采取的一种策略或谋划手段的过程。广义的策划运用于各行各业之中,运用于中外古今之中。狭义的"策划"是指人们为推动经济发展,为现代工商企业或组织机构所进行的一种获利性活动,狭义的策划主要运用于当今企事业中。

▎(二)策划的特征

1. 创新性

概念创新和理念创新是策划的本质特征,资源整合在一起,能不能产生新的绩效、有没有创新,这是策划的关键,不然就是实施计划;资源整合所聚集的能量就是创新,没有创新的资源整合过程,我们不认为是策划;策划追求创新,是策划与计划的根本区别,策划非常强调通过资源整合进行创新,这与科技创新、通过实验发明创造创新是有区别的,通过资源整合创新是策划的精髓。

2. 资源性

资源是策划的第一要义,没有资源就没有策划,这种资源可能是物质资源,也可能是关系资源或是政府资源,这就决定了策划必须脚踏实地,它的发生过程是要使用资源的,没有资源就完全是想象、空想。资源是策划的物质基础,有了物质基础的支撑才有后续的资源整合、计划实施以及目标实现。

3. 整合性

策划中的资源必须是能够使用的,能够整合在一块的,如果没有整合性,也就没有使用性。不能使用的资源整合在一起,是分裂的、无意义的,本身就是不可能的,也是一种空想、想象,资源具备整合性是策划的基本条件。

4. 预期目标性

俗话说:"无事不谋",要做事,就应该有方向、有目标。策划作为一个行为过程,它不仅是人的行为过程,也是资源配置的行为过程,因此,达到一定预期目标,是策划的目的。一个人、一个企业、一个国家在做一件事情时,都是有目的性的,目的性在一定程度上的量化过程,就成为目标。因此,达到预期目标是策划的根本目的。

▎(三)策划的分类

策划内容涉及面十分广泛,它几乎涵盖了企业及组织、个人存在发展的各个方面。根据不同的标准,策划可分很多种类,下面介绍基本的分类情况[①]。

1. 按策划的主体划分

根据策划的主体不同,策划主要可以分为以下三种:

(1) 以国家、社会团体为主体的事业策划;

(2) 以企业、经济团体为主体的企业策划;

(3) 以个人、家族成员为主体的个人策划。

对企业而言,根据经营活动的不同又可将企业策划进行进一步细分:市场策划、公关策划、促销策划、品牌策划、定位策划、广告策划、形象策划、价格策划、危机策划、谈判策划、应战策划、CI策划等。策划主体不同,将会使策划的目的及策划的内容有根本的不同。策划者不能仅以营利为出发点,而应首先明确为谁及为了什么而进行策划,一般来讲,目前我们广泛运用的都是企业策划。

2. 按策划的范围划分

按策划的范围不同,可将策划分为以下三种:

(1) 整体策划;

(2) 区域策划;

(3) 局部策划。

由于策划对象的范围不同,策划的内容也完全不同。根据范围划分策划并进行策划时,应注意各相邻区域(局部)之间的关系及各区域(局部)的作用。

3. 按策划的对象划分

以企业策划为例,可以视企业不同的战略阶段为不同的策划对象,将其划分为以下三种。

(1) 战略策划:解决做什么的策划。

(2) 战术策划:解决怎么做的策划。

(3) 实施策划:解决如何做的策划。

策划者应该明确自己负责的范围,以及企业经营各战略阶段所追求目标的不同,合理地开展相应的策划工作。

4. 按策划业务的阶段划分

根据策划业务的工作阶段不同,可将策划分为以下三种:

(1) 调查业务策划(现状调查、主题调查、可能性调查等);

(2) 分析、判断业务策划(现状分析、问题分析、假设判定等);

(3) 实施业务策划(设想实施、方案组合等)。

5. 按策划的频度划分

根据策划工作频度的不同,可将策划分为以下三种。

(1) 周期性策划:一定周期必须重复进行的策划,如每一年度必须进行的年度销售策划。

(2) 阶段性策划:一定时间阶段内必须重复进行的策划。

---

① 贾荣.乡村旅游经营与管理[M].北京:北京理工大学出版社,2016.

（3）一次性单独策划。

6. 按策划的动机划分

根据策划的动机，可将策划分为以下三种。

（1）依赖性策划：策划动机是为了谋求上级或委托者认可。

（2）自主性策划：为了达到企业自己的目的，独立进行的策划。

（3）主动性策划：策划动机是主动出击，获取最佳效益。

7. 按策划的性质划分

根据策划的性质，可将策划分为以下四种。

（1）处方型策划：解决已发生问题的策划。

（2）开发型策划：从现实可能性出发，开发出面向未来、求知的策划。

（3）预防型策划：防止未来问题发生的策划。

（4）改善型策划：探索问题，改善现状的策划。

二、乡村旅游产品策划的基本任务

（一）乡村旅游产品

广义的乡村旅游产品，是空间和区域的概念，是指针对城市旅游产品而言，在乡村（郊区）开发建设的各类旅游产品（服务），包括景区、酒店（度假村）。狭义的乡村旅游产品，专指依托农业生产方式和成果（空间）、农村生活方式和设施（场地）开发的具有休闲度假性质的旅游方式，属于一种"复合式"旅游产品。因此，乡村旅游的产品不在"多"和"大"，乡村旅游产品开发要尽量保持自然环境的原始性以及人文氛围的原味性，要先找到乡村的灵魂和特点，才能谈及乡村旅游产品的开发。①

（二）乡村旅游策划的基本任务

乡村旅游产品的策划是通过创造性思维，整合乡村旅游资源，实现资源、环境、市场与项目优化组合的创造性过程。其基本任务是：在策划之前，通过深度研究和创造性思维，准确进行目标定位、功能定位、市场定位、主题定位和形象定位，建立核心吸引力和核心竞争力，形成独特的产品形态和营销行动计划，为乡村旅游具体规划和单体设计奠定基础，指明方向。

第二节 乡村旅游产品策划思路与方法

【引例】

小小香包绣出富民"大产业"（节选）②

新春开新局，奋斗正当时。兔年新春，在江苏徐州，马庄村的香包文化大院开始了新

---

① 黄顺红.乡村旅游开发与经营管理[M].重庆：重庆大学出版社，2015.

② 淮海网.新年开新局・江苏徐州马庄村：小小香包绣出富民"大产业"[EB/OL].[2023-02-04]. http://www.huaihai.tv/folder7147/folder7265/folder7268/2023-02-04/fZMRqaNg1GD5R84C.html.

一年的忙碌。网络直播带货,强化包装设计,做强产业链,马庄人通过不断的创新突破,让小小的香包绣出富民"大产业"。马庄香包不但注重外形的设计,产品功能性也进行了提档升级。新成立的马庄香包创新工作室通过对接徐州医科大学等高校,科学改良中药配方,推出了驱蚊虫、助眠、防疫、防暑、净化室内空气等多款具有保健作用的产品。

思考:结合一个具体的案例,谈谈自己对旅游产品策划的建议。

一、乡村旅游产品策划的基本思路

乡村旅游产品策划是根据乡村与农业自身发展状况和特色进行的深层次开发,策划的指导思想是:以满足乡村旅游的功能为出发点,体现人与自然和谐相处,生态、经济、社会协调发展,突出特色,培育亮点,形成规模,做出品牌,持续发展。乡村旅游产品的开发与设计应遵循乡村旅游开发的基本思想,充分利用与整合乡村各种资源,立足于市场,不断创新发展,具体思路如下[①]。

(一)依托田园和生态景观

乡村田园生态景观是现代城市居民闲暇生活的向往和旅游消费的时尚,也是乡村旅游产品赖以发展的基础。因此,一是在选址上,要考虑以周边优美的农村生态景观为衬托,并与所规划的乡村旅游项目特色相匹配;二是在规划上,要以农业田园景观和农村文化景观为铺垫,选择园林、花卉、蔬菜、水果等特色作物、高新农业技术和特色农村文化作为规划的基本元素;三是在建设上,既要对农村环境的落后面貌进行必要的改造,又要注意保护农村生态的原真性。

(二)重视休憩和体验设计

乡村旅游的客源,在节假日,主要是近距离城市休憩放松的上班族;在上班时间,主要是退休人员及进行业务洽谈和参加会议的工作人员。策划成功的关键之一是如何处理好"静"和"动":休憩节点的设计要"静","静"就是田园的恬静和农家的安详,就是要为人们提供恬静休闲的空间和场所。"动"主要是娱乐游憩或农事体验,要做到"动"的项目寓于"静"的景观之中。这样既能满足城镇居民渴望回归自然、放松身心的基本需求,又能满足城镇居民科学文化认知的需要,还能延长游憩时间、增加二次消费。

(三)挖掘民俗和农耕文化

要保持乡村旅游的长期繁荣兴盛,就应该在丰富乡村文化内涵上下功夫。深入挖掘农村民俗文化和农耕文化资源,提升乡村旅游的文化品位,实现自然生态和人文生态的有机结合。如传统农居、家具、传统作坊、器具、民间演艺、游戏、民间楹联、匾牌、民间歌赋、传说、名人胜地、古迹、农家土菜、饮品、农耕谚语、农具等,都是乡村旅游产品规划、项目策划和单体设计中可以开发利用的重要民间文化和农耕文化资源。

---

① 布兰顿文旅科技.乡村旅游的顶层设计[EB/OL].[2019-01-28]. https://www.sohu.com/a/291937966_100119623.

(四)突出特色和主题策划

特色是乡村旅游产品的核心竞争力。要认真摸清可开发的资源情况,分析不同乡村旅游项目特点,巧用不同的农业生产与农村文化资源营造特色。农村资源具有地域性、季节性、景观性、生态性、知识性、文化性、传统性等特点,营造特色时都可加以利用。同时,还要根据项目特色,进行主题策划。

二、乡村旅游产品策划的策划要点

(一)旅游产品品质化

乡村旅游产品品质较低,是我国乡村旅游产业发展过程中面临的重要问题之一,提升乡村旅游品质,关系到我国乡村旅游品牌的建立。通过旅游公司参与乡村旅游管理或成立乡村旅游发展协会,协会监管乡村旅游产品质量的形式,从而做到提升乡村旅游品质、改善乡村旅游发展形象的目的。

(二)提升旅游产品文化内涵

乡村文化是乡村旅游发展的灵魂,然而我国乡村旅游发展现状存在题材雷同、档次低、缺乏真实性的问题,而其根本问题在于乡村文化内涵发掘深度不足。乡村文化是在特定的地理空间、历史发展背景、生产力发展、人口迁移以及民族融合等条件下形成的,从而具有多样性与特殊性的特点。在乡村旅游产品的开发过程中,应着重对文化资源进行开发,并加工成为具有文化特色的旅游产品。

(三)旅游产品差异化发展

目前我国乡村旅游产品单一化,并以农家乐、农业观光为主,随着我国居民对乡村旅游产品需求逐渐提高,单一的旅游产品已经不能满足游客多样化的需求。在旅游产品的开发过程中,应对区域内所有景区旅游产品进行梳理,分析其在资源、文化方面的综合优势,并对自身发展情况和发展目标进行定位,在发展中以"缺"作为突破口,重点发展大家所需求的旅游产品①。

(四)旅游产品体验化

乡村旅游具有微度假旅游的属性,游客旅行时间短,如何能够让游客在短时间的游览中,对乡村进行综合全面的了解,最好的方式就是在旅游产品中增加体验性。如在乡村饮食文化体验中,可以让游客以食材采摘、菜品制作的形式,全面了解乡村生活;在果品采摘中,可以增加农产品深加工体验,以游客亲手加工果干、罐头、蜜饯制品的形式,将乐趣以及旅游加工产品带回家。

---

① 创艺园文旅.乡村旅游产品策划的四大要点[EB/OL].(2021-09-06)[2021-11-25].https://baijiahao.baidu.com/s?id=1710135045431900132&wfr=spider&for=pc.

三、乡村旅游产品的策划方法

乡村旅游产品的策划方法与一般策划方法具有一致性,但也具有一些独特性。主要采用以下几种方法。

(一)专家意见法

专家意见法又称德尔菲法,通过向一组专家分别征询意见,将专家对过去历史资料的解释和对未来的分析判断意见,有组织地集中起来,经过几轮征询,使专家小组的预测意见趋于一致,在此基础上确定预测结果。乡村旅游节事策划也常采用这个方法来对方案进行预测、设计及验证。

其工作主要分三个步骤,首先做好预测准备,包括确定预测对象、选定专家和制订调查提纲或调查表等。其次,以问卷、面谈、网络等形式对调查专家的看法进行征询、整理,再将汇总好的资料分别发放给每个专家作为参考,再次提出新的意见,如此反复征询。最后,将专家们的意见汇总并进行统计整理,得出的基本一致的看法即预测结果,以此做出预测结论。专家预测法的优点是,专家们可以充分表达自己的看法,各抒己见,并且在资料反馈交流的过程中获得启发,碰撞出新的意见,以此得出的预测结论也具有综合意见的客观性,比较切实可靠。该方法的缺点是,预测时间较长,各专家的责任比较分散。

(二)头脑风暴法

头脑风暴法又称集体思考法、自由思考法等,是一种激发创新性思维、改善群体决策的方法。它的目的是提出多种可能的解决方案,是提升思维创造力的集体训练法,具体是指团队人员在正常融洽和不受任何限制的气氛中以会议形式进行讨论、座谈,打破常规,积极思考,畅所欲言,充分发表看法。头脑风暴法不仅可以在群体决策时尽可能激发团队成员创造性,产生尽可能多的创意想法,而且可以对他人提出的意见、设想提出质疑,分析意见的现实可行性。

(三)互联网调查法

互联网调查法是对传统策划调查方法的一个补充,随着全球互联网事业的进一步发展,网络数据收集与调查也更广泛地应用于节事活动策划中。互联网调查法是通过互联网、计算机通信和数字交互式媒体,向被调查者发布调研信息,通过网络系统对节事活动资料进行收集、整理和分析。与传统的策划方法相比,互联网调查法在计划实施、信息收集、调查反馈等方面具有明显的优势。该方法的优点在于操作便捷、成本较低、不受主观因素影响、不受地域与时空限制、策划时效较高。其缺点在于网络信息不确定性要素过多,其策划数据的代表性存在质疑、网络的安全性不容忽视等。

(四)大数据调查法

大数据调查法是一种利用大数据技术进行调查和研究的方法,其特点主要包括以下几个方面:一是数据来源广泛,大数据调查法可以利用互联网、移动设备、社交媒体等多种渠道获取数据,数据来源相对传统调查方法更加广泛。二是数据量大、复杂度高,大数据调查法所处理的数据量通常非常大,数据的复杂度也较高,需要采用大数据技术进行处理和分析。三是数据质量高,由于大数据调查法所采集的数据来源广泛,数据量大,因此可以更加准确地反映问题的真实情况,提高数据质量。四是分析效率高,大数据调查法可以利用大数据技术进行数据处理和分析,能够快速地分析大量的数据,提高研究效率。五是结果更具说服力,大数据调查法所处理的数据量大、数据质量高,能够更好地支持决策和分析。

▶ 四、乡村旅游产品策划的程序与内容

(一)乡村旅游产品策划的程序

1. 确定策划者

策划者的选择至关重要,关系到企业的生存与发展。在选择策划者时,企业应清楚自己的角色,与策划者建立友好合作、互惠互利的关系。通常有委托第三方和自行策划两种方式,第三方策划相对专业高效,自行策划更具针对性。两种方式各具优点,但无论哪种方式,都需要企业领导的高度重视与参与。

2. 明确目标

明确目标,这一阶段也是问题的界定阶段,主要需要完成组建团队与划分阶段问题两个任务,阶段问题包括要弄清具体要求、研究策划对象以及明确策划重点。

3. 实地考察

实地考察主要包括旅游发展环境考察、旅游资源考察、市场调查以及旅游者竞争-合作关系考察四个部分。旅游发展环境考察包括区位条件、自然地理环境、社会经济环境、旅游发展环境、旅游政策环境以及旅游产业发展趋势;旅游资源考察主要是掌握旅游资源的基本类型、空间分布、特色、价值、知名度、影响力、保存完好程度以及开发条件等;市场调查主要包括市场需求、游客评价以及产品组合;竞合关系考察的基础包括旅游资源比较分析、交通连接度分析、旅游产业基础分析以及文化认同感分析。

4. 收集资料

收集资料阶段包括确定调查内容(旅游、环境质量、开发条件、市场调查)、收集二手资料(企业内部、政府、报刊书籍以及商业资料等)、收集原始资料(观察法、会议法、询问法、实验法)、整理资料(要求公正、实效、可靠)。

5. 创意形成

创意形成阶段主要包括明确主题定位(性质定位、产品定位、市场定位、形象定位)与形成策划创意。

6. 策划确定

在创意形成之后,分工撰写策划书,完成策划撰写。

7. 修改完善

结合多方意见进行策划的修改完善。

8. 反馈调适

根据实际执行情况与反馈情况,不断优化改进。

(二) 乡村旅游产品策划的内容

1. 资源分析

对旅游资源进行调查分析,主要包括区域概况、旅游资源状况、环境状况、旅游开发利用条件等。

2. 市场研究

对旅游市场的研究应分为旅游企业外部环境因素研究与旅游企业内部环境因素研究,外部环境因素包括经济、政治、法律、社会文化、技术、人口、自然环境等方面的宏观因素,以及消费者市场、产业市场、竞争者状况等。内部环境因素包括自己的营销策略、营销手段或营销组合是否能有效开拓市场,如自己的旅游产品、价格、分销渠道以及促销方面是否存在问题;其次是对自己营销活动的管理评估,在营销计划、组织实施以及控制方面是否适应市场变化。

3. 定位分析

旅游产品的定位分析至关重要,关系到整个产品,一定要在资源调查与市场研究准备充分的基础上对产品进行定位分析。

4. 产品功能

产品功能要突出特色,符合市场需求。

5. 游憩方式设计

游憩方式设计要符合整体性与创新性原则。

6. 景观概念策划

乡村旅游资源虽然丰富多样,但是大多为分散型资源,资源开发属于初始粗糙阶段,策划书里应当具备一个书面规范的计划与安排。

7. 商业模式设计

商业模式决定了乡村旅游产品与项目的后续发展,这一部分内容也应当在策划书里面充分展现。

8. 运营实施计划

运营实施计划是策划实施可行的必要步骤,应当根据实际情况详细撰写,必要时应当以图表形式清晰明了地展示出来。

五、乡村旅游产品策划文本撰写

(一) 撰写要求

1. 格式规范

撰写产品策划书一定要注意格式规范,不同企业、不同机构对于策划的具体格式要求各不相同,应根据实际情况规范撰写。

2. 内容完备

一份完整的项目策划书是乡村旅游产品开发的行动指南,在撰写产品策划书时,一定要注意策划的统一性与完整性。

3. 原创性与创新性

原创性原则应该贯穿于策划的始终，活动策划是一个具有自身特色的特殊行业，它是一个开放性很强的活动，即从活动策划立项开始的调研工作，就需要与不同的组织合作和协调，例如向有关机构索取信息和数据，听取参展商的意见等；在准备工作中，活动策划机构要进行选址和融资工作；而在整个实施过程中，从营销到活动策划期间，也要广泛开展社会资源的吸纳和整合。这种开放性决定了活动策划工作的不确定性，因此，活动策划必须不断创新动态变化的形式，以保证最终目标的实现。

（二）文本框架

因项目特点、策划者风格不同，乡村旅游产品策划文本具有一定差异，文本框架也不尽相同，大致包括以下几个部分[①]。

1. 总论

立项背景、开发意义、策划依据、策划区域范围和建设期限等。

2. 资源条件现状和社会经济基础评价

自然条件、社会经济条件、交通条件、农业生物资源、乡村文化资源、产业基础等评价和 SWOT 分析与问题诊断等。

3. 客源市场分析与市场开发策划

市场需求、客源现状、市场分析与定位和市场开发思路与方案。

4. 战略定位和发展目标

发展方向（功能定位、形象定位、主题定位）、发展目标和阶段目标。

5. 功能介绍和空间布局

产品的用途、特色、意义，以及产品的具体位置与分区。

6. 旅游要素策划

交通策划、导游队伍策划、住宿业策划、餐饮业策划、娱乐策划、旅游商品和农产品购物策划。

7. 建设分期和动态开发

总体开发期限，各功能区和重点产品建设步骤和运行时间。

8. 观光休闲线路设计

内部观光休闲游线及交通方式，附近城乡居民入园观光休闲游线及交通方案，本观光休闲农业项目与其他观光休闲农业项目、旅游项目和旅游线路的衔接方案。

9. 营销策略与促销方案

品牌策划、宣传策划、促销策划。

10. 投资估算和资金筹措

建设资金（附预算表）、流动资金估测、资金筹措方案和招商策划。

---

① 布兰顿文旅科技. 乡村旅游的顶层设计[EB/OL]. [2019-01-28]. https://www.sohu.com/a/291937966_100119623.

11. 经济效益和社会效益预测

直接经济效益(附按赢利项目与产品的效益预测表)、社会效益(城乡就业、农民增收、土地增值、区域经济开发、相关产业带动、人才培养等)、生态效益(农村环境改善、污染治理)和环境评价。

12. 风险评估和对策措施

自然灾害风险、市场竞争风险、政策变化风险、规避风险的对策和措施。

13. 管理体制和保障机制

产品的管理体制、管理组织架构、人才保障、项目推进机制和组织保障(政府、投资企业)、政府政策建议。

第三节 体验式乡村旅游产品的策划

【引例】

常州大水牛市民农园

常州大水牛市民农园是中国人民大学与武进区政府合作开发的产学研基地。农园在参照北京小毛驴市民农园经验的基础上,进行本地化调整,主要内容可分为生产和运营两个方面。生产方面创建有机农场,利用2～3年的实践改善农田生态系统,改良土壤和水系,在农场中进行自然农法的试验与实践;运营方面借鉴欧、美、日、韩和中国香港、中国台湾等发达国家和地区生态农业与市民结合的成功经验,设计两种份额形式,包括劳动份额与配送份额。

思考:结合你所处的地区及自身的旅游经历,谈谈你对旅游体验以及体验式乡村旅游产品的认识。

一、体验式乡村旅游产品的内涵

(一)体验式乡村旅游产品的相关概念

1. 体验式乡村旅游

体验式乡村旅游是指在特定的乡村环境中,游客以追求身心舒畅的体验感受为目标的旅游,是紧跟体验经济潮流的乡村旅游的一种方式,是旅游者的消费心理脱离稚嫩走向成熟的一种结果。[①]

2. 体验式乡村旅游产品

体验式乡村旅游产品,是指在特定的乡村环境中,旅游者与村民共同参与当地的农事活动、娱乐游戏以及共同生活等,让游客通过亲身体验乡村生活并参与到农业的生产过程中,来感受乡村生活以及农事生产活动的乐趣,并在体验的过程中获得精神上以及肉体上的愉悦与放松。

---

① 付奇.我国体验式旅游产品开发对策研究方向[J].旅游纵览(下半月),2014(24):14-16.

（二）体验式乡村旅游产品的特征

1. 具有体验的真实性

体验式乡村旅游产品的本质在于体验的真实性，除了让游客亲眼观赏到旅游地景色，品尝到当地的美食之外，更重要的是让游客亲自体验乡村旅游产品的特色。游客通过亲身参与农事生产活动、娱乐游戏以及当地人的生活之后，可以亲身经历到乡村旅游产品带给自己的精神上以及肉体上的愉悦和放松。因此，体验式乡村旅游产品具有体验的真实性。

2. 重视游客参与性

体验式乡村旅游产品将游客的被动消费转变成了主动消费，强调产品本身与游客之间的互动性。游客通过参与产品的开发、生产、设计过程，不只是为产品的结果买单，而是参与到产品的整个生产过程中，并且享受到了体验过程带给自己的放松、愉悦和知识。[1]

二、体验式乡村旅游产品的类型

（一）按照游客的参与程度分类

1. 浅层体验

浅层体验以观赏该旅游地的景色和品尝该地的特色美食为主，游客通过体验仅仅感慨"这个地方的景色真不错"，而对于该地的文化内涵的探讨少之又少，并且游客与当地居民的接触也比较少。

2. 中度体验

中度体验是指游客不仅停留在观赏该旅游地特色景观和品尝特色美食的过程，还深入该乡村旅游地的一些农事和民俗活动中，了解并且参与当地的特色文化，与居民进行积极沟通，体验当农民的乐趣，从而达到身体和精神多层面的享受。

3. 深度体验

深度体验是指游客深入乡村生活中，与当地居民深入地沟通交流，并且以当农民为乐趣，通过与当地人的接触和农事活动的参与，不断地超越自身体力和智力的极限，在实现自我价值的过程中收获成功的体验。

（二）按照游客的体验动机分类

1. 娱乐体验型

娱乐体验型乡村旅游产品主要通过观赏各类民俗表演或参与各种民间活动，达到让游客娱悦身心、放松自我的目的。

2. 逃避现实型

逃避现实型乡村旅游产品主要是让游客通过体验农家的田园生活，沉浸在相比于城

---

[1] 高薇.体验式旅游产品开发设计研究[J].旅游与摄影,2021(15):54-55.

市更美丽的乡村自然景色与相比于城市人更单纯朴实的农村人际关系中,以此暂时摆脱城市的束缚以及工作和生活中的压力。

3. 教育体验型

教育体验型乡村旅游产品主要利用乡村中丰富的自然知识,以及历史悠久的传统文化、精美绝伦的建筑技艺与农事活动技巧,来提升游客的自然知识与劳作能力,进而达到寓教于乐的效果。

4. 审美体验型

审美体验型乡村旅游产品主要是通过姿态各异的自然风光和风格独特的人文建筑,让游客获得从身体到精神的放松、通畅、忘我感觉的过程。

▶三、体验式乡村旅游产品开发

(一) 体验型乡村旅游产品开发原则

1. 主题性原则

不同的乡村要根据自身独特的资源禀赋、市场需求等进行旅游资源深度整合,提炼出自身独特的体验主题,既呈现出自身的地方特色又突出旅游产品的特色。

2. 体验性原则

体验式乡村旅游产品的本质就在于体验,除了让游客亲眼观赏到旅游地景色,品尝到当地的美食之外,更重要的是让游客亲自体验乡村旅游产品的特色。通过让游客与村民共同参与当地的农事活动、娱乐游戏以及共同生活等形式,以此来体验乡村生活以及农事生产活动的乐趣,并在体验的过程中获得精神上以及肉体上的愉悦与放松。

3. 丰富性原则

旅游地需要以丰富多样的旅游产品来吸引游客,带给游客最丰富的体验,这样才能促进其持续发展以及增强其市场竞争力。

4. 可持续发展原则

在开发乡村旅游产品的过程中,必须把生态环境保护和旅游开发相结合,同时把提高农村经济效益与乡村旅游可持续发展结合,走乡村旅游可持续发展之路。

(二) 体验式乡村旅游产品的开发策略

1. 关注游客体验的营销方式

从某种程度上来看,很多乡村旅游的从业人员没有充分利用乡村旅游产品本身的价值,他们不知道甚至不会利用乡村旅游产品本身就具有满足旅游者需求以及消费欲望的功能。在体验经济这个大背景下,乡村旅游业的发展需要吸引更多的游客参与旅游,就必须要关注游客的体验感,采取关注游客体验的营销方式,满足游客在视觉、触觉以及审美等方面的需求。

2. 确立鲜明的体验主题

鲜明的主题特色对于每个景区或者乡村旅游产品都至关重要。一个鲜明的主题特色,可以让人们首先想到该景区,自然就会在计划出游时将该景区放在第一位。所以,在当前的体验经济时代下,乡村也要为乡村旅游产品确定一个鲜明的体验主题,营造一个鲜明的主题环境,通过鲜明的设计烘托出强烈的主题氛围,以吸引游客的注意力。①

3. 优化产品开发理念定位

在确定体验式乡村旅游产品的理念定位时,首先应当将该乡村的乡土气息纳入考量,因为乡村旅游目的地对于城市消费者的核心吸引力就在其区别于其他乡村旅游目的地的独特乡土风情。在体验式乡村旅游产品的开发过程中,要深度挖掘该乡村旅游地的文化内涵,要在开发该乡村旅游产品时,将当地的文化内涵融入其中,使其更具有地方特色。这样不仅会使该乡村旅游产品具有了区别于其他乡村旅游产品的文化内涵,也会使该乡村旅游产品所具有的强文化冲击,直抵游客的心灵。要将游客的体验感放在第一位,突出乡村旅游产品的参与性与真实性。

4. 增强本土特色资源开发优势

乡村自身的特色资源是其区别于其他乡村旅游产品的本质所在。体验式乡村旅游产品的开发应当充分利用该乡村的独特资源,以摆脱产品的同质化困境,并增强其市场竞争力。通过深入挖掘该乡村旅游地的文化内涵,体验式乡村旅游产品的开发可以将传统的手工艺品以及乡土服饰进行现代化的包装,或者将该乡村的传统习俗制成有利于游客参与的旅游产品,以增强游客的体验度和该乡村旅游地的核心竞争力。可以依托新农村等建设战略来推动体验式乡村旅游产品的开发,也可以将该乡村自身的旅游资源与文化特色融合在一起,探寻新农村发展的特色模式。

5. 健全产品开发政策支撑

可持续发展原则是体验式乡村旅游产品开发所必须遵守的原则之一,要把保护生态环境与开发旅游融合在一起,并制定相关的生态环保政策,以协调二者之间的关系。②

第四节　乡村旅游节事活动策划

【引例】

道明竹艺村"变形记":从普通小村落,到"网红"乡村新模样

四年前,崇州道明镇龙黄村还是成都西边众多川西林盘中一个不被人熟知的小村落。而如今,龙黄村摇身一变成为"道明竹艺村",不仅被全国所熟知,还走上国际展示当代艺术的最高展会——威尼斯建筑双年展,作为"中国民间艺术(竹编)之乡"的代表,向世界传递着中国村落之美。道明竹艺村自然本底好,竹编产业极具特色,综合这些因素,当地政府和崇州文旅集团就开始规划设计,于2016年年底启动了竹里项目,随后又设计了造型独特的"竹里"建筑。竹里作为一个文化交流空间,为道明竹编提供了一个传播和交流的平台,让村内的竹编产业获得了更广阔的市场。

思考:道明竹艺村的振兴之路,对其他乡村旅游节有什么启示?

---

① 刘睿,高摘笛.体验经济时代旅游特色产品的营销策略探析[J].科技经济市场,2020(8):155-156.
② 乌兰敖登.基于消费者体验价值的乡村旅游产品开发策略[J].农业经济,2016(12):106-107.

一、乡村旅游节事活动的内涵与原则

(一) 乡村旅游节事活动的含义

乡村旅游节事活动顾名思义是与乡村旅游相关的节事活动,大多在各乡村地区举办,通过将节事活动融入乡村旅游过程中,进一步发展当地的旅游业,扩大乡村的地域影响力。乡村旅游节事活动是指针对乡村地区某一特定的地方主题,事先通过安排活动、公告活动的内容和时间,并采用公开的方式进行庆祝或展示,以达到吸引游客前往,并进行相关观光消费的行为。与城市节事活动相比,乡村节事活动具有主题集中、历史悠久等特点,主要围绕农业、农村和农民生活开展。

(二) 乡村旅游节事活动设计原则

1. 彰显民俗文化

近年来,随着越来越多的地区开始发展乡村旅游业,乡村旅游产品同质化的现象逐渐成为其发展中的一个障碍。乡村旅游节事活动的内容和形式趋同的现象也让不少参与者产生了审美疲劳,难以调动游客的积极性和旅游欲望。独特的地方文化是节事活动的灵魂,是旅游节事活动可持续的条件和源泉。为合理规划节事内容、满足游客差异化需求,各地节事活动的策划必须突出当地的文化特色。充分挖掘各地的民俗文化,将当地特有的风土人情和民俗特色以节事活动的形式更加生动直观地呈现出来,从而最大限度地满足游客的文化新鲜感,助推乡村旅游事业的差异化发展。

2. 突出特色主题

举办乡村旅游节事活动是为了吸引游客的注意力,而节事活动的主题是否具有特色是能否产生吸引力的关键。乡村旅游节事活动大部分是以农业生产为主题,大同小异的活动形式,如花卉节、采摘节等,内容雷同、模式单一,难以形成产品特色与差异性。节事活动策划要强化乡村旅游节事活动中的参与意识和体验化产品设计,充分结合当地的自然环境与资源特点,挖掘凸显地方特色的活动内容,形成其独特的乡村旅游节事活动主题。如此,才能增强乡村旅游节事活动对游客的吸引力,形成持久的生命力。

3. 注重宣传力度

节事活动的举办旨在唤起公众注意、维持旅游人气,节事旅游活动的成功举办与大力的宣传是分不开的。这里的宣传指的不仅仅是向游客宣传,还应该包括对旅游目的地居民的鼓吹。可见要使乡村节事活动能够拉动更广泛的游客,需大力增加宣传力度,可以通过借鉴国内外成功的营销经验,采取符合时代特征的宣传手段,如利用新媒体宣传,通过制作视频、旅游博主代言等形式使乡村节事走出去。同时,也向当地居民营造节庆的活跃气氛,激发他们的参与感和创造力,增加他们对当地传统文化的认同感。

4. 市场导向

乡村旅游节事活动的策划要科学把握未来旅游市场趋势,立足地方性特色和竞争优势,以满足市场需求。首先,要进行市场调研,把握乡村旅游市场的需求现状,在此基础上对节事活动进行战略定位,从而有针对性地进行创意策划和设计。以此才能利用有限的乡村旅游资源，使当地的节事旅游吸引更多的游客，获得更高的经济效益和社会效益。

5. 可持续发展

在策划乡村旅游节事活动的过程中，应该遵循可持续发展的原则。可持续发展原则是休闲农业发展的理论基础，不仅适用于不可再生产品的开发，也适用于可再生产品的开发。[①]在节事活动策划中体现可持续发展原则，特别是对乡村生态资源要持保护的态度，在保护中开发，运用政策、教育、法律等各种手段形成科学的可持续发展机制。

▶二、乡村旅游节事活动的类型

根据对乡村旅游节事活动的理解，我们大致可以把乡村旅游节事活动分为游览观光型、农产品与农业活动体验型、民俗节庆型、历史文化型、综合型五类。

1. 游览观光型

游览观光型是最传统的乡村旅游节事形式，这种旅游节事依托于乡村的淳朴自然风光和特色资源景观，凭借区别于城市的人造景观吸引游客前来游览观光，达到让游客在此释放压力、娱悦身心的目的。充分盘活农耕景致以及现代农业生态景观，开发游览观光节事产品，丰富农村生态观光旅游产品内容，从而使游客在淳朴的农村中，寻找独特的体验。如河北顺平桃花节、成都新津梨花节、张家界国际森林保护节、云南罗平油菜花节、白洋淀荷花节等。

2. 农产品与农业活动体验型

农产品与农业活动体验型节事活动围绕当地特色农产品，辅以展示农村生活样貌，给予游客较强的旅游体验，各种农产品的采摘是此类旅游节事中最具代表性的一种形式，这些活动具有较浓的参与性和趣味性，能够让游客暂时逃离城市喧嚣，置身于乡土气息浓郁的田园风光中，享受假日清闲。农业体验型节事活动结合了当地乡村农业产品，游客在参与过程中不仅可以观赏到当地的特色风光，还可以采摘、品尝，享受丰收的喜悦。如石家庄赞皇大枣节、哈尔滨松北的葡萄采摘节、麻阳冰糖橙采摘节等。

3. 民俗节庆型

除了传统的节事活动，各少数民族独特的生活习俗、民族风俗也成为吸引游客的重要因素。以古村落、特色村庄建筑、古街古巷、民俗风俗习惯等文化为基础，结合当地的文化传统和背景，举办农村文化体验节事活动，可以满足旅游者对传统文化和少数民族异质文化的体验需求。举办民俗节庆活动的乡村旅游目的地也因此吸引大量游客前来参观体验。如侗族斗牛节、涞水的开山节、瑶族讨僚皈、沧州的千童文化节等。

4. 历史文化型

此类节事活动以英雄人物、历史遗址、特殊事件为特色，以此开发成具有当地特色的节事活动。如曲阜的国际孔子文化节、茅山道教文化节、扬州运河文化节等。

5. 综合型

综合型的乡村旅游节事活动内容宽泛，主题不固定，体验形式多样化。节事活动发展至今，单一模式的活动越来越少，很多旅游节事活动往往是各种类型兼顾，不拘泥于特定的活动形式或旅游体验。如成都天台山养生节、沧州黄骅冬枣节、大连万家岭老帽山映山红旅游文化节、郫县休闲乡村旅游文化节等。

---

① 胡海建,南延长,郑赟.休闲农业与乡村旅游[M].北京：中国农业科学技术出版社,2017.

三、乡村旅游节事活动的策划程序

(一)资源分析,主题定位

乡村旅游节事活动可以有多种多样的体验主题,因此,在进行节事活动策划之前,需要对当地的自然景观资源、农业生产资源、农村生态资源等资源统筹分析、综合评价,结合当地特有的资源条件进行节事活动主题定位。此外,在定位节事活动主题时,还需策划者充分发挥想象力,在对农村自身资源和乡土文化特质把握的基础上,设计融合当地特色的主题节事体验活动和项目,让游客全面感受农业休闲的乐趣,加深游客的印象。

(二)节事内容设计

乡村旅游节事活动在确定了合适的举办主题后,还要细化地构思节事内容来体现和填充主题。节事活动的内容是由体现主题特色的各个场景、人物、建筑等构成,主题不同,节事体验的内容也会表现出很大的差异。节事策划应根据乡村旅游节事活动类型的不同,有针对性地设计节事内容,以突出节事的主题特色。

(三)构建体验情景,营造节事氛围

利用现有的资源构建体验场景,营造节事活动氛围。首先,对乡村旅游目的地空间进行改造,设计体现乡村风情、民族传统和历史风貌的公共休闲场所、绿化景观、建筑风格等,还可以设计村落民居、手工作坊等若干相关场景。其次,要渲染出节庆氛围,可制作与节事风格一致的背景音乐、设计主题人物形象、展示尽显民风民俗的表演,为游客提供视觉和听觉的双重盛宴,营造浓厚的节事氛围。

(四)扩大、延伸节事活动影响力

举办乡村旅游节事活动不仅是为了让游客走进来、前来体验节事活动、进行旅游行为,还是为了让乡村节事走出去,让更多旅游消费者看到乡村地区的特色风貌,吸引游客前来参观游览。要想更好地加深游客的旅游体验、宣传乡村旅游节事特色,有必要通过各种途径开展宣传和营销活动,如活动纪念品发售、利用网络媒体宣传特色节俗、多渠道开展农产品营销、同旅行社建立业务合作关系等。

第五节 乡村旅游产品创新营销

【引例】

江苏扬州沿湖村:特色"渔文化"引来流量"网红"[①]

"中国27个最美渔村中江苏占5个,而近2000公里长的京杭大运河边,却只有扬州沿

[①] 万明,在新,张沛,等.江苏扬州:特色"渔文化"引来流量"网红"文旅融合让渔村留得住人[EB/OL].[2019-07-03]. https://www.xuexi.cn/local/normalTemplate.html?itemId=10393525097040573805.

湖村这一个！湖畔河塘田埂间，还有一丛丛青黄相接的芦苇荡，戴着斗笠，可以拍上一组美美的田园渔村写真，轻松愉悦的体验，返璞归真的视野，让你想起'走在乡间的小路上，暮归的老牛是我同伴'这首歌……"来自中国台湾的旅游"网红"在微博上发布了题为《在千年邵伯湖畔、中国最美渔村，体验"渔文化"之旅》的旅游攻略，阅读量达到70万＋。攻略中展示了传统捕捞、沿湖村鱼宴、特色"船的家"民宿、渔家书屋等多个网红打卡点。

网红营销为沿湖村带来了人气，却也容易产生负面影响。因为网络环境透明，游客的真实感受也会在网络上被无限放大。由此可见，提升网红打卡地的旅游品质和游客的满意度至关重要。一方面，既要不断优化创新互动活动，增强游客的体验感，并将渔村的"渔文化"融入其中，改变人们对乡村旅游的刻板印象，让游客可以"二次打卡"。另一方面，随着互联网的发展，旅游传播的手段越来越多样化，因此，"网红"旅游目的地的打造对各地区的特色产品和景点有了更高的要求。

思考：网红旅游目的地如何才能保持持久吸引力？

纵观国内乡村旅游的发展，在营销方式和营销策略上存在诸多问题，大多数乡村营销还停留在传统的产品、价格、渠道和促销的4P理论上，无法产生品牌效益。随着目标市场的缩小以及社交媒体技术的发展，很多乡村旅游企业应紧密结合大数据、新媒体发展，不断探索创新营销模式。

▶一、"互联网＋乡村"营销

互联网是推广乡村旅游中必不可少的一部分，可以通过多种方法来实现，如网络广告、搜索引擎营销、关键词搜索、邮件营销等。游客在做出旅游决策前，会通过各种网络渠道提前了解景区或景点的相关信息，经过严谨的对比后做出选择。游客能搜索到的信息往往通过各种网络渠道来呈现，包括各类门户网站和弹窗广告等，这些信息都能影响游客的出游选择，因此乡村旅游做好相关网络营销工作尤为重要。

随着乡村旅游产品的竞争日益激烈，探索更具竞争力的营销模式，扩大竞争优势和发展空间，日益紧迫。近年来，乡村旅游产品供应者充分利用强大的互联网，探索更具竞争力的网络营销模式，使旅游产品网络营销得到快速发展。乡村旅游产品作为一种特殊服务产品，因其具有生产消费同步、远距离异地消费、消费者无法预先感知等特点，所以非常适合用户进行网上查询、预览、购买和服务，是开展网络营销的基础。在互联网大潮的影响下，乡村旅游的营销方式也发生了根本的改变。互联网作为现代人群消费的主流平台，具有共享性、高效性以及方便快捷，贴近消费者，提供人性化的消费体验的特点。

"互联网＋乡村"旅游的智慧化乡村旅游生活，是实现乡村旅游可持续发展的关键，同理，"互联网＋乡村"的营销模式也是乡村旅游的一种新型营销方式。"互联网＋乡村"的营销不仅通过运用网络媒体宣传旅游资源、旅游产品等，还可以用微信、支付宝及各种旅游App等平台将消费者从线下消费转变成线上消费。例如，某网站是一家专门从事民宿旅游开发的网站，如果通过"互联网＋乡村"的营销模式，把某网站与乡村旅游结合在一起，不仅能够起到充分解决乡村旅游住宿问题的作用，还能够把某网站以前的顾客转变为乡村旅游的市场，两者互惠互利，共同发展。"互联网＋乡村"的营销还能够解决我国乡村旅游地各自为政、分散经营的问题。利用互联网将各相邻的乡村旅游景区连接起来，组成新的旅游线路,形成乡村旅游的优势产品。

▶二、自媒体营销

自媒体的崛起是互联网的一个发展趋势。自媒体营销就是利用社会化网络、在线社区、百科或其他互联网协作平台和媒体来传播和发布资讯,从而形成营销、销售、公共关系处理和客户关系维护及开拓的一种方式。自媒体营销主要特点是内容大且形式多样,每时每刻都处在营销状态、与消费者的互动性强,且网站内容大多由用户自愿提供,而用户与站点不存在直接的雇佣关系。一般自媒体营销工具包括论坛、微博、SNS社区、图片和视频等。

自媒体的普及为发展乡村旅游乃至乡村经济提供了契机,抖音等数字化内容平台为乡村旅游带来了更大的舞台。通过技术手段,大幅降低了内容创作门槛,使得越来越多的农民、乡村民宿经营者,得以通过短视频和直播生动呈现乡村的美景、美食、传统习俗等地方特色。再小、再偏的乡村,都有机会在抖音上展现当地风光、传统文化,打响乡村文化和旅游知名度。例如,抖音或快手App,仅一条动态就能有几百万的点击率和转发,其中不乏旅游消费者在旅行途中拍摄的美食、美景、趣事等短视频,具有极强的感染力。短视频具有多样化、个性化、易操作、传播快、成本低等优势,应用于乡村旅游的宣传具有极大的创新性。如游客在神农架天燕景区彩虹桥游时发过该景区景色的抖音视频,获得极佳的营销效果。

▶三、微信营销

(一)微信公众号平台营销

微信公众平台是展示旅游业特色与形象的信息橱窗,可以发布涵盖所有旅游资源信息。旅游行业通过微信公众平台将文字、图片、语音或视频组成的旅游信息发布在显眼、重要的位置,引导游客去查询,介绍旅游景点的资讯,并根据游客位置变化,介绍不同的旅游线路及特色景点。另外,定期介绍不同旅游地的特点,尤其是特色景点、美食、博物馆、游乐园和酒吧等;同时,推送出行注意、文化差异及消费须知等信息;也可展示其他游客对该景点的评价;还可以在微信中添加各种具有特色的内容服务,诸如开展有奖问答、积分奖励活动,激发游客的兴趣。旅游微信公众平台开通之后,可以通过不同的渠道植入微信公众平台信息吸引游客的关注,主要有以下五种方式,一是让感兴趣的游客通过搜索公共账号或扫描二维码来主动添加微信;二是通过短信、电话热线及彩铃植入微信信息;三是通过朋友圈、QQ推出折扣信息来推广微信平台;四是通过旅游微博平台推送自己的旅游微信,收获微信粉丝;五是通过旅游行业自身建立的官网公布自己的微信号,从而将网站用户群转化成微信粉丝群。

(二)旅行社群营销

在这个人人都是自媒体的"互联网+"时代,社群是非常有价值的社会传播途径。旅游景区本身就是一个非常特殊的传播媒介,旅游传播有别于宣传,不是政府的管理者或者景区运营者对消费者、旅游者做单向传播,而是包括景区运营、景区项目经营、旅游者等在内的多种主体共同在做一件事,这才叫传播,所以社群就可以充当双方共同宣传的中间媒介。创建景区社群,一则有利于培养优质的种子宣传户,快速地传播景区的正面形象,从而塑造景区的良好品牌;二则也有利于缩短景区营销宣传时间,因为社群可以将景区举办的活动、景区优质旅游游记,快速地传播到社员的传播渠道。

▶ 四、微博营销

随着微博的广泛使用,微博营销应运而生。2012年被称为中国的微博营销元年,中国企业正式进入微博营销时代。微博营销是指企业以微博作为营销平台开展的包括企业宣传、品牌推广、活动策划及产品介绍等一系列的市场营销活动。企业利用更新自己微博、联合其他微博设计跟网友的互动,或者发布大家感兴趣的话题、让网友主动关注等传播企业的产品信息,从而达到树立良好企业形象的目的。微博营销对于营销主体具有传统营销渠道无法替代的价值。以发布行业资讯为主要内容的微博,往往可以吸引众多用户关注,类似于通过电子邮件订阅的电子刊物或者RSS订阅等,微博内容成了营销的载体,订阅用户数量决定了行业资讯微博的网络营销价值。因此,运营行业资讯微博与运营一个行业资讯网站在很多方面是很类似的,需要在内容策划及传播方面下很大工夫。较为适合旅游资讯微博的营销方式为微媒体传播模式,这种传播方式把微博作为媒体进行运营,当微博发布相关资讯之后,通过第三方媒体来传递该信息,以扩大信息的传播范围,提升微博账号的影响力。

▶ 五、主题形象营销

主题形象营销是指因地制宜,根据市场需求发掘或创造某一特定主题项目,注重对品牌的建立、发展和塑造,以期满足旅游者需求的同时又能实现旅游经营目标的一种新型的乡村旅游营销方式。例如,法国普罗旺斯的乡村旅游正是借助薰衣草这一主题形象迅速发展起来的,除了以薰衣草观光为主的体验游外,还有古堡建筑观光游、葡萄酒坊体验游、香水作坊体验游等其他附加项目和产品,配套设施完善,游客体验满意度高。我国乡村旅游资源丰富,市场需求潜力巨大,但我国乡村旅游产品有的缺乏特色,有的同质化现象严重,不能满足广大游客的需求。因此,开发乡村旅游产品,必须因地制宜,结合当地的环境、文化、民俗风情等,以一个或几个特定主体为突破口,进行宣传营销,从而扩大影响力。例如,湖北省随县尚市镇乡村旅游的开发。随县尚市镇神农牡丹谷,满山牡丹,水上乐园、蔬果采摘园、汽车越野赛场等旅游设施一应俱全。这里还是牡丹油加工基地,被打造成了集种植、加工、旅游三产融合的田园综合体。

▶ 六、虚拟现实营销

虚拟现实技术就是通过构建三维动态实景,让用户体验身临真实场景的感觉,给人带来视觉、感官的震撼体验。目前,虚拟现实技术已经广泛地运用于医学、娱乐、军事、航天等领域。同样,该技术也适用于乡村旅游营销。通过对乡村实地取景,利用虚拟现实综合技术制作出实时动态的三维立体图像,让消费者能提前对乡村旅游景区进行初步的体验,建立良好的感觉。目前,VR眼镜等产品已经相当成熟,而各大网络自媒体平台发展也较为完善,相信很快虚拟现实技术将广泛运用于乡村旅游景区营销。

▶ 七、网红营销

"互联网+旅游",旅游创意营销层出不穷,旅游直播逐渐成为当前旅游营销的新宠。作为一种新兴的旅游营销方式,旅游直播瞄准"90后""00后"年轻用户,其潜藏的流量变现能力正在被业界所探索。新媒体时代,直播结婚、直播度假、直播徒步、直播跳伞、直播冲浪、直播穷游等十分常见。各种网络红人纷纷从"室内直播"走向"室外直播",旅游给场景延展提供了无限可能,旅游直播已成为一种新型的营销方式,并锁定年轻用户为目标客群。

随着互联网的迅速发展,涌现出大批网红,网红营销也就应运而生。网红营销就是通过网红的巨大流量和影响力传播信息、扩大知名度,借此达到营销的目的。网红营销具有以下特点:第一,精准化营销,网红能低成本瞄准目标对象进行精准营销。对于不同的细分市场,可以采用不同身份的网红;第二,高效率营销,网红营销依托自身优势通过互联网传播,具有传播速度快、周期短、效率高的特点;第三,巨大的潜力,网红已渗透到社会的很多方面,其庞大的粉丝群体为营销提供了发展条件。随着网络时代的发展,网红营销具有巨大的潜力。不过网红直播营销在操作过程中应注意以下几个方面:一是直播流程要提前制定好方案;二是工作人员要适时监督和引导;三是选择与乡村旅游吻合的平台及网红合作;四是直播过程中各部门人员互相协调沟通等。

近年来,也出现了很多专注于旅游营销和智慧旅游的创新型服务企业,深耕"旅游+直播"的营销新模式,在旅游资源分析和文化深度挖掘基础上,以精彩创意为内容,以"互联网+旅游"的新媒体整合传播为平台,以实现目的地/景区产品线上销售、线下体验的流量转化为目标,创新创意旅游营销新模式,为旅游目的地打造多元、精准、优质、高效的旅游服务平台。很多旅游服务企业为实现线上销售、线下体验的流量转化,开启旅游直播秀,每次直播秀参与受众万人以上,旅游直播从边播边走,到边看边吃边买的深度体验,开启目的地旅游直播新时代。

▎课后练习▎

1. 结合一个具体案例,为其策划一种旅游产品。
2. 通过网络收集资料,概括和总结乡村旅游节是怎样开展的。
3. 论述当前网红直播在乡村旅游营销创新中的作用和存在的问题。

经营管理篇

模块七　乡村旅游经营与管理
模块八　乡村旅游安全管理
模块九　乡村旅游品牌管理

模块七　乡村旅游经营与管理

┃知识目标┃

1. 了解乡村旅游经营与管理的基本内容。
2. 熟悉乡村旅游经营与管理的基本理论。
3. 掌握乡村旅游经营与管理的基本方法。

┃能力目标┃

1. 能够根据不同内容进行具体事例的分析。
2. 能够运用不同的经营和管理理论知识进行专项管理。

┃素质目标┃

1. 能够宣传和贯彻绿色低碳理念。
2. 能够精益求精、规范严谨,追求卓越。

┃导　　读┃

发展乡村旅游有助于拉动农村经济增长、带动农民就业增收,因此,我国大力推行乡村旅游。然而,由于乡村旅游在我国起步较晚,其规范化建设还在进行之中,因此在发展乡村旅游的过程中,我们应该学习科学和先进的管理理论,包括设施管理、人力资源管理、财务管理、环境管理、质量管理和智慧化管理等。

第一节　乡村旅游设施管理

【引例】

广州黄埔:科技赋能,试点"公厕＋乡村驿站"新模式[①]

龙湖街道迳下村公厕在设计风格上注重乡村特点,结合人性化智能设计,升级物联感知,厕位内安装了智能挂衣架、智能置物架、紧急一键报警等智能设备。公厕通过运用物联感知、智慧应用、节能环保、新型材料等前沿科学技术,实现公共厕所智慧化。运用可视化智能管理系统,进行数据实时监控,实时监测厕所蹲位使用情况、环境温湿度、用电量、用水量数据、天气情况等,实现公厕数据"一张屏"管理。

---

① 南方新闻网.广州黄埔:科技赋能,试点"公厕＋乡村驿站"新模式[EB/OL].[2022-06-17].https://baijiahao.baidu.com/s?id=1735866653540963108&wfr=spider&for=pc.

思考：结合一个具体的乡村旅游点，调查其乡村旅游设施智能化的情况。

一、乡村旅游设施的配置

乡村旅游企业的设施是指构成乡村旅游企业固定资产的各种有形物品。[①] 乡村为游客游览参观提供服务的所有设备和设施，是乡村旅游品质的重要载体，功能性强及个性独特的乡村旅游设施，展现了乡村旅游的高端品质。

（一）乡村旅游设施的构成

乡村旅游设施类型多样，根据其用途不同，可分为基础设施、服务设施、娱乐游憩设施、农业生产设施四大类（见表 7-1）。

表 7-1 乡村旅游设施的构成

类别	内容
基础设施	道路交通（车行道、停车场、游步道）、电力通信、给排水、绿化环卫设施、信息服务设施、安全服务设施
服务设施	接待服务设施：餐饮、食宿、商业服务设施 导游服务设施：各种引导标示、解说设施
娱乐游憩设施	附属接待服务设施：歌舞厅、会议室、健身房、瑜伽馆、水疗馆、保龄球馆、茶室、棋牌室、游泳池等娱乐康体设施 散布于体验区内的设施：漂流设施、游船设施等
农业生产设施	高科技温室、灌溉系统设施、农业生物环境自动检测与计算机控制设施、农耕用具、养殖设备等

乡村旅游设施可以展现乡村旅游的整体形象和细节特色，是"乡土味"的重要体现，其与乡土特色的结合，对于展现乡村旅游风貌具有重要作用。乡村旅游设施建设要与乡村整体氛围相融合，与乡村的各要素相匹配。

乡村美好景象的展现，很大一部分是通过旅游设施体现出来的。乡村旅游设施也是乡村旅游品质的重要载体，功能性强及个性独特的乡村旅游设施能够展现乡村旅游的高端品质。在乡村旅游需求不断扩大、人们追求美好生活与品质旅游的新时代，乡村基础设施与公共服务设施的建设和升级正成为实施乡村振兴发展战略的第一要务。

（二）乡村旅游设施配置原则

1. 功能性

乡村旅游设施，应该首先满足功能需求，配备充足的垃圾桶、厕所、餐位、停车场等，彻底扭转乡村旅游带给人们的"脏乱差"印象，展现乡村旅游的舒适形象。因此，乡村旅游设施应首先进行功能升级。

2. 乡土性

乡村旅游设施涉及乡村旅游形象的展现，应突出其乡土特色，选取乡土材质进行构建、

---

① 姚元福，逯昀. 休闲农业与乡村旅游[M]. 北京：中国农业科学技术出版社，2015.

采用乡土语言作为解说、提炼乡土元素进行装饰,将乡土韵味予以极致表达,构建具有浓郁乡土风情的基础设施体系。为了更好地体现原生态和乡野风格,建筑材料也应取材于天然,或选用当地特有的建筑材质,在格局样貌上也可以融入当地民俗文化中的一些特有元素。

3. 时代性

乡村旅游设施的升级,还要与时代结合相合,以满足人们的时代生活需求。在网络化时代,建设乡村 Wi-Fi 覆盖系统成为旅游必备设施;借势网络营销平台,开发乡村旅游 App 成为必需。结合时代需求,不断提档升级自身的旅游设施,才能推动乡村旅游的不断升级。

▶ 二、乡村旅游设施管理

乡村旅游设施管理按时间序列分为前期管理、服务期管理和更新改造三个阶段。

(一)前期管理

设施的前期管理包括调查研究、项目规划、购买安装和调试三个部分。做好设施的前期管理工作,可以为今后设施、设备的运行、维护、维修、更新等管理工作奠定良好的基础。

(二)服务期管理

乡村旅游企业从开始接待游客起,其设施也就开始投入服务,服务期的设施管理主要工作是日常维护、保养及修理。服务期管理的基本要求:第一,合理安排设施的负荷率,如载客的游艇、缆车等,应严格按照各种设施的技术性能和负荷限度来安排运营,超负荷运转不但会损坏设施,而且会留下安全隐患。第二,设施设备的操作,要配备专职的操作和管理人员。第三,建立健全使用、维护、保养规章制度。第四,为设施设备的运行,提供良好的工作环境和条件,延长其使用寿命。

(三)更新改造

随着科学技术的进步和旅游需求的不断变化,乡村旅游企业设施要不断地进行更新改造。更新是指用经济效果好,技术先进、可靠的新设备替换原来经济效果差、技术落后的老设备。改造是指通过采用先进的技术对现有落后的设施设备进行改造,使其提高节能效果,改善安全和环保特性。

第二节 乡村旅游人力资源管理

【引例】

《最美》团队"带火"最美驿站 乡村旅游人才带富乡土一隅[①]

近年来,鄂托克前旗聚焦乡村文旅产业发展需求和人才振兴短板,出台乡土人才工作

---

① 鄂托克前旗智慧党建.《最美》团队"带火"最美驿站 乡村旅游人才带富乡土一隅[EB/OL].[2022-07-19].https://mp.weixin.qq.com/s?__biz=MzA4OTIwOTcxNQ==&mid=2650661383&idx=4&sn=83f7d9d1874c5c92b2021602132b47ea&chksm=88172c1bbf60a50d11e0b7ec0ca79d5ae11fbcbb211084979491f25f4cc91bdb825e962bb101&scene=27.

站建设方案,成立"智创草原"乡村振兴文旅专家人才工作站,通过技术指导、项目合作等方式,加强与高等院校合作,重点引进一批会策划、懂经营、善营销的领军型、高层次文旅专业人才和研学旅游团队,共建人才实训基地,加强文旅产学研结合示范基地建设。2022年7月17日,鄂托克前旗特邀《最美》团队一行来到巴彦希泊日嘎查希泊尔驿站开展巡演。旗乌兰牧骑现场助演,巡演现场700个席位座无虚席,"手工艺集市"创意新奇,抖音、微博、快手平台直播和互动粉丝量直冲16万。

思考:乡村旅游企业如何有效地进行人力资源招聘工作?

人力资源是乡村旅游经营单位最基本、最重要、最宝贵的资源。以乡村旅游企业为例,乡村旅游企业经营管理实质就是对"人"的管理,通过组织人员来使用和控制乡村旅游企业的其他资源——土地、资金、信息、时间、形象和口碑,从而形成乡村旅游企业的服务接待能力,达到经营的预期目标。①

▶一、乡村旅游企业的组织结构

为有效地进行人力资源管理,首先应进行人力资源规划工作,规划可以邀请专家、学者或专门机构进行编制。若为了节约规划成本,可以首先将乡村旅游企业的工作进行分解,确定组织管理层次,设置各类岗位,并赋予各岗位应有的管理权利与义务。一般而言,乡村旅游企业的组织结构如图7-1所示。乡村旅游企业经营者的职位为董事长,各部门相应的职位为部门经理。当然,各个乡村旅游企业要根据实际情况建立组织机构、定岗定职。对乡村旅游企业或小型乡村旅游企业来说,经营方式以家庭为单位,以自我雇佣为主,所以在人力资源管理的体现上基本是家庭夫妻二人的分工协作。

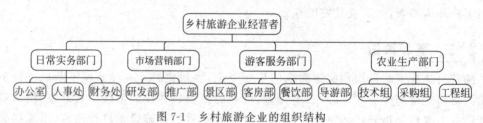

图7-1 乡村旅游企业的组织结构

▶二、乡村旅游人力资源规划

(一)乡村旅游人力资源规划的含义

乡村旅游人力资源规划是指乡村旅游企业为实施发展战略和适应内外环境的变化,运用科学的方法对旅游人力资源的需求和供给进行预测,并制订出适宜的计划和方案,从而使旅游人力资源需求和供给达到平衡的过程。②

---

① 耿红莉.休闲农业与乡村旅游发展理论与实务[M].北京:中国建筑工业出版社,2015.
② 陈彦章.旅游人力资源管理[M].北京:中国人民大学出版社,2015.

(二)乡村旅游人力资源规划的内容

乡村旅游人力资源规划的内容主要包括:收集信息、旅游人力资源需求预测、旅游人力资源供给预测、旅游人力资源规划方案制定和实施、旅游人力资源规划方案的反馈与评价。

旅游人力资源规划的核心内容是旅游人力资源预测,包括旅游人力资源需求预测和供给预测两个方面。根据预测结果判断乡村旅游企业人力资源过剩或者短缺的状况,进而制定有效的旅游人力资源规划方案。乡村旅游企业在进行人力资源预测前,需要从企业内部和外部收集大量信息,了解企业内部的人力资源状况和企业外部的资源情况(如旅游劳动力市场的有关情况)。旅游人力资源规划方案确定之后,企业就要切实执行计划,并对执行情况进行监督和反馈。

▶三、乡村旅游人力资源的招聘与甄选

招聘和甄选员工是乡村旅游企业人力资源管理的重要内容之一,能够有效满足企业发展对高质量人力资源的需要,在一定程度上保持企业员工队伍的稳定性;同时,也是企业树立良好形象、对外宣传的有效渠道。

(一)招聘的途径与程序

1. 招聘的途径

乡村旅游企业的招聘可分为内部招聘和外部招聘,乡村旅游企业应坚持内部培养提升和适当引进相结合的办法,以保证乡村旅游企业人力资源的有效利用和持续开发。

(1)内部招聘

内部招聘是指从乡村旅游企业内部寻找并挑选合适的人。内部招聘对象的主要来源有:一是提升,从内部提拔一些合适人员来填补职位空缺是常用的方法,它可以使企业迅速从员工中提拔合适的人选到空缺的职位上。二是工作调换,它是指职务级别不发生变化,工作的岗位发生变化,可以提供员工从事企业内部多种相关工作的机会,为员工今后提升到更高一层的职位做好准备。

(2)外部招聘

如果内部招聘满足不了需求,企业自然要把目光投向企业外部。外部招聘也称社会招聘,是指企业在创建初期或者在产业调整、转型需要大批专业技能人才时,从企业外部招聘所需人才的招聘方式。一般来说,学校、人才交流市场、猎头公司等都能够满足企业外部招聘的需要。[1]

2. 招聘的程序

(1)确定招聘需求

在对各岗位设计、工作分析的基础上,依据工作规程及职位说明书,人力资源部门在对各部门的人力需求情况以及所需员工的工作层次、能力要求,数量等情况汇总后,制订

---

[1] 陈彦章.旅游人力资源管理[M].北京:中国人民大学出版社,2015.

出人力资源需求和供应预测计划,以确定企业需要多少人,需要什么样的人,确定具体的用人标准和数量(见表7-2)。

表7-2 用人标准和数量

需求岗位名称	需求人员数量	其 他 要 求
前台接待	2	××以上学历,女性,××岁以下
总经理助理	1	××以上学历,××岁以下

(2)确定招聘的对象、来源和途径

根据各部门人力需求的计划,在对各部门定编定员的基础上,经审核后,认定各部门所需增补员工配备的数量和工作性质、层次,所需增补配备员工的具体工种和职位,并确定招聘员工是外部还是内部聘用,是用刊登广告的方式还是员工推荐的方式或是同步进行,学历和专业技术职称要求等。

(3)确定应试的时间和地点

在行业竞争日益激烈,都在注重人才的背景下,选择适当的招聘时间很重要,如每年大中专院校学生的毕业时间是较好的机会。另外,在招聘时间确定上,还应注重收集信息。

(二)员工甄选与录用

员工甄选是指由人力资源部门和有招聘需求的部门通过一定的工具和方法,根据企业的招聘需求,对潜在录用者的任职资格予以考察,并预测其未来的工作绩效。乡村旅游企业员工甄选的一般程序如图7-2所示。

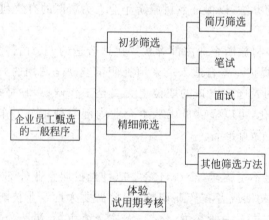

图7-2 乡村旅游企业员工甄选的一般程序

1. 简历筛选

简历筛选是企业人力资源部门通过应聘者的个人简历或应聘申请表来考察应聘者教育背景、工作潜质等任职资格的一种审查方式。这是缩小面试规模、减少招聘成本的有效形式。

在筛选简历时,首先,应该分析简历的基本结构和语言逻辑,这在一定程度上反映了应聘者的思维组织能力和语言表达能力。其次,通过审查简历的具体内容,考核应聘者是否符合招聘需求岗位的任职要求,将不符合要求的直接去掉。最后,对于通过审核的简历,着重标记那些感兴趣的或可质疑的部分,在面试环节加以询问。

应聘申请表(见表 7-3)与招聘的岗位直接相关,有助于企业对应聘者资料进行统一整理和对比分析,在初步筛选中发挥着重要的作用。

在筛选应聘申请表时,首先,根据应聘者的书写内容判断应聘者的求职态度。其次,要重点审查资料的可信度、与招聘需求岗位任职资格的吻合度。最后,要注明应聘申请表中的可疑之处,便于面试时提出问题。

表 7-3 应聘申请表

岗位意向: 　　　　　　　　　　　　　　　填表日期: 　年　月　日

姓　　名		性　　别		出生日期		1寸 免冠照片
民　　族		婚姻状况		健康状况		
最高学历		专　　业		政治面貌		
血　　型		身　　高		E-mail		
身份证号				现 住 址		
手　　机				紧急联系人电话		
教　育　经　历(高中以上)						
在　校　时　间		学校及学院(系)或培训单位名称		所学专业		所获学位
年　月至　年　月						
年　月至　年　月						
年　月至　年　月						
年　月至　年　月						
工　作　经　历						
工　作　时　间		工作单位		联系电话	职务及职称	月收入
年　月至　年　月						
年　月至　年　月						
年　月至　年　月						
年　月至　年　月						
家庭及主要社会关系(配偶、子女、直系亲属)						
姓　名	称谓	联系电话		联系地址		住址及联系电话

其他要求:

特　别　声　明

本人在此确认,我在本表中提供的有关信息是真实准确的,我愿意承担因任何虚假与不实造成的一切后果。本人同意公司在必要的情况下对有关信息进行调查。　申请人(签字):　　　　　
　　　　　　　　　　　　　　　　　　　　　　　　　　　　　　　　　　年　月　日

2. 笔试

笔试在员工甄选中的主要作用是考查应聘者的基础知识和素质能力,并根据成绩的高低确定进入下一甄选环节的人选。笔试的考核范围包括:社会文化知识、语言理解能力、专业知识等。除此之外,也有部分企业通过笔试测试应聘者的心理素质和性格特点。

笔试的信度和效度较高,成绩客观、公正,花费的时间少,成本低廉,所以在招聘初始筛选中使用率很高。但是,笔试不能对应聘者的实际操作能力、道德修养、应变能力和工作态度进行全面的考核。所以,在使用笔试甄选时,一定要保证命题对考核应聘者文化知识和工作能力的有效性。此外,还应设立统一的考评标准,确保笔试的公平性。

3. 面试

正式面谈和测试是招聘过程中很重要的步骤,正式面谈包括测试(有关心理测试)部分。正式面谈和测试力求达到以下目的:对应聘者做进一步了解;做任职资格的能力测试;初步发掘应聘者的潜在能力;进一步加强双向沟通和联系。

几乎所有的企业在招聘中都会采取面试这种甄选方式。面试即企业招聘代表与应聘者面对面交流,考察应聘者的实际工作能力、应变能力和举止修养。招聘代表通常根据应聘者的面试表现,判断应聘者的语言表达能力、逻辑思维能力、个人修养、心理素质,并对应聘者未来的工作表现进行合理的预测。面试是一个双向选择的过程,企业应努力创造轻松的面试氛围,全面了解应聘者的专业知识和工作技能。

4. 员工的录用

正式面谈结束后,应立即将各种记录汇总整理,结合背景资料,做出综合判断以决定是否录用。如果是中层和高层职位的应聘工作,则应由中、高层领导再次或多次与之面谈后再行定夺。当审核确定无误和体检合格之后,就基本确定了员工的录用。企业要为新员工发放录用通知,以示郑重,录用通知以书面为宜。

▶四、乡村旅游企业人力资源培训

员工培训是乡村旅游企业人力资源管理的一项基本职能活动,是提高组织绩效、使组织获取和增强竞争优势、维持组织有效运转的重要手段。

(一)乡村旅游企业员工培训类型

乡村旅游企业人员培训的形式很多,可以从培训性质、培训对象、培训内容、培训地点等方面分门别类地进行区分。

1. 按照培训性质区分

按培训的性质可以将乡村旅游企业员工培训分为岗前培训、在岗培训、转岗培训及晋升培训和技术等级培训等岗前培训。

岗前培训即员工上岗前的培训,其目的是为乡村旅游企业提供一支具有全面专业知识、较强业务技能与严谨工作态度的员工队伍。岗前培训因训练内容的不同,可分为一般性岗前培训和专业性岗前培训。

在岗培训是对在职员工进行的以提高本岗位工作能力为主的不脱产训练形式。有利于改善现有人员素质不适应工作需要的局面,使现有人员的知识、技能从低水平向高水平发展,提高生产效率;也利于解决乡村经营管理和服务质量中存在的问题。

转岗培训是指员工由于工作需要从一个岗位转向另一个岗位时,对转岗人员取得新岗位任职资格所进行的训练活动。转岗培训具有适应性的特点,要求为转岗人员进行适应新岗位任务要求的知识、技能培训。

晋升培训是为晋升人员进行的,以达到晋升岗位规范要求的训练活动,一般来说,新晋升岗位与原岗位存在内在联系,对其培训应是在原有水平基础上的提高。

技术等级培训是按国家相关部门颁布的技术等级标准,为使人员达到相应级别的技术水平而进行有关的训练活动,如对导游进行相应的等级和语种培训。

2. 按照培训对象区分

按照培训的对象可以将乡村旅游企业员工培训分为职业培训和发展培训。

职业培训主要针对操作层员工,培训的重点放在培养和开发操作人员的技术技能方面,使他们熟练并掌握工作所需的知识、方法、步骤和过程,并能够胜任自己的岗位。

发展培训主要针对乡村的管理层员工,培训的核心在于培养和提高管理人员的观念意识与决策督导技能。通过培训使其了解和把握乡村旅游企业内外的经营环境以及自身在乡村中所处的地位和作用,提高洞察力,认清乡村发展的方向,提高适应乡村旅游企业经营环境变化等的决策能力。

(二)乡村旅游企业员工培训内容

乡村旅游企业员工培训的内容与企业员工的工作有关,不同的岗位应安排不同的培训内容。总体来说,乡村旅游企业员工培训的内容包含三个方面(见图7-3)。

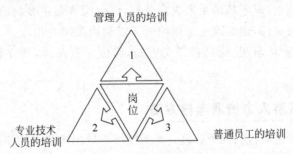

图 7-3 乡村旅游企业员工培训的内容

1. 管理人员的培训

乡村旅游企业管理人员在乡村发展中起着至关重要的作用。培训既要重视对乡村旅游企业管理人员创新意识的培养,以保持乡村发展的超前性;又要重视对乡村旅游企业管理人员管理能力、管理方法和管理技巧的培养,使其将乡村旅游企业管理达到科学性与艺术性的统一,使乡村旅游企业得到有效发展。

2. 专业技术人员的培训

乡村旅游企业专业技术人员的培训属于大学毕业后接受的再教育。培训的目的在于让员工不断地接受新知识、新技能,全面提高专业技术人员的创造素质,培养适应新环境的乡村旅游企业高级专门人才,直接有效地为乡村旅游企业的发展服务。专业技术人员的培训根据专业性质不同,培训的深度和广度应有所区别。

3. 普通员工的培训

乡村旅游企业普通员工的培训一般以专业技能训练为重点。通过实际技能训练,提高乡村旅游企业员工的实际操作能力和应变能力。提高专业技能,必须建立在掌握基础理论知识的基础上,因此,专业理论知识培训是乡村旅游企业员工岗位培训的基础。岗位培训既是基础性培训,又是长久性培训,要持久开展乡村旅游企业员工岗位培训就应引入外部激励机制,通过严格管理和持证上岗制度,采用精神激励和物质激励双管齐下的方法,可以有效促进乡村旅游企业员工基本素质及专业技能的提高。

▶五、乡村旅游人力资源的考核和薪酬福利管理

乡村旅游企业员工的价值不仅受其能力和素质的影响,而且受其工作态度和工作方式的影响。为了调动员工的积极性,改进员工的工作方式,提高员工的工作效率,需要进行员工绩效管理。

(一)乡村旅游人力资源考核内容

对在职员工进行定期考核,可以了解员工的工作效率及态度。考核的结果作为乡村旅游企业管理者对员工进行奖惩或调整的依据。考核的项目一般包括工作态度、工作业绩、道德品行、协调能力、执行能力、学习能力等。

乡村旅游企业应该建立多层次、多维度、多方法综合整合的绩效考核体系,对员工的工作绩效进行系统评价。要在充分考虑乡村旅游企业员工的岗位职责、工作成果、综合素质和发展潜力的基础上,以考核结果来决定分配,以分配来促进乡村旅游企业员工学习积极性和工作积极性的提高,进而改进工作绩效。以加强激励为出发点,实现分配形式的多样化,通过试行经营者年薪制、岗位责任工资制,岗位工资制等,建立收入能增能减、有效激励的分配制度。

(二)乡村旅游人力资源考核方法

绩效考评的方法主要包括两类:第一类是以行为导向为依据的绩效考评方法,以考察考评对象的行为为主,包括排列法、成对比较法、硬性分布法、关键事件法、行为锚定等级评定法、加权选择量表法等;第二类是以工作结果为依据的绩效考评方法,以考察考评对象的工作业绩为主,包括目标管理法、排序考评法、评级量表法等。下面具体介绍几种主要的绩效考评方法。[①]

1. 目标管理法

目标管理法是以目标为导向,以人为中心,以成果为标准,使组织和个人取得最佳业绩的现代管理方法。目标管理法将乡村旅游企业的工作目标从上往下层层分解,让每一个岗位都有具体的工作目标和与之对应的绩效目标,让每位员工的工作目标充分融进企业战略目标和相应的部门目标之中。这种方法适用于考评工作主动性和独立性较强的员

---

① 陈彦章.旅游人力资源管理[M].北京:中国人民大学出版社,2015.

工,如旅游产品销售人员、项目管理人员等,一般不适用于考评流水作业的员工。

2. 排序考评法

排序考评法亦称排列法、排队法,是绩效考评中比较简单易行的考评方法,即由上级主管根据考评目的和考评内容,将考评对象按绩效总体表现的优劣顺序排列名次。排序考评包括简单排序和选择排序两种。简单排序是最简单的,它按照工作业绩、工作能力、出勤率等绩效考评内容,将同类考评对象按照绩效的好坏依次排序。选择排序也称交错排序,是简单排序的推广形式,即在同类考评对象中挑选最好的和最差的,然后在剩下的员工中挑选最好的和最差的,依次类推,将全部考评对象按优劣顺序进行排列。这种方法有效避免了考评者容易只发现最好的,而忽略中间群体的现象。

3. 评级量表法

评级量表法根据具体的绩效考评内容设计若干绩效指标组成绩效评级量表(见表7-4),

表7-4 导游绩效评级量表

考评内容	考评项目	说　明	评定等级
工作业绩	工作任务	是否按时完成公司月度、季度任务	A B C D E 10 8 6 4 2
	工作质量	是否及时接待来访顾客,提供高质量的旅游产品与服务	A B C D E 10 8 6 4 2
	顾客满意度	是否有较高的顾客满意度	A B C D E 10 8 6 4 2
工作能力	知识储备	是否具备具备相关基础知识、业务知识和相关常识	A B C D E 10 8 6 4 2
	执行能力	是否具备较强的任务执行力	A B C D E 10 8 6 4 2
	表达能力	是否具备良好的沟通能力和交涉能力	A B C D E 10 8 6 4 2
	协调能力	是否能够协调好工作关系和客户关系	A B C D E 10 8 6 4 2
	服务能力	是否能够及时处理顾客的食宿要求,维护好旅客的财产和人身安全,提供优质的导游服务	A B C D E 10 8 6 4 2
工作态度	责任心	是否认真执行导游职责,切实完成导游工作	A B C D E 10 8 6 4 2
	积极性	是否积极配合工作要求和顾客需求	A B C D E 10 8 6 4 2
	纪律性	是否按照公司章程办事,保证正常的出勤率	A B C D E 10 8 6 4 2
评定标准: 非常优秀 优秀 满足工作要求 略有不足 与工作要求基本不符		分数计算 A:70分以上 B:60~70分 C:45~60分 D:45分以下	总分:

考评者根据员工的实际绩效选择考评对象所属考评等级。这种量表能够把所要求考评的绩效内容以数量化的形式呈现出来,不仅省时,而且容易掌握,人力资源部门可以根据员工得分较低的绩效内容进行有针对性的指导和培训。但是,这种方法在考评中容易犯趋中误差。

(三)乡村旅游企业薪酬与福利管理

安定有保障的生活是每个员工的共同追求。因此乡村旅游企业的经营者应制定合理的薪酬制度,调动员工积极性、减少员工流动、提升士气,从而提高乡村旅游企业的经营效益。

1. 乡村旅游企业员工薪酬的构成

(1) 基础工资

基础工资是员工薪酬中相对稳定的部分,是薪酬的主体,是确定退休金的主要依据。基础工资通常由职务、岗位及工作年限决定。

(2) 津贴

津贴是工资的政策性补充部分。例如,对有专业技术职称的人员给予职称津贴;给予劳动条件恶劣的地区及工种的津贴;国家规定的价格补贴等。

(3) 奖金

奖金是根据员工的特殊业绩或根据企业的经济效益状况给予的额外薪酬,如节约奖、合理化建议奖、年终综合奖等。

(4) 福利

福利是所有员工都能享受的、与其贡献关系不太大的利益,如企业的文化体育设施、托儿所、食堂、医疗保健、优惠住房等。

(5) 保险

保险指企业给予员工的保险性待遇,包括养老保险、失业保险、工伤保险、医疗保险和生育保险,还有住房公积金。

2. 乡村旅游企业福利设计和管理

乡村旅游企业员工福利是企业为了改善员工生活和解决员工特殊困难而支付的社会消费基金的一种表现形式。与工资、薪金和奖励不同,福利通常与员工工作绩效无关。奖金是付给那些工作超过既定标准的员工的货币报酬,而福利则对所有员工都适用,它是企业为了维护员工身心健康、生活安定、为解决员工后顾之忧而采取的工资以外形式的各种保障措施。

第三节 乡村旅游财务管理

【引例】

怎么打造轻资产?[①]

第一,在建设上,要少拆,轻装修,重装饰。如果外立面和主体结构不变,以内部改造

---

① 园丁谷风. 怎么打造轻资产?[EB/OL].[2021-05-20]. https://baijiahao.baidu.com/s?id=1700268483815917652&wfr=spider&for=pc.

和装饰为主,既省成本,又更受游客欢迎。第二,在景观打造上,尽量用自然田园景观代替人工造景,让农业身兼多职。第三,景点或项目点缀上,尽量因地制宜、就地取材。用当地原有的野花野草、枯枝废叶乃至废物利用,接近零成本,就能创造让人眼前一亮的打卡景点或项目。第四,多用项目运营代替硬件建设,多用创意代替耗资大的设施。在客户体验项目上,尽量做到,能用运营解决的事,就不要用建设来解决;能用软件服务来解决的项目,就不要用硬件设施来解决。

思考:乡村旅游开发时如何有针对性的减成本、省成本?

▶一、乡村旅游财务管理的目的

乡村旅游企业财务管理是乡村旅游企业管理的一部分,因此,乡村旅游企业财务管理的目标取决于乡村旅游企业的总目标。乡村旅游企业的管理目标可以概括为生存、发展和获利。[①]

(一) 生存

乡村旅游企业要想生存,就必须寻求生路,也就是要提供满足社会需求的适销对路的产品和服务,不断扩大收入,降低成本费用,实现盈利。否则,乡村旅游企业收不抵支,长期亏损,就会面临破产和倒闭。另外,乡村旅游企业如果有大量的债务到期不能偿还,也会面临破产的风险。所以,乡村旅游企业生存的主要威胁来自两个方面:一方面是长期亏损,它是乡村旅游企业终止的内在原因;另一方面是不能偿还到期债务,它是乡村旅游企业终止的直接原因。保持以收抵支和偿还到期债务的能力,减少破产的风险,使乡村旅游企业能够长期、稳定地生存下去,是对乡村旅游企业财务管理的第一个要求。

(二) 发展

在当前激烈的市场竞争中,乡村旅游企业如果只是单纯地具备生存能力,而不能发展、壮大,最终也会被市场无情地抛弃。乡村旅游企业要发展,就要根据市场需求不断地推出更多、更好的产品和服务,扩大乡村旅游企业的收入,使乡村旅游企业在竞争中立于不败之地。这就需要筹集到足够的资金,以改善和更新乡村旅游企业的硬件设施,加强员工培训,提高乡村旅游企业的服务质量,同时加大宣传力度,搞好企业的销售工作,增加乡村旅游企业的收入,促进乡村旅游企业的发展。所以,筹集乡村旅游企业发展所需的资金,是乡村旅游企业财务管理的第二个要求。

(三) 获利

任何一个乡村旅游企业都是以营利为目的,如果不盈利,乡村旅游企业就没有生存、发展的必要和可能。所以乡村旅游企业要使资金得到合理、有效的利用,从中获取回报。这就要求乡村旅游企业要加强营运资金的管理,加速货币资金的回笼;加强固定资产的管

---

① 覃江华.旅游企业财务管理[M].武汉:华中科技大学出版社,2021.

理,提高固定资产的利用率;加强成本费用的管理,降低乡村旅游企业的成本费用;加强乡村旅游企业收益的管理,扩大乡村旅游企业的收入,使乡村旅游企业获利,实现乡村旅游企业的最终目标。

▶二、乡村旅游企业财务管理的内容[①]

乡村旅游经营组织财务管理的主要对象是资金运动,而资金运动贯穿于经营活动的全过程。乡村旅游涉及的财务管理,主要是对资金的流转过程的管理。乡村旅游企业财务管理的内容如下。

(一)筹资管理

筹资是指为了满足乡村旅游企业对于资金的需要而筹措和集中资金的经济行为。筹资管理表现为对乡村旅游企业资金需求量的确定、对筹资方式的选择、对乡村旅游企业权益资本与长期负债比例的规划等。筹资决策的核心问题是确定乡村旅游企业的资本结构。资本结构是指长期负债与权益资本二者之间的比例关系。资本结构决策的首要问题是确定乡村旅游企业资产负债率的高低,即在乡村旅游企业资本总额中安排多高比例的负债。确定乡村旅游企业的股权结构也是资本结构决策的一个重要问题。

筹资方式的选择是筹资决策的一个重要问题。不同的筹资方式具有不同的特点,对乡村旅游企业的影响也不一样。通常乡村旅游企业在筹集资本时,会有多种筹资方式可供选择,不同的筹资方式会导致乡村旅游企业的财务风险程度、资本成本水平等多方面的不同。因此,财务管理人员必须在清楚每一种筹资方式特点的基础上,结合乡村旅游企业自身的特点,做出合理的抉择,以使乡村旅游企业获得代价最低的资本来源。

(二)投资管理

投资是指乡村旅游企业为了获取经济资源的增值而将其货币投放于各种资产形态上的经济行为。依据投资的形式可将投资划分为实物投资与金融投资。

实物投资是对乡村旅游企业生产经营实际应用的实物资产进行的投资,如购置与更新设备,兼并企业进行生产经营规模的扩充,对新的投资项目进行的投资,由于乡村旅游企业经营规模的扩充而对营运资本进行的投资等。

金融投资是对金融性资产所进行的投资,如购买股票、债券等。近数十年间,经济金融化是现代经济发展的趋势,同原始经济中乡村旅游企业主要进行实物投资的形式不同,在现代经济中,大部分投资都属于金融投资。

投资决策首要考虑的问题是如何合理确定乡村旅游企业资产的结构,即乡村旅游企业资产负债表的左方所显示的现金、应收账款、存货、固定资产等的构成比例以及各投资项目的构成比例。乡村旅游企业经营的获利能力及由此相伴的风险程度是由乡村旅游企业的投资结构所构成的。例如,固定资产等长期资产占较高构成比例的企业可能会获取较高的收益,但同时也必须承担流动资产比例较低所导致的资产转化为现金的能力弱、支

[①] 覃江华.旅游企业财务管理[M].武汉:华中科技大学出版社,2021.

付能力差、到期不能还债的高财务风险。乡村旅游企业投资结构应该是能够创造最大经济价值的资产结构,要么在既定风险下得到最大收益,要么是在既定收益水平下承担最小的风险。收益与风险相均衡,是进行投资决策所必须遵循的一项原则。

投资项目财务可行性的评价是投资决策的主要内容。确定一个投资项目财务可行性的重要标准是看该投资项目是否拥有正的净现值,投资项目只有能够带来正的净现值,才能够提升乡村旅游企业的经济价值,才具备财务上的可行性。乡村旅游企业对实物资产和金融资产的投资可行性的评价原则都是以净现值为依据的。

(三) 资产管理

乡村旅游企业的固定资产、流动资产、无形资产、递延资产和其他资产,共同构成了乡村旅游企业日常财务管理的重要内容。乡村旅游企业资产管理的重点是对固定资产、流动资产的管理。

乡村旅游企业的固定资产一般在总资产中占有很高的比例(70%左右),只有深入了解固定资产,合理计提固定资产折旧,加强固定资产的日常管理,不断挖掘固定资产的使用潜力,才能提高固定资产的利用率。

乡村旅游企业的流动资产在总资产当中占有一定的比例,流动资产好比乡村旅游企业的血液,在不断地由货币资金到货币资金的循环周转过程中,完成资金的增值。只有严格加强对流动资产的管理,加速流动资产的循环周转,不断扩大企业的营业收入,减少企业的资金占用,才能增加企业的经济效益。

(四) 成本费用管理

乡村旅游企业的成本费用是指乡村旅游企业在向旅客提供产品和劳务的过程中发生的各项直接支出和耗费。乡村旅游企业的营业成本费用按经济内容可以分为主营业务成本、营业费用、管理费用、财务费用四大部分。乡村旅游企业要遵守成本费用的管理原则,首先要确定成本费用管理的目标,并在此基础上编制出成本费用预算,明确乡村旅游企业成本费用管理的方向。为了保证成本费用预算的实现,乡村旅游企业还要对成本费用进行控制,并对成本费用的实际耗费情况进行考核分析,发现问题,及时纠正,最终保证乡村旅游企业成本费用达到乡村旅游企业的预算目标。

对成本费用的管理也就是对资金耗费的管理,乡村旅游企业内部每一个部门都有耗费,因此,成本费用的管理是一项全员、全过程、全方位的综合性管理。搞好成本费用管理是提高乡村旅游企业竞争力、增加乡村旅游企业盈利的重要途径。

(五) 利润及其分配的管理

乡村旅游企业实现利润以后,要按照国家的有关规定,向国家缴纳所得税,剩余部分就形成了乡村旅游企业的净利润。净利润要在乡村旅游企业、员工、投资者之间进行分配,乡村旅游企业要提取法定的盈余公积金,用于弥补亏损和转增资本;还要提取法定的公益金,用于员工福利和奖励,改善员工集体福利设施等;其余利润进行投资者的收益分配,或暂时留存于乡村旅游企业,作为投资者的追加投资。这一切就构成了乡村旅游企业利润及其分配的管理。

乡村旅游企业要搞好收入管理、利润管理和利润分配管理,就必须努力做好销售预测和决策,广开销售渠道,扩大客源,使乡村旅游企业收入不断增加。认真做好利润预测和预算,确保乡村旅游企业利润目标的实现,并在兼顾国家、乡村旅游企业、员工、投资者的利益,正确处理眼前利益和长远利益的前提下,合理进行利润分配,以实现财务管理的目标。

三、乡村旅游企业财务分析

(一)财务报表和财务分析概述

财务报表是以会计准则为规范编制的,向所有者、债权人、政府及其他有关群体方及社会公众等外部群体反映会计主体财务状况和经营状况的会计报表。一般来说,需要利用专业的分析技术对财务报表的信息进一步加工、整理,提炼出更多的适合正确决策的信息,也就是财务分析。所谓的乡村旅游企业财务分析,是指在对乡村旅游企业现有财务数据和经营状况了解的基础上,综合运用各种分析方法和技巧,评价乡村旅游企业过去的经营业绩,衡量乡村旅游企业现在的财务状况,预测乡村旅游企业未来的发展趋势,为乡村旅游企业相关利益者正确地进行财务决策提供合理的依据。

(二)常见的财务报表

1. 资产负债表

资产负债表(见表7-5)是反映企业在某一特定时点财务状况的会计报表,它根据企业的资产、负债及所有者权益之间的关系,按照既定的分类标准和顺序,将企业一定日期的资产、负债和所有者权益各个项目予以适当的排列,再对日常会计数据分类汇总后编制而成。①资产负债表建立在"资产－负债＝所有者权益"的恒等式基础上,这个恒等式要求企业同时掌握资金的来源(负债和所有者权益)与资金的用途(如何把资金分配在各种资产上),是了解企业财务结构最重要的工具。

表 7-5 资产负债表
年度

编制单位: 单位:元

项目	行次	年末数	年初数
流动资产:			
货币资金			
短期投资			
应收票据			
应收股利			
应收利息			

---

① 胡芬.旅游企业财务管理[M].武汉:华中科技大学出版社,2020.

续表

项　　目	行次	年末数	年初数
应收账款			
其他应收款			
预付账款			
应收补贴款			
应收出口退税			
存货			
待摊费用			
一年内到期的长期债权投资			
其他流动资产			
流动资产合计			
长期投资：			
长期股权投资			
长期债权投资			
*合并价差			
长期投资合计			
固定资产：			
固定资产原价			
减：累计折旧			
固定资产净值			
减：固定资产减值准备			
固定资产净额			
工程物资			
在建工程			
固定资产清理			
固定资产合计			
无形资产及其他资产：			
无形资产			
长期待摊费用			
其他长期资产			
其中：待转销汇兑损失			
无形资产及其他资产合计			
递延税项：			
递延税款借项			
资产总计			
流动负债：			
短期借款			
应付票据			
应付账款			
预收账款			
应付工资			
应付福利费			

续表

项　　目	行次	年末数	年初数
其中：职工奖励及福利基金			
应付股利			
应付利息			
应交税金			
其他应交款			
其他应付款			
预提费用			
预计负债			
递延收益			
一年内到期的长期负债			
其他流动负债			
流动负债合计			
长期负债：			
长期借款			
应付债券			
长期应付款			
专项应付款			
其他长期负债			
其中：待转销汇兑收益			
长期负债合计			
递延税项：			
递延税款贷项			
负债合计			
＊少数股东权益			
所有者权益（或股东权益）：			
实收资本（或股本）			
中方投资（非人民币本期末金额）			
外方投资（非人民币本期末金额）			
减：已归还投资			
实收资本（或股本）净额			
资本公积			
盈余公积			
其中：法定盈余公积			
法定公益金			
任意盈余公积			
未分配利润			
所有者权益（或股东权益）合计			
负债和所有者权益（或股东权益）总计			

2. 利润表

利润表(见表7-6)是反映企业在一定会计期间内的经营成果的会计报表。它把一定时期内企业从事经营业务取得的收入、对外投资取得的收入、非经营业务取得的收入与从事经营业务发生的成本、销售费用、管理费用、财务费用进行对比,从而计算出企业的净利润。利润是企业经营业绩的综合体现,是进行利润分配的基础,因此利润表也是衡量企业经营绩效最重要的依据。

表7-6　利润表

编制单位：　　　　　　　　　　时间：　　　　　　　　　　　　单位：元

项　目	行次	上年数	期末数
一、主营业务收入			
主营业务成本			
主营业务税金及附加			
二、主营业务利润(亏损以"一"号填列)			
加：其他业务利润(亏损以"一"号填列)			
减：营业费用			
管理费用			
财务费用			
三、营业利润(亏损以"一"号填列)			
加：投资收益(损失以"一"号填列)			
补贴收入			
营业外收入			
减：营业外支出			
加：以前年度损益调整			
四、利润总额(亏损以"一"号填列)			
减：所得税			
五、净利润(净亏损以"一"号填列)			

3. 现金流量表

现金流量表(见表7-7)是以现金的流入和流出汇总说明企业在报告期内经营活动、投资活动、筹资活动现金流量状况的会计报表。它通过企业经营活动、投资活动、筹资活动的现金流入和流出情况,说明企业经营业务获取现金、偿还债务、支付股利和利息的能力,从另一个角度审视企业的经营成果,弥补利润表在衡量企业绩效时面临的盲点。现金流量表是评估企业能否持续存活及竞争最核心的工具。

表 7-7 现金流量表

编制单位： 年 月 单位：元

项 目	本期金额	上期金额
一、经营活动产生的现金流量		
销售商品、提供劳务收到的现金		
收到的税费返还		
收到其他与经营活动有关的现金		
经营活动现金流入小计		
购买商品、接受劳务支付的现金		
支付给职工以及为职工支付的现金		
支付的各项税费		
支付其他与经营活动有关的现金		
经营活动现金流出小计		
经营活动产生的现金流量净额		
二、投资活动产生的现金流量		
收回投资收到的现金		
取得投资收益收到的现金		
处置固定资产、无形资产和其他长期资产收回的现金净额		
处置子公司及其他营业单位收到的现金净额		
收到其他与投资活动有关的现金		
投资活动现金流入小计		
购建固定资产、无形资产和其他长期资产支付的现金		
投资支付的现金		
取得子公司及其他营业单位支付的现金净额		
支付其他与投资活动有关的现金		
投资活动现金流出小计		
投资活动产生的现金流量净额		
三、筹资活动产生的现金流量		
吸收投资收到的现金		
取得借款收到的现金		
收到其他与筹资活动有关的现金		
筹资活动现金流入小计		
偿还债务支付的现金		
分配股利、利润或偿付利息支付的现金		
支付其他与筹资活动有关的现金		
筹资活动现金流出小计		
筹资活动产生的现金流量净额		
四、汇率变动对现金及现金等价物的影响		
五、现金及现金等价物净增加额		
加：期初现金及现金等价物余额		
六、期末现金及现金等价物余额		

第四节　乡村旅游环境管理

【引例】

常熟市古里镇"五治融合"奏响美丽乡村"五重奏"(节选)[①]

第一，先锋领治，干在治理"最前线"。落实党建引领农村治理"1+N"模式，奏响红色"主旋律"。全面下沉，抓实工作。

第二，村民自治，拓宽参与"主干线"。挥好村规民约"指挥棒"，搞好全民"大合奏"。共商共议，当好"帮手"。

第三，履约法治，拉紧行为"约束线"。为"绿水青山"注入"法润活水"，配好法治"伴奏乐"。机制护航，定分止争。

第四，德治教化，凝聚思想"统一线"。坚持"景美""人和"齐步走，唱响文明"共鸣曲"。文明实践，引领"新风尚"。

第五，数字智治，联通善治"网络线"。运用数字化手段提"智"增效，弹好智治"协奏曲"。一中心通管，塑造"最强大脑"。

思考：结合你所处的地区，谈谈这些年乡村旅游环境的变化情况。

▶ 一、乡村旅游环境概述

乡村旅游能否在激烈的竞争中取胜，能否吸引游客的关键是乡村能否让游客产生满意的、愉快的旅游体验。没有游客，乡村旅游就失去了生存条件。而乡村旅游环境是旅游者整个旅游过程的活动空间，决定着旅游者体验的质量。从旅游者体验的角度来定义的乡村旅游环境就是：它不仅包括乡村的内部环境(自然生态环境和历史文化环境)，还包括乡村旅游的外部环境，外部环境主要指旅游目的地和旅游依托地是否有便利的交通、舒适的旅游基础设施、良好的旅游市场秩序，以及满足各类旅游者要求的特定的环境条件等一系列能影响旅游者体验的环境因素。

乡村旅游环境管理是指运用法律、经济、行政、规划、科技、教育等手段，协调乡村发展与环境保护之间的关系，处理乡村利益相关者涉及环境问题的相关关系，为游客营造能获得美好旅游体验的旅游环境，使乡村旅游企业既能达到可持续发展，又能实现经济利益、社会利益和环境利益的有机统一。

▶ 二、乡村旅游环境管理的内容

（一）内部环境管理

1. 自然环境管理

树立环境保护为主的理念，引导自然环境保护、利用和培育三者的和谐统一。良好的自然生态环境是乡村健康持续发展的基本保证，这应是乡村旅游开发的一个基本理念。

[①] 苏州市人民政府网.常熟市古里镇"五治融合"奏响美丽乡村"五重奏"[EB/OL].[2022-11-04]. https://www.suzhou.gov.cn/mlxcjs/gzdt/202211/896cb721d4f4497d94139650dcb68ded.shtml.

乡村旅游企业开发应以自然生态保护和培育为基础，从而达到综合效益的最佳化。当开发与保护发生冲突时，开发和利用应让位于保护和培育。

建立合理的环境功能分区，明确不同分区内的旅游开发行为和保护力度。根据需要，划定自然保护区、生态敏感区和风景名胜区等环境功能分区，明确各分区的控制标准，进一步明确各分区内的旅游开发行为和保护力度。同时在自然生态类型的乡村中，还应划分出相应的核心区、缓冲区和实验区，从而确定相应的保护目标。

2. 历史文化环境管理

对乡村内文物及历史文化景观的保护和管理。在乡村内构建现代化设施的同时，充分发掘、保护和发展旅游地的传统特色和历史风貌。在乡村环境管理中，除了要不断创新，及时赋予乡村以新的时代特色，同时，尤其要精心保护和管理代表旅游地历史文化的标志性建筑物、文物等历史文化景观。

对乡村旅游企业独具特色的民俗风情的保护和管理。将旅游目的地的民俗风情加以提炼，以当地民俗风情为依托，在乡村内整修一些典型的民俗载体，控制乡村内的建筑现代化和城市化倾向。

乡村内文化氛围的营造和管理。注重乡村内文化氛围的营造，在乡村内建筑装修、店铺门面、园林绿化、环境卫生、广告标志、交通工具等乡村综合风貌上透射文化品位。

（二）外部环境管理

1. 旅游基础设施管理

加强乡村旅游交通建设，为旅游者提供便利、舒适的交通。把景观生态学原理引入旅游基础设施管理，制定不同的标准，对区域内的设施配置做出规定。严格控制其规模、数量、色彩、用料、造型和风格等，尽量使人工建筑的"斑块""廊道""基质"相协调。

2. 旅游市场秩序管理

维护旅游市场的良好秩序，相互协作，抵制不正当竞争行为，提供诚信服务，真实发布乡村信息，不欺诈游客，为游客提供公平交易的旅游市场秩序。同时加强保卫安全措施，使乡村及周边社区的环境保持安全和稳定。

3. 旅游产品开发和营销

在旅游地完善现有的设施建设并引入更多的休闲设施和服务后，不仅能增强目的地的吸引力，提高目的地的生存能力，还能使当地居民受益。在为他们提供更多选择的同时，使旅游者更加分散。在旅游营销过程中，为旅游者提供全面的、具有引导性的信息，有助于他们形成自己的观点和态度，使他们可以在一个更加透明的旅游环境中开展游览活动。

▶三、乡村旅游资源环境容量管理

旅游资源环境质量的变化取决于人类投放的影响和环境承载力两个方面。人类投放的影响越大，造成环境质量下降的可能性就越大，而环境承载力越大，承受影响的能力就越强，环境质量下降的可能性就会降低。要保持旅游资源环境质量状态良好，一方面要控制人为负面的影响，另一方面要合理利用、调控、建设扩大旅游容量和承载能力，这也是旅游资源环境管理的核心内容之一。

(一) 乡村旅游环境容量概述

1. 乡村旅游环境容量的概念

乡村旅游环境容量是指以乡村旅游区(点)作为地域单元的可容纳某种事物的量,在不破坏生态平衡、达到旅游资源质量要求并能满足游客最低游览要求时所能承受的旅游活动的最大值。

2. 乡村旅游环境容量的基本构成

概括来说,乡村旅游环境容量主要包括:环境的生物物理容量、环境的社会文化容量、环境的心理容量和环境的管理容量四个方面。

(1) 环境的生物物理容量

环境的生物物理容量主要与自然资源有关。人们认为没有一个生物物理系统可经受得起毫无限制地开发利用。因此,要设定一个明确的开发使用的界限,这一界限的确立建立在对生态系统脆弱性的评估的基础上。自然环境的容量水平取决于环境的面积和环境的复杂性,相对来说,这一容量较易测定,同时也在旅游管理的实践中被广泛利用。

(2) 环境的社会文化容量

旅游活动一旦超越一定水平,就会给当地居民带来社会、文化方面的负面影响。环境的社会文化容量,首先涉及的是作为接待者的主人。值得注意的是,本土居民和游客,甚至在他们各自的内部,对负面影响因素的认识也有所不同。例如,一个参与乡村旅游经营的居民和一个不参与旅游经营的居民对乡村旅游业的看法也许完全不一样。这使得对环境的社会文化容量难以进行准确的测量和评估,来自人类学家及其他专业的社会科学家的帮助就显得非常重要。

(3) 环境的心理容量

环境的心理容量指的是一个乡村旅游区(点)在能保证随时为游客提供高质量旅游体验的同时所接待游客的最大量。视地区、旅游吸引物的类型,每个游客(从经验丰富的生态游客到普通游客)的具体特点不同,心理容量的范围也不同。通常,在观景点每位游客需要 $20m^2$ 空间;在人口密集的营地,每位游客需要的空间为 $10m^2$。

(4) 环境的管理容量

环境的管理容量指的是在不影响有效管理的情况下,特定乡村旅游区(点)可接待参观的最大限度。管理容量与游客可使用的有形设施的类型密切相关,需要考虑的因素有员工数量、营业时间、解说、标牌服务与设施的限制和停车场空间等。

(二) 乡村旅游环境容量的特征

1. 静态性与动态性

静态性主要是由游客进行某一游览活动所必须停留的时间所决定的,在这一活动过程中,环境容量不会发生变化,即具有一个瞬时环境容量。而动态性是由停留时间的有限性和开放时间的无限性这一关系所决定的,游客的各种流动现象总是表现为输入和输出,开放时间与停留时间的比例就表明了这一特性,此比例被称为旅游环境的周转率。这一特性决定了旅游环境容量在一定时段内可以达到可观的数量,其值一般大于瞬时值。同时,静态性常受当前条件的制约,反映了现状;动态性则反映了运动和变化。

2. 客观性与可量性

在一定时期内，某一旅游环境在构成要素、功能、传达信息等方面具有相对的稳定性，所以由此产生的旅游环境容量的大小是客观存在的，可以通过数据调查、定量分析及数学模型加以计算。

3. 易变性和可控性

在一段时期内，环境具有相对的稳定性，但由于旅游业的发展常与山区、湖泊、海岸带、草原等自然景观，以及古城、古村落、历史遗迹、少数民俗文化等相联系，而这些地区恰恰处于世界经济的外围地带，环境脆弱度高，极易受到来自外界的影响，所以具有易变性。从长远的角度来看，容量变化的原因可能是人类从外部施加的，如人类过度砍伐，造成草场沙漠化、草皮面积减少，导致草场环境容量变小；也可能是来自自然环境本身，如一段时期内降水增加，引起湖泊水面面积扩大，而致使水面旅游环境容量增大；还可能是人与自然双方的原因。

但是，无论何种原因导致的容量变化，只要充分掌握了其运动的规律及系统变化的特征，即可根据自身的目标与需求，对环境进行适度改造，从而达到理想中的容量。如历史上所建的苏堤、白堤都产生了人为扩展水面环境的结果。所以说容量又是可控的，该特性在旅游业的发展中，常表现在对旅游资源充分有效地开发利用上。当然，可控性是有限度的，应在承认规律、尊重客观的基础上进行开发利用。

（三）影响旅游环境容量的两个分量

影响旅游环境容量的两个分量包括旅游环境生态容量和游客感知环境容量。

1. 旅游环境生态容量

旅游环境生态容量即物理和生态意义上的环境容量。旅游活动的强度应限制在自然环境、生态系统不被破坏，旅游点不受污染的范围内，确定这个范围要涉及两方面。

（1）自然环境承纳量。自然环境承纳量是指旅游地环境所能容纳的最大游客数。当游客到达一旅游地旅游时，就必然会产生各种废弃物，排出各种污水污染环境，废气、噪声也会随之产生。当然，自然环境具有再生、恢复的能力，但随着游客数量增多，所造成的污染就可能突破环境自我纳污和净化的限度，这个限度也就是所说的旅游地自然环境承纳量。

（2）生态环境承纳量。生态环境承纳量是指旅游地生态保持平衡所能容纳的最大游客数。由于游客的大量涌入，还可能导致旅游地植被、土壤、生物生活环境等遭到破坏，以致生态环境失调。如游客对草地等植物的直接践踏，对野生动物生存环境产生妨碍而致使物种迁移，游客对珍稀植物采集而造成的品质退化或灭绝等。所以，为确保旅游地生态平衡，又存在一个旅游地的生态环境承纳量问题。

综合考虑自然环境承纳量和生态环境承纳量，才能得出旅游地环境生态容量。

2. 游客感知环境容量

游客感知环境容量即游客旅游时在不影响感受质量、不破坏游兴的情况下所能忍受的拥挤程度，也叫游客的心理承受能力。

倘若旅游地的游客数长期饱和，主要景点总是超载，到处人满为患、拥挤不堪，游客的旅游体验质量就会大大下降，达不到最初期待的旅游效果，使游客认为该旅游地名不符实，从而影响了旅游地的声誉，使旅游地的回头客大大减少，因而在测算旅游地环境容量时应充分将该因素考虑进去。但是由于不同游客的性格、年龄、性别、学识、经历、喜好等各不相同,每个游客对拥挤的忍受程度也不相同,为此通常要经过较为广泛的问卷调查,来测量这个限度。

基本空间标准(单位规模指标)。测量旅游容量,必须要有一个同旅游地承受旅游活动相对应的适当的基本空间标准,即单位利用者(一般指人或人群,也可以是旅游者使用的载体,如车、船等)占用的空间规模或设施量,如人均占有面积。各国(地区)以及不同的旅游活动方式会有不同的基本空间标准。

(四)乡村旅游资源环境容量调控[①]

由于旅游饱和与超载常常导致严重的环境后果,不利于旅游资源的可持续利用。因此,必须依据乡村旅游区(点)的旅游资源环境容量进行调控。在旅游资源管理中,解决旅游饱和与超载的措施分为两个方面。

1. 旅游需求方面

从旅游需求方面来说,主要是降低旅游旺季的高峰流量,使旺季的旅游流量在饱和点之内。通过大众传播媒介向潜在的旅游者陈述已经发生过的旅游超载现象及其环境后果,并预测当年旺季可能出现的旅游流量和超载情况,从而影响旅游者选择旅游目的地的决策行为是较为有效的方法。

2. 旅游供给方面

从旅游供给的角度来说,可以分为三种情况。

(1)乡村旅游区(点)整体性超载,相应采取的是"排斥"与"吸引"并行的外部空间分流措施,"排斥"即采取经济办法并利用大众传播媒介,将潜在的旅游者部分地从即将要整体性超载的旅游景区排斥走。"吸引"则是指利用价格、媒介以及地理上的临近性等,将潜在的以超载旅游景区为目的地的旅游者吸引到未饱和的旅游区或新建旅游景区。

(2)乡村旅游区(点)内的部分景区超载,而其他景区并未达到饱和,景区内的剩余容量完全可以满足超载景区的超载部分。相应的旅游空间分流措施为内部分流,即在超载景区入口地段设置限流设施或提高票价,一旦景区达到饱和则停止游客进入。

(3)景区内部空间分流之后仍然超载。在这种情况下,如果旅游地容量仍有扩大的潜力,则应当尽快予以扩建;如果旅游地已无扩建潜力或扩建后仍不能避免超载,则必须采取与旅游地的整体性超载同样的外部空间分流措施。

第五节 乡村旅游质量管理

【引例】

四方面提高乡村游质量 完善服务机制[②]

一要加强服务人才培训。培养一批守法纪、有文化、懂技术、会经营、讲诚信的乡村旅

---

① 吴国清.旅游资源开发与管理[M].重庆:重庆大学出版社,2018.
② 中国经济网.四方面提高乡村游质量 完善服务机制[EB/OL].[2014-10-09]. http://culture.people.com.cn/n/2014/1009/c172318-25792967.html.

游经营人才,提高服务能力和档次。二要加强基础服务设施建设,消除制约乡村旅游发展的瓶颈。同时要抓好旅游信息服务网络、停车站场等配套设施建设,完善旅游服务功能。三要建立健全规范的乡村旅游接待服务体系,加快食、住、行、游、购、娱等建设,提高乡村旅游的综合服务质量和水平。四要努力营造整洁的村容村貌,良好的乡风文明氛围,为旅游者提供舒适、安全的旅游环境。

思考:请结合一个乡村旅游点,谈谈其旅游服务质量如何?

一、乡村旅游质量管理概述

(一) 质量管理的概念

为了提升乡村旅游企业服务质量水平,企业必须做好服务质量管理工作。质量管理就是乡村旅游企业最高管理者制定质量方针,并依据方针形成质量目标,然后通过质量策划、质量保证、质量控制和质量改进实现质量目标的过程。[①]

(二) 乡村旅游质量的构成要素

乡村旅游质量的构成要素是指那些直接影响游客获得或享受乡村旅游服务的质量要素。从服务过程这一纵向角度来划分,包括技术质量和功能质量。

1. 技术质量

技术质量是由旅游服务生产过程的结果所形成的,在服务管理中,也被称为结果质量,关系到顾客得到什么样的服务。技术质量表明了乡村旅游企业提供什么样的服务,质量的结果是为游客解决问题。例如,乡村旅游企业的咨询中心根据游客要求提供咨询方案,景区交通工具将游客从一个地方安全顺利地送到目的地等。通常来说,游客对于结果质量的评价是比较客观的。

2. 功能质量

技术质量是游客接受旅游服务的所得,它只是旅游服务质量的一部分,因为游客不仅关心得到了什么服务,还关心如何得到这些服务,这就涉及服务的过程,也就是功能质量。功能质量是指旅游服务生产过程对旅游服务质量的影响,它也被称为过程质量。例如,游客是不是能够很快地打开乡村旅游企业的网站,游客入住时是否有等待,是否得到尊重和礼遇等。服务人员的态度、技能、服务的流程、服务设施设备都会对功能质量产生影响。随着竞争的日益激烈,技术质量无法使乡村旅游企业与竞争对手区别开来。乡村旅游企业需要通过功能质量突出其差异性,提升其竞争力,而游客也需要通过功能质量享受服务的过程。

技术质量和功能质量是服务项目质量、服务人员质量、服务设施质量、服务物品质量和服务环境质量共同作用的结果。因此,我们还可以进一步对乡村旅游质量进行划分。

(1) 服务项目质量

服务项目质量主要涉及服务提供的内容和服务提供的方式。首先,从提供的内容上看,乡村旅游企业提供的服务是否能够满足游客的需求。如餐厅是否能提供菜单上的菜

---

① 张懿玮.旅游服务质量管理[M].上海:华东师范大学出版社,2019.

看,民宿是否能提供接送服务等。

(2) 服务人员质量

在大部分乡村旅游企业的服务中,游客会与服务人员面对面地接触,服务人员成为服务质量的决定性因素。服务人员质量包括了服务人员的接待质量和服务人员的形象质量。

(3) 服务设施质量

服务设施质量也会影响服务的效果。在旅游服务场所,乡村旅游企业应该保证各类设施设备运转良好、干净整洁。如果出现问题,要及时进行维修或更换。

(4) 服务物品质量

在旅游服务场所,游客会接触到各种服务物品,比如民宿的洗浴用品、吹风机等,餐厅的菜单,旅游点的宣传册等。这些有形物品的质量好坏也会影响游客对服务质量的评价。

(5) 服务环境质量

服务环境质量是游客进入服务场所对服务质量的第一印象。服务环境包括服务场所的布局、层高、装潢装饰、灯光、卫生状况、气味、通风、背景音乐等。

▶ 二、乡村旅游质量评价

目前,学界虽然对旅游服务质量评价方法进行了一些探讨,但真正针对乡村旅游服务质量的评价方法研究甚少。一般乡村旅游服务质量采用定性分析和定量分析结合的方法。[①]

在乡村旅游服务质量评价的不同阶段,研究人员可采用多种定性研究与定量研究相结合的方式。在对乡村旅游服务评价表进行赋权重之前,研究人员应该采用深度访谈、德尔菲法、专家座谈等定性方法,了解游客、企业管理者以及相关方面专家对服务质量评价体系中各因素所占比重的建议,明确乡村旅游服务评价的重要方面。对乡村旅游服务进行定量评价之后,需要对评价进行实地验证,与游客和企业管理者进行座谈,了解定量评价过程和结论,并判断其是否与实际情况相吻合。

服务质量评价最常用的方法是测量顾客满意度。顾客满意度是指客人对所购买的乡村旅游产品和服务的满意程度,一直以来被广泛应用于测度人们对服务、产品等的看法,是一项非常有效的测量指标。顾客满意度是站在客人的立场而设置的,它通过测量客人的感受来评价服务质量,而非过去那种服务标准与客人感受的比较。

(一) 顾客满意度法

顾客满意度(customer satisfaction,CS)是质量管理领域最基本、最核心的概念之一,《质量管理体系——基础和术语》(GB/T 19000—2016)对顾客满意度的定义是"顾客对其要求已被满足程度的感受",并注明"顾客报怨是一种满意程度低的最常见的表达方式,但没有抱怨并不一定表明顾客很满意。即使规定的顾客要求符合顾客的愿望并得到满足,也不一定确保顾客很满意。"该定义强调顾客满意度是一种主观感受,而它主要来自心理比较。

---

① 周培.乡村旅游企业服务质量理论与实践[M].成都:西南交通大学出版社,2016.

1. 顾客期望质量调研

顾客对乡村旅游服务质量的评价,取决于游客对服务的感受(体验)与游客对服务期望的比较,当游客对服务的感受质量大于或等于服务期望质量,游客感到满意,反之,就会感到不满。所以,在乡村旅游服务质量评价中,必须了解游客的服务期望质量。

2. 顾客感知服务质量调查

研究人员在每次服务结束后对顾客感知服务质量进行调查。研究人员在服务开始之前对顾客进行服务期望调查,服务结束后对顾客进行服务感受质量调查(见表7-8),了解在服务过程中哪些方面没有达到顾客的预期,对企业的服务是否满意。若顾客不满意,则乡村旅游企业要分析服务失误的原因,是因为企业宣传中给予了顾客过高的服务承诺,导致顾客对服务期望过高;还是由于在服务过程中,企业服务质量欠缺没有达到顾客的预期。若是因为企业服务质量欠佳造成顾客不满,则要分析引起顾客不满的主要因素,并采取针对性的措施。

表7-8 乡村旅游点满意度调查表

编号	评价内容	评价
1	乡村旅游点的卫生状况	5. 非常满意 4. 比较满意 3. 一般 2. 不太满意 1. 非常不满意 0. 不清楚
2	乡村旅游点的生态环境(空气质量及绿化状况)	5. 非常满意 4. 比较满意 3. 一般 2. 不太满意 1. 非常不满意 0. 不清楚
3	旅游安全保障	5. 非常满意 4. 比较满意 3. 一般 2. 不太满意 1. 非常不满意 0. 不清楚
4	高峰客流管理(指对客流量的控制与疏导)	5. 非常满意 4. 比较满意 3. 一般 2. 不太满意 1. 非常不满意 0. 不清楚
5	乡村旅游点吸引力	5. 非常满意 4. 比较满意 3. 一般 2. 不太满意 1. 非常不满意 0. 不清楚
6	与广告宣传的相符程度	5. 非常满意 4. 比较满意 3. 一般 2. 不太满意 1. 非常不满意 0. 不清楚
7	门票收费的合理性	5. 非常满意 4. 比较满意 3. 一般 2. 不太满意 1. 非常不满意 0. 不清楚
8	门票支付/兑换便利性(指刷卡支付及网购门票兑换的便利程度)	5. 非常满意 4. 比较满意 3. 一般 2. 不太满意 1. 非常不满意 0. 不清楚
9	乡村旅游点公共厕所的分布及卫生状况	5. 非常满意 4. 比较满意 3. 一般 2. 不太满意 1. 非常不满意 0. 不清楚
10	乡村旅游点标识牌的分布及清晰程度	5. 非常满意 4. 比较满意 3. 一般 2. 不太满意 1. 非常不满意 0. 不清楚
11	工作人员仪容仪表和服务态度	5. 非常满意 4. 比较满意 3. 一般 2. 不太满意 1. 非常不满意 0. 不清楚
12	生态/农业知识及乡土民俗的宣导	5. 非常满意 4. 比较满意 3. 一般 2. 不太满意 1. 非常不满意 0. 不清楚

3. 顾客投诉记录调研

服务企业应高度重视顾客的投诉,顾客投诉企业,说明对企业抱有希望。如果处理好顾客投诉,也许他就会转变对企业的评价,由对企业服务的不满转变成为满意,原准备对企业做负面宣传转变为对企业做正面口碑宣传,进而转变成企业忠诚顾客;如果对顾客投诉处理不好,不但会流失顾客,而且顾客可能会对企业做负面宣传。所以,企业应长期记录顾客投诉的情况,分类整理,发现在服务质量方面出现差错频率高的地方,分析造成此问题的症结所在,及时改变和纠正问题。

4. 顾客建议的调研

服务质量评价高低,最有发言权的就是顾客,要想提高服务质量,必须倾听顾客的意见和建议,企业应当长期记录顾客建议,定期整理归类,分析其合理建议并给予采纳,不断提高顾客的满意度。

5. 对竞争对手的调查

知己知彼,百战不殆。企业不但要对本企业的顾客进行调查,还应该调查竞争对手的顾客,找出本企业服务质量不如竞争对手做得好的方面,学习竞争对手做得好的方面,改进本企业的工作方法和流程,不断提高本企业服务质量。

(二) SERVQUAL 方法

SERVQUAL 是 service quality 的缩写,它是在 20 世纪 80 年代末由美国市场营销学家帕拉索拉曼(Parasuraman)、齐塞尔(Zeithaml)和贝利(Berry)提出来的一种服务质量评价方法。这一方法的基础是服务质量差距模型,即服务质量取决于顾客感知的服务水平与顾客期望的服务水平的差别程度。如果顾客感知的服务质量高于期望的水平,服务质量就是高的,否则服务质量就是低的。SERVQUAL 方法得到了理论界和实业界的广泛认可,也在旅游服务质量评价领域得到了充分运用。

(三) IPA 方法

重要性—效绩分析(importance-performance analysis,IPA)最初是在 1977 年由马蒂拉(Martilla)和詹姆斯(James)提出来运用于市场营销研究的。由于这一方法简单有效,很快地推广运用于评价服务质量。IPA 的基本思想是基于顾客的角度,通过评价服务要素的重要性和实际效绩表现,确定服务质量改进的方向。由于 IPA 方法将顾客所关注的服务要素的重要性和顾客对服务的满意度有效地组合起来,企业很容易确定提升服务质量时应该关注哪些主要的因素,以及应该改进哪些因素。基于轻重缓急的质量改进,有助于利用有限的资源得到更好的利用。目前这一方法也被广泛用于对乡村旅游企业服务质量的评价。

在 IPA 方法中,通过将两个核心要素——重要度与表现度结合到一个模型之中来测量满意度。在实际操作中,要求顾客评价他们认为某产品或服务的某一属性的重要度(期望),及他们认为服务提供商在这个属性上的实际表现水平(结果)。期望与结果之间的差异反映顾客的需求是否得到满足,或得到满足的程度。

(四)内容分析法

随着互联网的迅速发展,大众点评、携程、去哪儿等电子商务网站上出现了大量的企业点评内容。这些内容不仅已经成为顾客选择乡村旅游企业的重要参照,也成为乡村旅游企业了解自身服务质量水平以及与其他企业之间的差距的重要渠道,分析这些杂乱无章的信息需要内容分析法。

内容分析法最初源于传播学,应用于对报纸、广播、电视等媒介传播内容进行实证分析,现在已经被广泛应用于传播学、政治学、社会学、管理学等各个领域。内容分析法是对文本进行分析的一种方法,而所谓的文本含义宽泛,既可以包括来自报纸、期刊、图书、信件、日记、纪要、报告、博客、微博、点评等所有文字内容,也可以包括广播、音乐、电影、电视等音视内容。相比问卷调查、访谈、观察等研究方法,内容分析法可以有效突破时空限制,研究者不仅可以对历史和现状进行分析,而且不需要研究对象做出回应,因此,是一种较为便捷的研究方法。

(五)模糊综合评价法

模糊综合评价法是近年来日益流行的一种服务质量评价方法,但相比于其他旅游服务质量的评价方法,它更倾向于是一种计算处理方法。模糊综合评价法来自美国计算机与控制论专家查德(Zadeh)1965年提出的模糊集合理论,它根据模糊数学的隶属度理论,将一些边界不清、难以量化的问题定量化,具有系统性强、结果清晰的特点,适用于各种非确定性问题的评价。因为,顾客在评价旅游服务质量时所认为的满意程度和重要程度都是模糊概念。

▶ 三、乡村旅游企业质量管理方法

企业在质量管理实践过程中,形成了一系列的质量管理方法。[①] 这些方法随时代的变迁从简单到复杂,从单一到多元。其中,常用的质量管理方法可分为"老七种"方法和"新七种"方法。这些方法不仅能有效应用于制造企业,也能够很好地被乡村旅游企业所借鉴。乡村旅游企业应该充分、灵活使用这些方法,实现更科学地改进旅游服务过程,提升服务质量管理水平。

(一)老七种方法

老七种方法源于以石川馨为代表的一些日本专家学者。称为"老"是为了与之后出现的其他质量管理方法相比较,并不是指"过时"。老七种方法主要包括调查表法、分层法、排列图法、因果图法、直方图法、散布图法和控制图法。

1. 调查表法

调查表法是通过统计表对数据进行收集、整理、分析的一种统计方法,又叫检查表或统计分析表法。在旅游服务质量管理中,经常存在着对旅游产品、服务情况、卫生状况等

---

① 张懿玮.旅游服务质量管理[M].上海:华东师范大学出版社,2019.

需要做简要分析调查的情况,此时,调查表(见表 7-9)作为一种简单有效的工具就发挥了重要作用。

表 7-9　客房打扫调查表示例

项目区域	检查项目及内容	分数	检查结果				
			房号	房号	房号	房号	房号
房门	门锁开启关闭是否灵活,门吸是否松动、无效	1					
	整体抹灰是否干净	1					
	勿扰牌是否完好,有无污迹、损坏	1					
墙面	天花板有无污垢、蜘蛛网、霉点和灰尘	1					
	墙纸是否完好、干净、平整	1					
	墙壁挂画是否挂放适合、稳固,是否干净	1					
	地脚线有无灰尘、破裂	1					
空调	空调出风口、排风口有无噪声、冷凝水	1					
	滤网、百叶门是否有积尘	1					
	温度调节是否按标准设置	1					
窗口	窗帘收拉是否灵活,有无脱落、损坏	1					
	塑钢窗有无变形、损坏	1					
	玻璃有无破损、裂缝	1					
	窗锁是否处于良好状态	1					
地毯	有无异味、杂质,有无污迹、脚印	1					
	边角有无积尘	1					
	地毯有无毛发	1					
	清洁程度如何,是否有污迹	1					
衣柜	鞋筐按要求摆放,物品齐全	1					
	衣柜门能否关紧,有无变形、松动,推拉是否自如	1					
	柜内有无毛发,物品是否齐全、干净	1					
	浴袍有无污迹、异味、抽丝	1					
	衣柜内衣杆是否牢固、干净,衣架是否按要求摆放	1					
	洗衣袋、洗衣单、鞋拔、衣刷摆放是否标准	1					
吧台	饮水机(电热壶)开启、关闭是否正常,水桶内水量是否符合标准,商标朝向正确,水槽内无污迹、无积水	1					
	盖杯、玻璃杯干净、无水印、无水迹、无茶渍、无破损	1					
	茶桶完好、无灰尘,茶叶量符合标准	1					
	吧台玻璃干净、无水渍、无灰尘、无手印	1					
组合柜	行李柜干净无灰尘,柜门开启领域无浮尘,柜内、柜后干净无尘、无杂物	1					
	电视机开启、关闭是否正常无异响或图像不清楚,音量是否适中	1					
	电视柜内物品是否摆放标准,柜门开启是否灵活、无浮尘	1					

续表

项目区域	检查项目及内容	分数	检查结果 房号	房号	房号	房号	房号
组合柜	梳妆桌抽屉拉动是否顺畅，里面是否有杂物或客人的遗留物品，购物袋、针线包摆放是否标准	1					
	台灯灯泡是否完好，开关是否正常，有无破皮等，有无浮尘	1					
	笔筒内物品齐全、干净、完好	1					
	服务指南内物品齐全、摆放标准、无划痕、笔印、水渍	1					
	椅子完好、摆放标准、无污渍	1					
	梳妆镜镜面是否完好，镜框完好、稳固，抹灰是否干净	1					
休息区	茶几完好、无灰尘、无水迹	1					
	圈椅完好、摆放标准、无污渍	1					
	垃圾桶内壁干净、摆放标准	1					
	烟缸、火柴、抽纸无破损、摆放标准、数量符合标准	1					
	落地灯灯泡是否完好，开关是否正常，有无破皮，有无浮灰	1					

2. 分层法

分层法是根据一定的指标，将杂乱无章的数据进行分层次整理，以便分析质量问题及其影响因素的一种方法，也叫分类法或分组法（见表7-10）。

表7-10　旅行社顾客满意度年龄分层　　　　　　　　　　　单位：人

年　龄	满　意　度					合计
	非常满意	比较满意	一般	比较不满意	非常不满意	
18岁以下	5	4	8	3	2	22
18～28岁	4	3	5	1	1	14
29～40岁	7	4	12	4	2	29
41～65岁	5	13	13	3	3	37
66岁以上	10	15	30	8	5	68
合　计	31	39	68	19	13	170

3. 排列图法

排列图是对项目从最主要到次要的因素依次进行排列展示的图示技术，是找出影响产品和服务质量最主要因素的一种统计方法。排列图又叫帕累托图（Pareto chart），最早由意大利经济学家帕累托用来分析社会财富分布状况。帕累托认为大部分财富掌握在相对小部分人手中。而所谓的帕累托原理，就是指20%的原因会导致80%的问题。因此，明智的做法就是将主要精力集中于相对小的20%部分。朱兰博士在质量管理领域也看到了类似现象：一小部分的原因导致了很大部分的损失。他用帕累托分布去描述质量损失的不均匀,并规范了将"重要的一小部分"与"不重要的一大部分"区别开的方法。目前,排列图已经成为质量管理领域中的一种重要方法。

某旅游景点通过游客评价发现其质量存在一系列问题,整理后的资料如表7-11和图7-4所示。

表7-11 旅游景点质量调查统计

序号	项目	频数/人	累计频数/人	累计频率/%
1	卫生状况较差	180	180	28.75
2	旅游商品缺乏特色	130	310	49.52
3	服务人员意识不强	120	430	68.69
4	门票价格偏高	100	530	84.66
5	生态环境糟糕	56	586	93.41
6	对游客投诉不重视	40	626	100

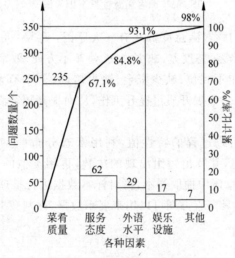

图7-4 旅游饭店服务质量排列

如图7-4所示,排列图表明该饭店存在的最主要问题是菜肴质量、服务态度和外语水平。这三大问题占到总问题的93.1%,因此饭店应该着重先从这些问题入手提升服务质量,改善景区的旅游形象。

4. 因果图法

因果图是日本质量管理大师石川馨发明的一种质量工具,也叫石川图(见图7-5)。因

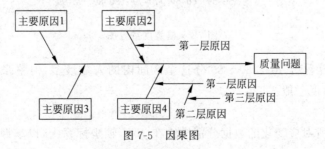

图7-5 因果图

形状像鱼的骨头,又被称为"鱼骨图"。因果图可以用于整理和分析导致服务质量问题的原因。因为其分析全面,逻辑清晰,所以被广泛应用于服务质量的问题分析。

例如,某民宿正在调查顾客满意度,总经理开完会后布置业务员小李编制一份因果图,以此反映顾客满意度低下的原因。现小李编制因果图如图7-6所示。

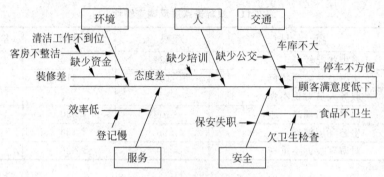

图7-6 顾客满意度低下因果图

由图7-6可知,民宿的顾客满意度低共有五大原因:环境、人、交通、服务、安全;8个中原因:客房不整洁、装修差、态度差、缺少公交、停车不方便、效率低、保安失职、食品不卫生;6个小原因:清洁工作不到位、缺少资金、缺少培训、车库不大、登记慢、欠卫生检查。民宿可以以这些原因为着力点展开质量提升工作,从而提高顾客满意度。

5. 直方图法

直方图是针对某产品或过程的特性值,利用常态分布(也叫正态分布)的原理,把50个以上的数据进行分组,并算出每组出现的次数,再用类似的直方图形描绘在横轴上(见图7-7)。它是一种从总体中抽取样本,再对样本数据进行整理,找出其分布规律,从而推断出质量好坏的统计工具。直方图可以用来展示数据、评判数据、预测数据分布趋势。

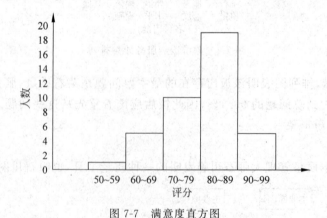

图7-7 满意度直方图

从图7-7可以看出,虽然80～89分这个区间内的人数最多,但整张图呈现出左偏分布,可见总体满意度一般。

6. 散布图法

将因果关系所对应变化的数据分别描绘在 X-Y 轴坐标系上,以掌握两个变量之间是否相关及相关的程度如何,这种图形叫作散布图,也被称为相关图。在质量管理中运用散布图法,可以帮助找出影响产品质量的相关因素和主要因素,从而便于控制产品质量。运用散布图法的步骤如下:一是收集对应数据。对于打算调查分析其是否相关的两因素的数据(设为 x、y),以对应的形式列表收集。收集的数据至少要 30 组以上。二是绘制散布图。在平面坐标纸上以 x 为横轴、y 为纵轴作图,并根据对应数据描点。三是观察分析散布图,做出两因素是否相关以及相关程度的结论(见图 7-8)。

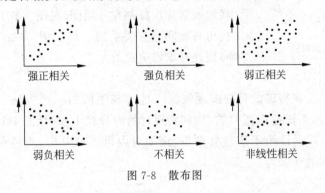

图 7-8 散布图

7. 控制图法

控制图又称管理图(见图 7-9),它是 1924 年由美国的休哈特(W. A. Shewhart)提出的一种质量管理方法。在实际质量管理中采用动态分析法,实行质量动态控制,可以用来判断、控制生产过程中的质量波动情况,对过程质量特性进行测定、记录、评估,从而监察过程是否处于控制状态。

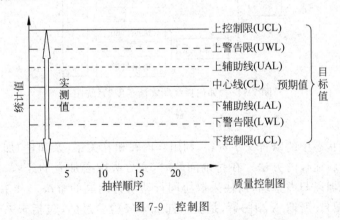

图 7-9 控制图

(二)新七种方法

1972 年,日本科技联盟的纳谷嘉信教授归纳了一套新的全面质量管理方法,之后由日本科技联盟的"QC 手法开发部会"于 1977 年正式提出。这些方法恰好也有 7 项,所以被命名为"新 QC 七大方法",以示对老方法的区别。这七种方法分别是关联图、系统图、KJ 法、矩阵图、数据矩阵图、PDPC 法和箭线图。与老方法相比,新七种方法应用范围更广泛,不单单针对质量管理,而是贯穿了整个工作质量过程。在方法上,新七种方法将运筹学、系统论引入质量管理,并且强调图形的作用,能够更好地整理非量化资料。

1. 关联图

关联图把部分存在的问题及其因素间的因果关系用箭头连接,以此作为解决问题的手段。通过清晰的图表、前后的逻辑关系,可以有助于解决那些有着原因—结果、目的—手段等关系复杂的问题。把要分析的问题放在图的中央位置,把同"问题"发生关联的因素逐层排列在其周围(见图7-10)。通过连图可以找出与此问题有关系的一切要图,从而进一步抓住重点问题并寻求解决对策。

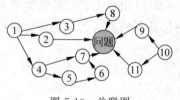

图7-10 关联图

2. 系统图

系统图是为了实现特定的目的而逐级深入地寻找手段的一种方法。通过抽丝剥茧、层层深入,可以更加系统地把握问题,找到实现目的的最佳手段(见图7-11)。由于其层次清晰,使用方便,被广泛运用于质量管理中,例如对因果图的分析、质量保证体系的建立、各种质量管理措施的开展等。

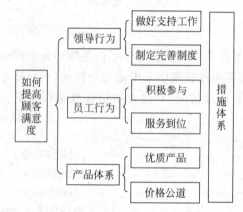

图7-11 "如何提高顾客满意度"系统图

3. KJ法

将处于混乱状态中的语言文字资料,利用其内在相互关系(亲和性)加以归纳整理,然后找出解决问题新途径的方法。在讨论问题时,充分吸取参加者的经验、知识和想法等,并用文字或语言加以归类整理,以便采取协同行动求得问题的解决。其主体方法是A型图解(也称亲和图)。所谓A型图解,是就未知或未经检验过的(包括未来)领域中的混乱问题,收集其事实、意见及设想等方面的语言文字资料,然后利用资料间的相互亲和性做成归类合并图,进而从中找到所要解决的问题和解决问题的办法。它由日本专家川喜田二郎提出,取自他的名字英文首字母(Kawakita Jiro)。

4. 矩阵图

质量问题往往存在着两个侧面,如质量的问题和原因,顾客的需求和服务的设计。为了将这些成对的因素能够联系起来,清楚寻找到彼此的联系,可以利用矩阵图的方法。矩阵图就是将成对的因素排列成行和列,然后在图中以行列的交点确定相互关联的程度,根据相关程度,确定关键点(见图7-12)。矩阵图的优点就是容易寻找到成对因素之间的相互关系,而且不会有遗漏。

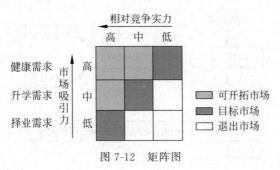

图 7-12 矩阵图

5. 数据矩阵图

数据矩阵图与矩阵图类似,只不过它是将矩阵图上的各要素间关系用数字表示。这种方法主要用于市场调查、新产品设计与开发、复杂工程分析和质量评价等。比如,当我们在进行服务质量评价时,需要确定要素的权重,那就可以利用数据矩阵图法得到加权系数,层次分析法就是利用这一原理。数据矩阵图的绘制步骤与矩阵图类似,但是需要对要素关系进行量化,并且填在图上(见图 7-13)。我们可以用"0~9"表示相关程度。

L 型矩阵图

因素Y 因素X	因素Y_1	因素Y_2	因素Y_3	因素Y_4	因素Y_5	因素Y_6	因素Y_7
因素X_1							
因素X_2							
因素X_3							
因素X_4							
因素X_5							
因素X_6							
因素X_7							

图 7-13 数据矩阵图

6. PDPC 法

PDPC(process decision program chart)法,即过程决策程序图法,顾名思义就是以过程决策的逻辑思维进行绘图(见图 7-14)。乡村旅游企业经常会为了实现目标而制订计划,但由于各种各样的问题计划往往会发生变化,最终可能导致目标无法实现。过程决策程序图法(PDPC)是在制订计划阶段或进行系统设计时,事先预测可能发生的障碍(不理想事态或结果),从而设计出一系列对策措施,以最大的可能引向最终目标(达到理想结果)。该法可用于防止重大事故的发生,因此也称为重大事故预测图法。

7. 箭线图

箭线图又称矢线图或双代号网络图(activity-on-arrow,AOA),是网络图在质量管理中的应用。箭线图用箭线表示活动,活动之间用节点(称作"事件")连接,只能表示结束——开始关系,每个活动必须用唯一的紧前事件和唯一的紧后事件描述;紧前事件编号要小于紧后事件编号;每一个事件必须有唯一的事件号。箭头图法是通过绘制网络图,优

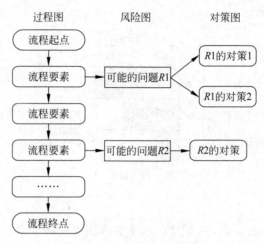

图 7-14　PDPC 法示例图

化工作程序,提升工作效率的一种方法,常运用于任务繁多、复杂、衔接紧密的项目上。

某项目的箭线图如图 7-15 所示。这张网络图的主要组成要素:字母 A、B、C、D、E、F、G、H、I、J 代表了项目中需要进行的活动;箭线则表示活动排序或任务之间的关系。例如,活动 A 必须在活动 D 之前完成;活动 D 必须在活动 H 之前完成。

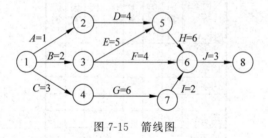

图 7-15　箭线图

该项目网络图的格式采用箭线图法或双代号网络图法,用箭线表示活动,用一种被称为节点的连接点反映活动顺序的网络制图技术。

第六节　乡村旅游智慧管理

【引例】

推进乡村旅游"智慧"升级[①]

为满足现代旅游需求,增强游客的旅游体验,解决无导游、讲解员文化水平和讲解水平参差不齐等问题,坚持边探索边创新,秉着游客至上的原则,摸着石头过河推进"一部手机游林芝"旅游智慧化建设。先后两期建成全区首个智慧导游(语音讲解)系统,在全市设有 516 个点位,覆盖林芝市 88 个景区(点)。智慧导游(语音讲解)系统,不仅使游客获得了

---

① 中国经济网.推进乡村旅游"智慧"升级[EB/OL].[2022-06-14].https://baijiahao.baidu.com/s?id=1735578788268945491&wfr=spider&for=pc.

更简单、更便捷的旅游服务,而且丰富了旅游场景,让游客林芝之行既有文化味又有科技感,受到广大游客的认可和赞扬,全面提升了旅游产业的质量效益和核心竞争力。接下来,林芝将继续更新升级语音讲解系统语种和各种功能,加快推进以数字化、网络化、智能化为特征的智慧旅游,深化"互联网+旅游",支持旅游景区等开发建设智能化旅游服务系统,全面提升旅游科技创新能力。

思考:请结合具体案例,谈谈数字化时代给乡村旅游管理带来了什么挑战和机遇?

随着旅游与互联网技术的深度融合发展,智慧旅游正引领着旅游业转型升级,数字经济逐渐成长为我国乡村经济增长的新动能。随着信息化时代的到来,乡村旅游作为综合性发展行业,需要借助于更加新颖先进的技术手段,构建创新管理模式。

▶一、乡村旅游智慧管理概述

综合运用物联网、大数据、云计算、人工智能等现代信息技术,建立乡村旅游有效统一的管理、服务、营销等信息系统,实现乡村旅游要素数字化、信息服务精准化、运营管理智慧化、产品供给个性化,可促进传统乡村旅游业发展模式向现代服务业模式转变,初步形成功能完善、应用广泛、与市场联系紧密的乡村旅游信息化服务体系。

搭建智慧乡村旅游平台,秉承"跨界融合、链接一切"的互联网核心精神内涵,以乡村农业、交通、民宿为基础,在智慧乡村整体搭建中结合旅游休闲、民俗体验、农田观光等新兴功能,打造一个集产业运行监测、应急管理、一站式游客服务、营销推广于一体的综合服务管理平台。

▶二、乡村旅游智慧管理的功能

(一)乡村空间再生产

通过数字化管理将乡村空间内:人、房、企、事、物等要素进行数字化处理、系统化整合、可视化呈现,实现对乡村文旅资源的精细摸查与科学规划,帮助乡村文旅管理提质增效,充分释放乡村生产潜力。通过数字化运营以"网络直播"等线上线下相结合的形式,丰富乡村文旅营销渠道;借助虚拟现实、人工智能等技术手段,来创造更精美的呈现形式,更多样的互动体验,促进乡村文旅消费业态的高品质创新升级;以互联网平台为载体,通过"云旅游"等途径拓宽乡村文旅消费市场。通过数字化服务以游客的行动轨迹、消费轨迹和云端检索记录等大数据为基础,绘制游客画像,打造更加精准化、个性化、包容化的文旅服务体验。

(二)乡村文化再激活

数字化将成为乡村文化呈现和输出的新载体。借助微信、微博、抖音、快手等数字媒体平台,使乡村文化能够打破物理空间限制,以图文、视频等信息流形式,场景化、具象化地呈现在大众眼前。同时,围绕乡村地区特有的非物质文化遗产,开发数字化创意产品与特色旅游IP,大大提高乡村文化的附加值。例如,浙江省在"诗路文化带"建设工程中,利用VR、AR、全息投影等技术,对诗路沿线的诗词、景点、历史遗迹、非遗文化等IP资源进行数字化整合、开发与呈现,打造名为"数字诗路 e 站"的数字化文旅体验中心。

(三)美丽经济生态链

打造数字化文旅平台,有助于推动产业链延伸,提高乡村文旅产业韧性。以乡村空间为基础、以文旅为核心,建立集信息公开、服务预订、产品销售等功能于一体的数字文旅平台。一方面,能够为游客提供高质量、个性化、一站式的文旅服务;另一方面,也能够以线上销售渠道和线下物流系统相结合的形式,为乡村地区农产品、文创产品打开"云端"市场,构建一二三产业协同推进的美丽经济生态链。

(四)全域管理更高效

乡村地区空间范围广大、人员信息繁杂,由此产生的经营混乱、监管困难等问题严重阻碍了乡村文旅的高质量发展。引入数字化管理手段、搭建数字化治理平台,有助于建立全域无死角、数据无壁垒、沟通无延迟的乡村管理体系,实现乡村文旅产业的有序开发、有序管理、有序服务。

三、乡村旅游智慧管理体系构建

乡村旅游智慧管理体系的构建框架是基于全域旅游服务体系,以全域旅游发展为开发导向,通过物联网、人工智能等科技手段,在云计算的基础支撑上实现与智慧旅游服务平台的对接,对乡村旅游业进行科学的管理。[①]

数字赋能乡村发展方面有三大突破点:一是智能转型,产业兴旺;二是农旅"联姻",硕果累累;三是电商销售,链上增值。主要体现在以下两个方面。

(1)数字赋能乡村治理方面:积极探索"一图全面感知"的乡村智治模式,着力构建乡村数字治理框架体系,构建起全领域的数字化空间规划建设管控体系,基本实现了县域乡村治理数字化平台全覆盖。

(2)数字赋能乡村服务方面:深入推进信息惠民工程,不断提升乡村数字服务水平,优化服务渠道建设。

平台首先由规划建设的基础设施进行数据的初步采集,如可采集当日客流量多少、旅客流向、当日载客量、旅客评价等信息。乡村旅游景点采集的信息通过覆盖全域旅游区域的 GIS 技术传输到数据中心,数据中心通过分析、统计,应用于乡村旅游智慧管理平台,具体如图 7-16 所示。

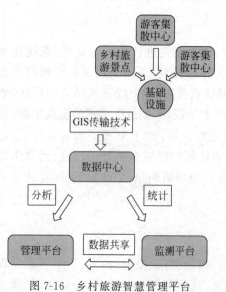

图 7-16 乡村旅游智慧管理平台

---

① 谢会娟,王举,王忠.海南省乡村旅游智慧管理平台建设研究[J].乡村科技,2018(2):122-125.

把物联网、5G等技术投入实体运作中,实现景区、信息媒介终端、游客三者之间的紧密连接,延长产业链,形成乡村特色旅游产业网。利用面向游客的小程序端为游客提供乡村介绍、旅游线路规划、旅游攻略推荐、门票预定、民宿预定、景点导航、语音导览、特色景点慢直播、直播、抖音发布、土特产购买等功能,通过多途径、多手段满足游客的现代信息化需求,让城市游客在乡村也能体验到信息化带来的便利。

App基于"互联网+"的背景,构建具有沟通、查询、监控、保护和管制作用的智慧公共服务平台,面向旅游乡村的管理人员、村民和政府人员提供大数据可视化展示、客流量统计分析、对游客服务平台的综合管理、综合数据上报、文旅政务信息发布、应急广播管理、综合指挥调度管理(GIS地图)、网上学习课堂。各个系统间相互配合提升产业运行的效率,实现服务、管理、营销的线上线下业务的有机结合。

当前,随着互联网、大数据技术等的广泛应用与发展,人们的消费观念、习惯方式早已打破传统的地域、时间限制,各行各业都纷纷向智慧化进军。乡村智慧旅游App凭借"互联网+旅游"的模式,将乡村旅游和互联网技术有力结合,催生了智慧乡村旅游新模式,既能保留乡村原有风土人情,又提升了科技感旅游体验。

课后练习

1. 请结合一个具体的乡村旅游点,调查其组织结构及职务设置。
2. 假如你是一名员工,说一说自己希望得到什么激励。
3. 调查一个乡村旅游企业,探索能够降低其企业成本的方法。
4. 搜索并使用一款旅游服务类的App,分享自己的使用感受。

模块八　乡村旅游安全管理

> **知识目标**

1. 熟悉乡村旅游安全的概念和特征。
2. 了解乡村旅游安全的重要性。
3. 掌握乡村旅游安全的影响因素。

> **能力目标**

1. 能够判断乡村旅游安全事故的类型。
2. 能够对乡村旅游安全进行控制与管理。
3. 能够对乡村旅游事故进行预防和处理。

> **素质目标**

1. 增强旅游安全意识,弘扬生命至上、安全第一的思想。
2. 坚持底线思维,做到居安思危、未雨绸缪。
3. 培养岗位责任意识和职业规范,做到敬畏职责、敬畏规章。
4. 树立正确的信息伦理与信息道德。

> **导　读**

乡村旅游是实施乡村振兴战略的有力抓手,为乡村富裕和发展注入能量。然而,在乡村旅游业高速发展的过程中,旅游安全尚未引起足够的重视。强化乡村旅游安全管理,不仅是对乡村旅游目的地形象建设的根本要求,也是对乡村旅游者和乡村旅游从业人员的权益保障,更是乡村旅游经济平稳运行的现实需求。

第一节　乡村旅游安全概述

【引例】

乡村旅游的安全隐患需引起重视[①]

当前旅游行业正朝着边远乡村进军,利益驱动之下,农舍变民宿、住房办餐馆等随处可见,很多创业者和资本也开始涌入。打扫房间便可接待住宿、收拾庭院就可开张营业等现象

---

① 新华社新媒体.乡村旅游的安全隐患需引起重视[EB/OL].[2021-04-30]. https://baijiahao.baidu.com/s?id=1698467177428075306&wfr=spider&for=pc.

与日俱增。一些民宿没有安保管理，闲人也能随意进出。有的乡村旅游地更是地处偏远，安保人员不足，安保设施缺乏，一旦游客遇到险情，很难做到事前预防、事中控制、事后救助。

思考：近年来，乡村旅游安全状况如何？结合生活实际，谈谈乡村旅游安全的重要性。

一、乡村旅游安全的概念

旅游安全可以从广义和狭义两个方面来分析。广义的旅游安全是指旅游现象中的一切安全现象的总称。既包括旅游活动中各相关主题的安全现象，也包括人类活动中与旅游现象有关的安全事态和社会现象中与旅游活动相关的安全现象。狭义的旅游安全是指旅游活动中各相关主体的一切安全现象的总称[1]。

乡村旅游安全是指在乡村旅游过程当中，既包括乡村旅游者的人身、心理、财产不受任何伤害和侵犯，也包括乡村旅游生产、经营过程中的安全。

二、乡村旅游安全问题的特征

（一）突发性

在乡村旅游过程中，各种安全问题的发生往往带有突发性。例如，食物中毒、住宿场所发生的火灾、旅行过程中的交通事故、游览过程中的自然灾害等事件可能随时都会发生。这些安全问题往往发生在极短的时间内，具有一定的骤发性，再加上游客行为具有一定的自发性和随机性，对这些安全隐患往往毫无防备，因此，一旦发生极可能对游客造成巨大的危害。

（二）广泛性

乡村旅游融观赏、学习、参与、娱乐、休闲、度假等活动于一体，涉及面广，内容复杂，这就决定了乡村旅游安全问题广泛地存在于旅游活动的六大环节中[2]。同时，由于乡村旅游的客源大多数是对乡村环境完全陌生的城市居民，他们在游览时不可避免地会与相对陌生的人和事物产生接触，在这一过程中就会产生各种安全问题。这些问题不仅存在于陌生游客之间，还与当地居民、乡村旅游从业者、乡村旅游管理部门以及乡村地区的各种社会机构有关。

（三）复杂性

乡村旅游安全问题的产生不仅取决于乡村地区的自然、经济和社会因素，还取决于游客的安全意识、身体状况和旅游行为。因此，乡村旅游安全问题表现出极大的复杂性，除了火灾、食物中毒外，还有病虫害、传染病、环境污染及各种人为灾害等。凡是能够影响到乡村旅游客源地、乡村旅游通道和乡村旅游接待地等的安全问题都有可能成为乡村旅游安全的影响因素。

---

[1] 郑向敏.旅游安全学[M].北京：中国旅游出版社，2003.
[2] 宋博，郑向敏.乡村旅游：安全与控制[J].农村经济，2007(10)：54-57.

三、乡村旅游安全的重要性

乡村旅游作为人们食宿及娱乐休闲等各种活动的公共场所,乡村旅游的安全贯穿全过程,不仅关系到企业的声誉和效益,也关系到游客的人身财产安全与健康。因此,乡村旅游的安全就显得非常重要。有人误以为,乡村旅游安全管理是依附于生产与服务而产生的,它不直接产生利润,因而轻视之。实际上乡村旅游安全工作的好坏,不仅直接关系到乡村旅游的正常运转,也在很大程度上影响乡村旅游的效益。

(一)乡村旅游安全是乡村旅游企业的生命线

安全是乡村旅游生产经营的基础,是乡村旅游企业发展的基本保证。乡村旅游企业应在生产经营过程中保证企业自身与乡村旅游者的安全。乡村旅游企业商业机密信息泄露、物料与设备安全保障不力等问题,可能对企业发展造成致命性的打击。如果乡村旅游企业所提供的服务与设施存在安全问题,则可能被乡村旅游者投诉、索赔甚至承担法律责任,从而影响乡村旅游企业的品牌声誉和经济效益。

(二)乡村旅游安全是乡村旅游者的基本需求

安全是人类基本需求之一,乡村旅游者和其他人一样,保卫自身权利、避免人身伤害和财产损失是他们的正当需求。另外,游客身处异地他乡,他们对自己的生命安全、财产安全和心理安全的关注度与敏感度会比平时更甚。因此,在乡村旅游经营管理过程中,要保证乡村旅游者的安全需求,为他们提供安全的乡村旅游环境。

(三)乡村旅游安全有助于提高员工积极性

乡村旅游安全不仅包括乡村旅游企业和乡村旅游者的安全,同时也包括乡村旅游员工的安全。如果乡村旅游企业在生产过程中做好各种安全防范和保护措施,就会有效避免乡村旅游员工发生工伤事故,使其健康状况得到保障,从而有利于乡村旅游员工积极而高效地工作。

第二节 乡村旅游安全事故的含义及类型

【引例】

大巴车坠入农家院[①]

2020年10月28日中午11点多,甘肃庆阳有一辆大巴车行驶过程中突然冲下了路边的护坡,在护坡的不远处有一个农家院,大巴车冲下护坡之后,直接朝着农家院冲了过来,结果整个车身全部掉入农家院中。大巴车坠落到农家院后,车窗玻璃大多被震

---

① 新京报.甘肃庆阳一客车冲下护坡坠入农家院,有乘客从车窗爬出[EB/OL].[2020-10-29].https://baijiahao.baidu.com/s?id=1681851254660032614&wfr=spider&for=pc.

碎,车内乘客相互帮忙从车窗逃生,随后当地消防、交警等部门在第一时间赶到现场进行救援。

思考： 上述案例属于哪种乡村旅游安全事故类型？除此之外,乡村旅游安全事故还有哪些表现形态？

▶ 一、乡村旅游安全事故的含义

乡村旅游安全事故是指乡村旅游过程中发生的交通事故、景区娱乐项目和器械事故、疾病、自然灾害、火灾和其他安全事件[①]。广义的乡村旅游安全事故既包括造成较大人身伤害与财产损失的乡村旅游突发事件,也包括达不到突发事件级别标准的一般性乡村旅游安全事件,例如行程延误、消费纠纷等旅游业务安全事件以及游客感冒发烧、意外摔伤扭伤等一般性意外事件。狭义的乡村旅游安全事故多被称为乡村旅游突发事件,专指导致较大程度人身伤亡与财产损失的安全事故。

▶ 二、乡村旅游安全事故的类型

在现实生活中,乡村旅游安全事故以各种各样的形式存在,而且常常多种类型同时出现。依照不同的分类标准,乡村旅游安全事故可以分为不同的类型(见图8-1)。

图8-1　乡村旅游安全事故的类型

（一）按照旅游研究对象划分

按照旅游研究对象划分,乡村旅游安全事故表现为乡村旅游主体安全事故、乡村旅游客体安全事故和乡村旅游中介安全事故[②]。乡村旅游主体安全事故特指乡村旅游者的安全事故,包括人身、财产安全事故等；乡村旅游客体安全事故为乡村旅游目的地人和物的安全事故；乡村旅游中介安全事故为各种乡村旅游接待设施和人员的安全事故。

---

① 张捷雷.旅游安全事件与旅游目的地营销[J].商业研究,2007(12):143-146.
② 史云,张锐.乡村旅游经营与管理[M].石家庄:河北科学技术出版社,2017.

(二) 按照旅游业运行环节和旅游活动特点划分

传统意义上,旅游涉及吃、住、行、游、购、娱六要素,乡村旅游安全事故也相应表现为食品安全事故、住宿安全事故、交通安全事故、游览安全事故、购物安全事故和休闲娱乐安全事故。

(三) 按照危害程度及造成的影响划分

乡村旅游安全事故按危害程度及造成的影响划分,可以分为特别重大安全事故、重大安全事故、较大安全事故、一般安全事故四级。

1. 特别重大乡村旅游安全事故

特别重大乡村旅游安全事故,是指下列情形。

(1) 造成或者可能造成人员死亡(含失踪)30人以上或者重伤100人以上。

(2) 旅游者500人以上滞留超过24小时,并对当地生产生活秩序造成严重影响。

(3) 其他在境内外产生特别重大影响,并对旅游者人身、财产安全造成特别重大威胁的事件。

2. 重大乡村旅游安全事故

重大乡村旅游安全事故,是指下列情形。

(1) 造成或者可能造成人员死亡(含失踪)10人以上、30人以下或者重伤50人以上、100人以下。

(2) 旅游者200人以上滞留超过24小时,对当地生产生活秩序造成较严重影响。

(3) 其他在境内外产生重大影响,并对旅游者人身、财产安全造成重大威胁的事件。

3. 较大乡村旅游安全事故

较大乡村旅游安全事故,是指下列情形。

(1) 造成或者可能造成人员死亡(含失踪)3人以上10人以下或者重伤10人以上、50人以下。

(2) 旅游者50人以上、200人以下滞留超过24小时,并对当地生产生活秩序造成较大影响。

(3) 其他在境内外产生较大影响,并对旅游者人身、财产安全造成较大威胁的事件。

4. 一般乡村旅游安全事故

一般乡村旅游安全事故,是指下列情形。

(1) 造成或者可能造成人员死亡(含失踪)3人以下或者重伤10人以下。

(2) 旅游者50人以下滞留超过24小时,并对当地生产生活秩序造成一定影响。

(3) 其他在境内外产生一定影响,并对旅游者人身、财产安全造成一定威胁的事件。

(四) 按照乡村旅游产业运行规律划分

1. 旅游环境类安全事故

由于乡村旅游具有明显的乡村性,其旅游环境有别于其他类型的旅游。乡村旅游环境主要包括乡村的自然环境、社区环境和旅游地环境,这些环境都存在着引发旅游安全事故的不安全状态。

由自然环境引发的安全事故主要来源于各种自然灾害产生的危险,如骤发的地震、滑坡、泥石流、暴雨等。同时,有毒植物、昆虫,以及乡村地区的肝炎、疟疾、乙脑等传染病也严重地危害着旅游者的人身安全。社区环境引发的安全问题主要来源于乡村地区的卫生环境、治安水平,以及居民的态度等,如卫生条件差而引发的疾病问题、治安力量薄弱而引发的犯罪问题、村民不友好而引发的主客冲突等。此外,旅游地环境也会引发一些安全事故,如乡村道路崎岖、狭窄而引发的交通事故,游览设施缺少防护装置,以及环境超负荷而引发的事故等。

2. 数据信息类安全事故

当前,乡村旅游经营与管理的信息化、数字化趋势愈发显著,散播谣言与危害信息、信息破坏、网络攻击等数据信息类安全事故亟须引起重视。

谣言与危害信息散播者通常利用信息网络发布、传播危害国家安全、社会稳定和公共利益的谣言或危害信息言论。这些危害信息内容的主要特征有:违反宪法和法律、行政法规规章;针对社会事项进行讨论、评论形成网上敏感的舆论热点,出现一定规模炒作;组织串联、煽动集会游行等。信息破坏是通过网络或其他技术手段,造成信息系统中的信息被窃取、泄露、篡改、假冒的行为。网络攻击是利用信息系统的协议缺陷、配置缺陷、程序缺陷或使用暴力对信息系统实施攻击,并造成信息系统异常或对信息系统当前运行造成潜在危害的信息安全事故,主要有拒绝服务攻击、漏洞攻击、后门攻击、网络钓鱼、网络扫描窃听、干扰等。

乡村旅游数据信息类安全事故往往会造成网络谣言与煽动、秘密及隐私泄露,如乡村旅游网络平台内容监管、审核不到位,导致传播谣言、危害信息;乡村旅游网络系统遭黑客攻击或木马入侵,导致企业经营数据、商业机密以及游客个人身份、信用卡和支付系统等信息泄露。

3. 游客行为类安全事故

旅游者行为的自发性与随机性,是诱发乡村旅游安全事故的一个重要原因。游客对乡村旅游环境的不熟悉,增加了安全事故发生的概率。此外,部分游客明知有危险却为了追求个性体验与精神刺激而导致的不安全行为,增大了安全事故发生的可能性。

4. 农业生产类安全事故

由于农业生产是乡村地区最基本的经济活动,也是乡村旅游的主要参与形式和体验项目,所以农业生产类安全事故也是乡村旅游安全事故的重要类型之一。它主要由农业生产环境和农业产品两方面造成,农业生产环境安全事故主要是由农业生产过程中使用的各种化肥、除草剂、杀虫剂、农药以及其他化学试剂等对生态环境污染而造成的,如游客饮用了被污染的水源或者不慎吸入了空气中的有害气体后引发的疾病等。农产品生产过程的不规范而造成的产品污染也会引发一些安全事故,威胁游客的安全。

5. 管理失误类安全事故

管理失误类安全事故主要包括乡村旅游企业管理失误、人员管理失误、机械设备管理失误[①]。

乡村旅游企业管理失误主要指在旅游开发和旅游经营两个方面造成的安全事故。前者如对旅游环境进行大规模的不安全开发导致乡村地区的山体、水体、大气、动植物群落

---

① 宋博,郑向敏.乡村旅游:安全与控制[J].农村经济,2007(10):54-57.

及生态环境在一定程度上遭受破坏,容易引发自然灾害;为建设旅游设施而大量砍伐树木导致水土流失,在暴雨作用下形成泥石流等,这些都能构成旅游活动中的安全隐患。后者如餐馆、农家旅舍使用未达卫生标准的食品、餐具;旅行社安排具有故障隐患的车辆接客上路;乡村旅游经营者对游客的欺诈等引发的安全事故。

人员管理失误主要是指从业人员失职造成的安全事故,主要是从业人员自身素质低、缺乏安全意识和必要的施救技能,以及责任感不强等造成的。例如,工作人员在游客采摘时,不顾游客安危喷洒农药;欠缺对于紧急情况和特殊问题的处理能力;忽视对可能带来安全问题的游客不良行为等。

设施设备管理失误主要包括设施设备故障、设施设备使用不当等。如游览设施陈旧、缺乏日常维修检查、破损无人修理、违反农机设备操作规程而引发农机事故等,这些都会对乡村旅游者造成极大的生命威胁。

第三节　乡村旅游安全控制与管理

【引例】

儿子景点溺水　父亲施救溺亡[①]

2019年7月的一天,周先生携家人至老虎口瀑布游玩,在露天停车场内停车后,支付了5元停车费。当天下午,他的儿子周某滑入河道中央的深水区,发生溺水。见儿子溺水,周先生奋力上前施救。遗憾的是,在救出儿子后,周先生溺水身亡。事后,周某等人认为当地镇政府、村委会未尽安全保障义务,应对家人死亡负有责任,将其告到铜梁区法院,索赔各项费用110万余元。

思考:该案例中溺水事故产生的原因有哪些?如何做好乡村旅游安全控制与管理?

一、乡村旅游安全事故产生的原因

由于乡村旅游地自身条件的限制,其旅游安全问题相较于城市更加突出。乡村旅游安全事故产生的原因主要有以下几点。

(一)安全意识薄弱

乡村旅游管理者、乡村旅游服务者、乡村旅游者安全意识薄弱具体表现如下。

一是乡村旅游管理者指导不力。乡村旅游管理者的行为对于乡村旅游地安全有着至关重要的影响,但一些乡村旅游地的管理者却没有起到模范带头作用,既没有对经营与服务人员行为进行有效监督和指导,也没有向乡村旅游者传递有效的旅游安全信息。

二是乡村旅游服务者安全知识欠缺。乡村旅游活动项目强调乡村性,吃的是农家饭、住的是农家房,服务人员也是农家人。不少服务者安全意识薄弱,服务技能缺乏。如他们

---

① 人民资讯.为救儿子父亲溺亡　自然区域损失自担[EB/OL].[2021-07-13].https://baijiahao.baidu.com/s?id=1705148292570685807&wfr=spider&for=pc.

在服务过程中不注重自身卫生,缺乏关于各种食物的贮藏、生产等知识。

三是乡村旅游者安全意识不够。一般乡村旅游属于短线旅游,很多旅游者往往不会事先做详细的计划和了解,也不会获取很多旅游目的地的信息,这就在无形中增加了安全隐患。此外,有些旅游者为了寻求刺激而另辟蹊径,将自身的安全置之度外。如2017年5月19日下午,广东某乡村景区内,游客私自上树采摘杨梅不慎从树上跌落受伤,后因抢救无效于当天死亡。

(二)规范执行不力

乡村旅游经营与管理应遵守《中华人民共和国食品安全法》《中华人民共和国安全生产法》《中华人民共和国网络安全法》《中华人民共和国消防法》《中华人民共和国治安管理处罚法》等国家法律法规,《旅游民宿基本要求与等级划分》《乡村民宿服务质量规范》《农家乐经营服务规范》等国家标准,以及地方标准与规范。

虽然乡村旅游领域相关标准与规范不断完善,但不少乡村旅游经营与管理者对标准与规范认知不全面、理解不深入、执行不到位。部分乡村旅游企业没有形成安全管理规章制度,致使乡村旅游服务与管理工作存在较大安全漏洞。如一些乡村民宿的住宿设施设备、卫生条件没有达到标准要求,一些农家乐的饮食卫生、服务程序、硬件设施规范性不足。

(三)安全生产知识欠缺

乡村旅游管理人员对相关从业人员的安全相关业务知识指导不到位,致使他们不了解如何防范经营过程中的安全隐患。如餐饮卫生安全方面,因为从业人员不了解原材料采购、储存、加工制作、食物搭配等一系列餐饮经营、生产的规范操作流程,所以在实际操作过程中容易出现安全问题。此外,安全知识的欠缺使得乡村旅游经营者对于紧急事件的处理能力有限,对于某些突发事件不能在第一时间采取应对措施。

(四)乡村旅游设施不达标

一个乡村旅游地的硬件设施是其安全经营的前提条件,但是一些乡村旅游地受经济发展水平的制约,硬件设施建设没有达到安全标准;还有很多乡村旅游地的硬件设施,虽然前期建设达到了安全标准,但其后期维护不到位,同样造成乡村旅游安全隐患。乡村旅游交通设施、通信设施、排水供电系统等基础设施落后也会直接导致乡村旅游安全事故的发生,如道路太窄极易造成会车困难,从而可能引发交通事故。餐饮、住宿、停车场、旅游厕所、医疗急救等配套设施的不完善也会存在安全隐患,如很多乡村旅游点没有相关的医疗急救设施或医疗急救设施不能有效使用,一旦事故发生,无法迅速给予救援;住宿设施方面,如客房防盗和防火设施的不健全及维护不力埋下盗窃、火灾等事故隐患。

二、乡村旅游安全控制与管理

乡村旅游的安全性是游客出行最关心的问题之一,也是影响乡村旅游发展的重要因素。安全本身是抽象的,是一种心理需求。乡村旅游安全程度会直接影响游客的旅游经历及其身心健康。旅游者不仅需要乡村地区的社会安定和环境安全,更需要乡村旅游过程中的安全保障。因此,加强对乡村旅游安全的控制和管理就显得尤为重要,它对于保障乡村旅游者旅游活动的顺利进行以及乡村旅游的正常运作有着举足轻重的作用。

(一) 贯彻乡村旅游安全法律法规

乡村旅游安全工作重在预防,而预防的制度基础是乡村旅游安全相关法律法规。它能够为乡村旅游提供法律依据和安全规范,指导乡村旅游经营与管理活动中涉及乡村旅游安全各个层面的工作,规范乡村旅游从业人员的旅游服务行为,提高乡村社区的安全意识等[①]。因此,乡村旅游经营与管理者应坚决贯彻乡村旅游安全法规,构建安全的乡村旅游环境,从而保障乡村旅游活动的顺利进行和乡村旅游的安全、健康、有序发展。

(二) 加强乡村旅游安全教育

乡村旅游安全教育主要包括乡村旅游安全意识教育、乡村旅游安全防范教育和乡村旅游安全风险教育,从而提高乡村旅游经营者与乡村旅游者的自我保护意识与能力。特别是对乡村旅游组织者、旅行社、领队、导游,应给予具体的安全教育指导和提醒,以避免或减少安全事故的发生。

1. 加强乡村旅游从业人员的安全教育培训

在培训目的上,组织开展乡村旅游安全生产宣传教育与培训工作,增强乡村旅游从业人员的旅游安全意识和安全防范能力,旨在提高乡村旅游安全生产管理水平。一是提高安全操作规范意识与安全工作集体协调意识,正确使用乡村旅游设施设备,加强对设施设备的维护保养;二是提高应急处理能力和技能,能够快速有效地处理安全事故,避免事态进一步发展;三是增强乡村旅游安全责任意识,落实安全责任分工。通过培训,有效地建立起乡村旅游企业自查、职能部门定期检查、行业统一巡查的乡村旅游安全制度。基本形成乡村旅游系统由上至下、从行业管理部门到乡村旅游企业的安全生产监督和管理体系,保证乡村旅游地安全有序运营。

2. 加强对乡村旅游者的安全宣传与教育

乡村旅游者是乡村旅游活动的主体,乡村旅游者自身的安全意识以及对安全问题的关注至关重要。乡村旅游管理者应采取必要的措施,将乡村旅游安全宣传与教育工作深入每位乡村旅游者,形成人人关注旅游安全的良好氛围。加强对乡村旅游者的旅游安全宣传与教育,主要包括以下几个方面。

(1) 加强对游客的道德教育

通过对游客的道德教育,引导游客相互谦让、互尊互爱、礼貌待人。旅游旺季时,部分乡村旅游地会出现拥挤现象,停车场、食宿设施等供不应求,如果游客相互争抢,势必引起争吵,甚至斗殴。因此,在加强法制教育,引导游客遵纪守法的同时,还要加强道德宣传教育,引导游客礼貌谦让。

(2) 强化安全信息宣传

乡村旅游相关部门和管理者应通过举办乡村旅游安全指导培训、免费发放乡村旅游

---

① 刘海燕,池进. 乡村旅游安全研究——以福建省泉州市北溪村为例[J]. 旅游研究,2011,3(3):43-49.

安全手册、及时发布乡村旅游安全警示、在各类乡村旅游宣传手册和广告中插入安全提示内容等措施,加强对乡村旅游者安全信息的宣传,对个人行为加以提醒和约束。在乡村旅游系统中,树立起"没有安全就没有旅游"的意识,防范各类乡村旅游安全事故的发生。

要充分发挥处在工作最前沿、与游客接触最紧密的旅行社导游员、车辆驾驶员、宾馆服务员等的宣传优势,要求他们在宣传乡村旅游景点时,必须告知安全事项,提醒游客安全旅行。

(三) 维护乡村旅游设施安全

完善的乡村旅游设施体系是乡村旅游活动正常运作的基础,也是保障乡村旅游安全的重要因素。乡村旅游地设施设备的维护主要从以下几个方面着手。

1. 乡村旅游交通设施

乡村旅游交通设施主要包括乡村旅游内部道路、特色旅游风景道、驿站等。旅游交通设施是乡村旅游发展的前提,关系着游客前往各乡村旅游景点的安全。乡村旅游经营与管理者应加强旅游交通安全保障,定期维护与保养各类乡村旅游交通设施,确保旅游大巴车、自驾车以及竹筏、缆车、马车等特种旅游交通工具的安全运行。一是建立定期巡查机制,安排专人负责,分区域负责巡查,及时发现并维修破损的乡村旅游交通设施。二是在乡村旅游交通设施醒目处印上负责管理维护单位和人员的电话,如果游客或村民发现有破坏的地方可及时举报和报修。三是雪后要及时安排人员对乡村旅游交通设施进行清扫,防范安全隐患。

2. 乡村接待服务设施

乡村接待服务设施包括住宿、餐饮、游览、娱乐、购物等设施,这些设施通常是乡村旅游者使用最多、感受最深的设施,其安全问题直接关乎游客的人身、财产安全。

住宿与餐饮通常是乡村旅游中游客最关心的两个问题,也是最容易发生安全事故的环节。相关设施设备应便于维修和清洁,做好"四定"管理,即定人员、定设备、定责任、定目标。所有设施设备指定专人使用和保养,贴上保养卡,将设施设备管理工作落实到具体人员,其他人不得随便开启使用,避免因盲目操作而造成的损坏。机器设备要确定位置地点,不得随意移动,以避免频繁搬动而造成损坏,同时也便于检查管理。制定设施设备运行、维修、保养管理制度,如定期维护食品加工、贮存、陈列、消毒、保洁、保温、冷藏、冷冻等设备与设施,及时清理清洗,必要时消毒,确保正常运转和使用。

游览设施维护的重点在于标识标牌。一是做好标识标牌安全维护,定期检查标识标牌位置固定是否牢靠,以防受到雨雪、大风等天气影响导致安全事故的发生,如标牌掉落砸伤游客、指引方向错误造成游客走失等。二是乡村旅游地应在存在安全隐患的危险地带设置明显的安全提示标志并进行维护,避免因文字模糊、标牌损坏等原因造成旅游警示信息的无效传递。

娱乐设施方面,乡村旅游管理者应对游乐场所的各类游乐设施进行摸底登记,实行备案制管理,明确管理单位和管理职责。游乐设施的运营单位应落实游乐设施的保养和日常维护工作,并按规定对游乐设施进行定期检验,检验合格方能投入运营。运营单位应在游乐设施的醒目地点安装"乘客须知"或"乘坐须知"及相关的"警告"牌,服务人员按照规范操作流程安全运行与管理相关设施。

购物设施方面,一是加强用电、用火安全管理,严禁在购物场所随意拉设电线、使用明火;二是维护好灭火器、消火栓、防火门等消防安全设施设备,以防引发安全事故,造成购物设施的损毁。

3. 急救医疗设施

在乡村旅游过程中,由于天气、人为等原因引起的安全事件不胜枚举。当发生安全事件时,及时的救助可以在一定程度上降低伤害。因此,乡村旅游地必须配置必备担架、急救车、氧气瓶等基础的急救医疗器械,并保证其能够正常使用。

4. 乡村信息服务设施

乡村信息服务设施主要包括导览标识系统、通信设施、广播系统、投诉中心、智慧化服务平台等。乡村旅游者主要通过信息服务设施了解乡村旅游的相关信息,信息时代下,乡村旅游必须升级信息服务设施体系,推动推动智慧数字乡村与乡村旅游安全建设。一方面,保证乡村旅游信息服务硬件设施的安全性能,避免在乡村旅游经营者或游客使用过程中出现意外受伤等安全事故;另一方面,保证乡村旅游信息服务软件系统的安全性能,避免出现数据泄露等信息安全事故。

(四)增强乡村旅游安全预警功能

乡村地区可根据历年安全事故发生的类型、原因、特征,加强对事故多发地带的安全预警和监管。相关经营与管理人员或导游应根据乡村旅游地自然环境与民风民俗等实际情况提前告知游客旅游过程中的安全注意事项,提醒游客加以重视并做好准备;乡村旅游经营与管理者应密切关注气象预报,及时准确地获取洪水、泥石流、地震、火山以及大风、暴雨等各种灾害性天气信息,以保证游客的游览安全;相关部门和人员应在乡村旅游高峰期做好游客容量预警,必要时可控制游客进入量,避免因游客过度拥挤而造成安全事故。

(五)落实安全事故应急处理预案

应急预案在安全事故处理中起着非常关键的作用,它明确规定了事故发生前、发生中及结束后,有哪些事项应该被处理、由谁处理、什么时候处理、怎么样处理、利用什么资源处理等问题。应急预案针对可能发生的安全事故,在应急准备和响应的各个方面事先做出了详细的安排,是及时、有序和有效处理安全事故的行动指南,因此,各级政府大多针对乡村旅游安全制定了针对突发事件、节庆活动、安全生产等方面的应急预案。应急预案中通常明确了应急预案使用范围与工作原则、应急救援组织机构、领导小组工作职责与任务、应急响应与处置程序、联络方式与后期处置等。

应急演练一般包括以下三个阶段。

1. 准备阶段

准备阶段主要包括制订演练计划、设计演练方案、演练动员与培训、应急演练保障四个方面的内容。其中设计演练方案时,需确定演练目标、设计演练情景与实施步骤、设计评估标准与方法、编写演练方案文件、评审演练方案;应急演练保障包括人员、经费、场地、物资和器材、通信、安全等方面的保障。

2. 实施阶段

第一步演练启动。演练正式启动前一般要举行简短仪式，由演练总指挥宣布演练开始并启动演练活动。第二步演练执行。演练执行包括演练指挥与行动、演练过程控制、演练解说、演练记录、演练宣传报道。第三步演练结束与终止。演练完毕，由总策划发出结束信号，演练总指挥宣布演练结束。演练结束后所有人员停止演练活动，按预定方案集合进行现场总结讲评或者组织疏散。保障部负责组织人员对演练现场进行清理和恢复。演练实施过程中出现以下情况，经演练领导小组决定，由演练总指挥按照事先规定的程序和指令终止演练：①出现真实突发事件，需要参演人员参与应急处置时，要终止演练，使参演人员迅速回归其工作岗位，履行应急处置职责；②出现特殊或意外情况，短时间内不能妥善处理或解决时，可提前终止演练。

3. 评估与总结阶段

（1）演练评估

演练评估是在全面分析演练记录及相关资料的基础上，对比参演人员表现与演练目标要求，对演练活动及其组织过程作出客观评价，并编写演练过程评估报告。演练结束后可通过组织评估会议、填写演练评价表和对参演人员进行访谈，也可要求参演单位提供自我评估总结材料，进一步收集演练组织实施的情况，撰写演练评估报告。演练评估报告的主要内容一般包括演练执行情况、预案的合理性与可操作性、应急指挥人员的指挥协调能力、参演人员的处置能力、演练所用设备装备的适用性、演练目标的实现情况、演练的成本效益分析、对完善预案的建议等。

（2）演练总结

演练总结可分为现场总结和事后总结。现场总结即在演练的一个或所有阶段结束后，由演练总指挥、总策划、专家评估组长等在演练现场有针对性地进行讲评和总结。事后总结即在演练结束后，由文案组根据演练记录、演练评估报告、应急预案、现场总结等材料，对演练进行系统和全面的总结，并形成演练总结报告。

（3）成果运用

对演练中暴露出来的问题，演练单位应当及时采取措施予以改进，包括修改完善应急预案、有针对性地加强应急人员的教育和培训、对应急物资装备有计划地更新等，并建立改进任务表，按规定时间对改进情况进行监督检查。

（4）文件归档与备案

演练组织单位在演练结束后应将演练计划、演练方案、演练评估报告、演练总结报告等资料归档保存。对于由上级有关部门布置或参与组织的演练，或者法律、法规、规章要求备案的演练，演练组织单位应当将相关资料报有关部门备案。

（5）考核与奖惩

演练组织单位要注重对演练参与单位及人员进行考核。对演练中表现突出的单位及个人，可给予表彰和奖励；对不按要求参加演练，或影响演练正常开展的，可给予相应批评。

总之，在现代乡村旅游活动中，旅游安全问题日益突出，为使乡村旅游业蓬勃发展，必须要贯彻乡村旅游安全法律法规、加强乡村旅游安全教育培训、维护乡村旅游设施设备安全、增强乡村旅游预警功能、落实安全事故应急预案,这样才能使乡村旅游业向着健康、稳定、可持续的方向发展。

第四节 乡村旅游安全事故的预防与处理

【引例】

青岛一农家乐坍塌造成1死4伤[①]

2021年4月10日下午6点半左右,胡女士和同事两家人到某美食大院聚餐时遭遇屋顶坍塌,该事故造成包厢内1人死亡,4人受伤。

思考:以上乡村旅游安全事故应如何预防?事故发生后又该如何处理?

无论是游客还是乡村旅游经营业主、管理人员都不希望发生任何事故,因为事故一旦发生,麻烦甚至灾难就会随之而来,给客人及经营者带来众多不必要的损失。因此,乡村旅游在经营过程中要尽可能地做好事故的预防工作,避免安全事故的发生。

▶一、乡村旅游安全事故的预防

乡村旅游安全事故可以在乡村旅游活动的各环节交替或同时出现,没有明显的界线。根据本模块第二节所学内容可知,乡村旅游安全事故集中表现为财物安全事故、信息安全事故、项目设施安全事故、食物中毒、火灾、自然灾害六种形态。针对这些乡村旅游安全事故,下面提出具体的预防措施。

(一)财物安全事故预防措施

乡村旅游财物安全事故的主要表现形式为盗抢、诈骗、遗失等,下面从乡村旅游者财物安全事故、乡村旅游经营者财物安全事故两个方面列出具体预防措施。

1. 乡村旅游者财物安全事故预防措施

(1)在观光车、景区商店等易出现财物安全事故的场所通过警示牌、宣传标语、广播等方式提醒游客注意财物安全,增强游客防骗、防盗等意识。

(2)对于重点场所加强安全管理,如安排巡逻人员、增加监控设备,对潜在安全威胁起到震慑作用。

(3)设立失物招领处,帮助游客及时找回遗失的个人物品。

2. 乡村旅游经营者财物安全事故预防措施

(1)制定财物保管制度,对生产、经营物料及时清点、盘存。

(2)经营场所安装防盗设施,以及必要的防盗报警设备。

(3)大额现金、贵重物品使用保险箱保存。

(4)建立案例库,对相关人员进行培训,增强从业人员防盗防骗识别能力。

[①] 澎湃新闻.青岛一农家乐包厢坍塌一死四伤,三岁男孩被砸中头部身亡[EB/OL].[2021-04-12].https://m.thepaper.cn/newsDetail_forward_12156950.

(二) 信息安全事故预防措施

乡村旅游信息安全事故主要包括相关谣言与危害信息散播、乡村旅游者与乡村旅游企业信息泄露或遭受勒索软件威胁等情况,具体预防措施如下。

(1) 建立和完善信息安全责任制,按照"谁主管谁负责,谁运营谁负责"的原则,制定分级负责制度。

(2) 做好网络设施设备安全管理,如安装病毒防护软件、不连未知 Wi-Fi、应用密码技术、加强网络访问控制等。

(3) 注重个人信息保护,如网上注册时不要填写个人私密信息、妥善处理好涉及个人信息的单据。

(4) 提高对网络信息的甄别能力。加强科学知识的学习,不转发、传播和扩散虚假信息与危害信息。

(三) 项目设施安全事故预防措施

乡村旅游项目设施安全事故主要集中在娱乐项目设施安全事故以及交通项目设施安全事故。

1. 娱乐项目设施安全事故预防措施

乡村旅游娱乐项目设施安全事故具体预防措施如下。

(1) 加强娱乐项目设施管理,定期维修保养,保证设施安全。

(2) 设置娱乐项目设施使用温馨提示,提醒游客注意安全。

(3) 对于高风险的娱乐项目设施,需对游客进行必要的安全培训,确保游客在专业人士指导下使用。

(4) 在水域、陡坡等危险地带设立警示标牌,设立禁游区、禁入区等,避免游客接近危险区域。

2. 交通项目设施安全事故预防措施

乡村旅游交通项目设施安全事故主要是乡村旅游景区内的交通安全事故,具体预防措施如下。

(1) 建设完善道路及其他交通设施,提升交通环境,保证乡村景区交通安全畅通。

(2) 经常性检查与维护交通项目设施,及时消除安全隐患。

(3) 加强对交通项目设施工作人员的安全培训,加大岗位失职、违规操作等行为的查处力度。

(4) 在旅游旺季,及时安排工作人员进行引导,确保交通项目设施有序使用。

(四) 食物中毒预防措施

食物中毒事件多为集体中毒,涉及人员较多,应以预防为主。食物中毒涉及的主要经营场所包括农家乐、乡村餐厅、流动饮食摊点、售卖食品的超市和小卖部等[1]。食物中毒的

---

[1] 何振.乡村旅游安全管理的重难点及对策分析[J].商场现代化,2015(4):256-257.

具体预防措施如下。

(1) 严格遵守餐饮行业准入制度，乡村餐饮企业或个人取得食品卫生许可等资质后方可经营。

(2) 认真学习实施《中华人民共和国食品卫生法》，执行食品卫生相关规章制度。

(3) 做好食品采购、储存、加工等工作。如采购时注意检查食品安全相关证明；科学储存食物，及时处理过期食物或变质食物；加工过程中注意生熟分开，避免熟食被污染等。

(4) 落实登记和24小时留样制度，不超负荷办宴。

(五) 火灾预防措施

乡村旅游经营过程中火灾的具体预防措施如下。

(1) 制定明确的防火责任制度，包括防火岗位责任制度、消防管理制度和安全防火操作规程等。

(2) 保持经营场所疏散通道、安全出口、消防通道等通行顺畅，不得占用、堵塞或封闭。

(3) 注重消防设施设备管理，配置灭火器材或充足消防用水，及时维护、保养各类消防设施设备和器材。

(4) 加强重点区域防火检查，对于木结构建筑、厨房等具有火灾安全隐患的区域，指定专人负责安全检查。

(5) 定期开展消防培训和消防演习工作，加强消防技能训练，使乡村旅游从业者认识到火灾的危害，加强消防意识。

(6) 对游客做好安全消防宣传，如在经营场所内张贴消防疏散通道示意图，告诫游客不可乱丢烟蒂或在床上吸烟等。

(六) 自然灾害防范措施

自然灾害主要包括台风、暴雪、气象、沙尘暴等气象灾害，地震、火山喷发、海啸等地质及地貌灾害，以及生物灾害等其他自然灾害。自然灾害的防范措施如下。

(1) 定期对从业人员进行安全生产培训和自然灾害防范教育，增强从业人员的防范意识，提高自救互救能力。

(2) 注意灾害预警预报，确定预警区域、级别和信息发布范围。

(3) 提前告知游客灾害情况，转移经营场所的材料和设备等，减少不必要的户外活动。

(4) 必要时停业，合理安排人员值班，并选好躲避路线。

二、乡村旅游常见安全事故的处理

尽管乡村旅游安全预防工作已经落实，但是在实际接待过程中，仍有可能出现意想不到的事故。一旦发生，无论是游客还是乡村旅游经营者、管理者都应高度重视，沉着、冷静、果断地采取应对措施，尽力使事故的损失和影响降到最低。

(一) 乡村旅游安全事故的处理原则

在乡村旅游安全事故的处理工作中，应将保护乡村旅游者的基本权利和利益放在第一位,在具体工作中,要遵循下述基本原则。

1. 迅速处理原则

乡村旅游安全事故发生后,经营单位应组织人员开展抢救工作,保护事故现场,并及时报告当地公安部门。

2. 属地处理原则

乡村旅游安全事故发生后,原则上由事故发生地区政府协调有关部门、事故责任方及其主管部门负责,必要时可成立事故处理领导小组。

3. 妥善处理善后原则

乡村旅游安全事故发生后,要积极处理善后事宜,尽量避免事故造成的损失进一步扩大。

(二)乡村旅游安全事故的处理程序

(1)经营单位应立即上报主管部门,主管部门应及时报告归口管理部门。

(2)组织人员严格保护现场。

(3)协同有关部门进行抢救、侦察。

(4)单位负责人应及时赶赴现场处理。应维持现场秩序,疏导游客,协助与配合医疗、公安、保险、交通、卫生防疫、质检及主管机关、司法、民政等部门处理相关抢救、调查取证、勘查、理赔、处罚、调解、诉讼及善后等事宜,写出事故发生报告。

(5)特别重大事故,应严格按照国务院《生产安全事故报告和调查处理条例》进行处理。其中,乡村旅游安全事故处理流程如下。

(三)乡村旅游常见安全事故的处理

1. 财务安全事故的处理

乡村旅游经营场所内一旦发生盗抢、诈骗、遗失等财务安全事故,乡村旅游经营者应迅速做出以下反应与处理。

(1)了解情况,保护现场。查明事故经过,统计损失,必要时采取切实有效的措施保护现场。

(2)安抚游客,予以协助。安抚游客情绪,并组织员工积极协助游客,提供可能的帮助。

(3)损失较大,需在向警方报案时,协助警方调查,并做好善后工作。

2. 信息安全事故的处理

乡村旅游信息安全事故包括相关谣言与危害信息散播、乡村旅游者与乡村旅游企业信息泄露或遭受勒索、软件威胁等,乡村旅游经营者处理信息安全事故的措施如下。

(1)了解情况,迅速反应。判断信息安全事故的类型与危害程度,第一时间上报安全主管部门,由安全主管部门协调各领导、各部门、相关服务商共同解决,尽最大力量减少损失。

(2)果断处置,组织应急响应相关工作。及时启动应急处置预案,组织专业人员对信息来源、影响范围、事件性质、事件发展态势等进行实时上报,做好与外部应急力量、相关部门的沟通与协调。

（3）事后总结，形成报告。信息安全事故处理完毕后，要对整个事故进行分析研究，并对相关人员加强教育，总结经验教训，形成信息安全事故处理报告。

3. 项目设施安全事故的处理

项目设施安全事故出现伤亡时，应采取以下处理措施。

（1）立即组织抢救。应立即组织现场人员迅速抢救受伤的游客，特别是抢救重伤员。如不能就地抢救，应立即将伤员送往距出事地点最近的医院抢救。

（2）根据实际情况，必要时立即报案，保护好现场。事故发生后，不要在忙乱中破坏现场，应指定专人保护现场，并尽快通知交通、公安部门，请求派人来现场调查处理。

（3）做好安抚工作。事故发生后，善后工作应由乡村旅游企业领导出面处理，现场工作人员在积极抢救、安置伤员的同时，做好同行游客的安抚工作，不妨碍其他游客的参观游览活动。

（4）收集相关证明。请医院开出诊断和医疗证明书，并请相关部门开具事故证明书、调查结果报告，以便向保险公司索赔。

（5）撰写事故报告。事故处理结束后，相关乡村旅游经营人员要立即写出书面报告，说明事故的原因和经过、抢救经过和治疗情况、人员伤亡情况和诊断结果、事故责任及对责任者的处理结果、受伤者及其他旅行者对处理的反映等，以便后续改进和完善。

4. 食物中毒事故的处理

食物中毒以恶心、呕吐、腹疼、腹泻等急性肠胃炎症状为主。如发现客人同时出现上述症状，应立即把客人送往医院，在基本确认为食物中毒后，应报告当地旅游行政部门。确定客人食物中毒后，乡村旅游经营业主必须及时向当地县级疾病控制机构、卫生行政部门报告，并保留造成食物中毒或可能导致食物中毒的食品及其原料、工具、设备和现场，积极配合卫生行政部门开展食物中毒事故调查和处理工作。当怀疑客人食物中毒后，乡村旅游从业者应具体做好以下工作。

（1）首先，应设法催吐，让客人多喝水以便加速排泄，缓解毒性。

（2）其次，将病情严重的客人送往医院抢救，并请医生开具证明。

（3）请相关部门对食品取样、化验，以便查明原因。

（4）协助调查中毒原因、人数、身份等，并通知中毒客人所在单位或家属，向他们说明情况，协助做好善后工作。

（5）如果是乡村旅游内部员工食物中毒，同样应做好善后工作。

5. 火灾事故的处理

火灾是乡村旅游地较为常见且危害较大的安全事故之一。火灾往往会造成严重的后续反应，如当地乡村旅游接待设施的损毁、财产损失等，从而造成整个旅游活动的终止。宾馆、乡村旅游景点等人员聚集的公共场所容易发生群死群伤性火灾。宾馆、饭店最有可能发生火灾的位置是客房、厨房、餐厅、娱乐场所以及各种电器。发现乡村旅游地失火，应采取以下措施。

（1）应立即拨打电话通知消防部门，让游客不要惊慌，同时组织员工协助游客撤离现场。

(2) 发动员工、村民及其他游客赶赴现场,利用安全灭火设备进行救火,并切断电源,将火源隔断。

(3) 因火灾给游客造成的损失要妥善处理,原则上要赔偿游客的损失,如果发生死亡事故,应由乡村旅游经营人员配合公安部门根据有关法律程序处理。

(4) 妥善安置受火灾影响的游客,乡村旅游经营者应及时向游客表示问候和道歉。

(5) 火被扑灭后,协助公安部门查明起火原因,除公安部门要求现场保护的地方外,其他地方应迅速清理,清查乡村旅游设备物品损失,一一做好火灾登记,并向保险公司索赔,办理相关手续。

(6) 乡村旅游工作人员和游客要积极配合,提供线索,待查明原因后,根据具体情况追究责任。

(7) 凡属人为原因造成的火灾事故,经过调查,对于直接责任者一般由公安部门追究刑事责任。

6. 自然灾害事故的处理

自然灾害事故的处理方法如下。

(1) 立即停止正在进行的一切经营活动,疏散、撤离受到威胁的游客及员工,实施紧急救援,必要时向当地政府或公安、武警、消防、医院等,发出救援请求,协助相关部门做好受害人员救援工作,并妥善安置。

(2) 向主管部门和当地旅游行政部门上报事故情况,通过各大媒体发布旅游预警,尽量减少潜在的受灾游客。

(3) 做好游客的心理安抚工作,稳定现场秩序,避免人员恐慌,协同相关部门开展事故调查工作。

(4) 事故处理结束后,统计伤亡人员、财产损失情况,及时修复受损设施设备,恢复乡村旅游经营活动与项目建设,并在日后加强对受灾地区的监控。

> **课后练习**

1. 试说明乡村旅游安全的特征有哪些。
2. 举例说明乡村旅游安全事故的表现形态。
3. 说一说乡村旅游安全事故产生的原因有哪些。
4. 如何进行乡村旅游安全控制与管理?

模块九　乡村旅游品牌管理

> **知识目标**

1. 熟悉乡村旅游品牌的类型和作用。
2. 掌握乡村旅游品牌创建与项目申报的步骤。
3. 了解乡村旅游品牌维护的途径。

> **能力目标**

1. 能够分析乡村旅游品牌延伸的利弊,并判断是否进行品牌延伸。
2. 能够识别乡村旅游品牌创新阶段的特征,并提出相应对策。
3. 能够选择合适的乡村旅游品牌传播手段。
4. 能够进行乡村旅游品牌危机预防和处理。

> **素质目标**

1. 培育自我革命精神,树立乡村旅游品牌创新与可持续发展意识。
2. 培养乡村旅游品牌管理中的良性竞争意识、团队协同意识与责任担当意识。
3. 树立乡村旅游品牌质量观,提升危机管理意识,保障乡村旅游品牌新发展格局。

当今社会品牌的重要性日益突出,品牌管理已经成为乡村旅游管理领域里一个非常重要的部分。所谓乡村旅游品牌管理,就是乡村旅游经营与管理者为了创建、培育乡村旅游品牌,并且不断维护、提升品牌价值,累积品牌资产而开展的管理活动。本模块首先对乡村旅游品牌进行解读,其次按照品牌管理过程的基本顺序,从乡村旅游品牌创建与项目申报、乡村旅游品牌运营、乡村旅游品牌维护三个部分分别进行具体阐述。

第一节　乡村旅游品牌概述

【引例】

乡村旅游看袁家村[①]

礼泉县袁家村地处关中渭北,全村62户,286人。凭借独特的民俗文化资源和独具特

---

① 中国发展网. 旅游产业赋能乡村振兴,看典型案例"袁家村"[EB/OL]. [2022-07-19]. http://www.chinadevelopment.com.cn/news/cj/2022/07/1787770.shtml.

色的旅游风情,袁家村也被誉为"关中民俗第一村",获得了"全国乡村旅游示范村""中国十大美丽乡村""全国百佳乡村旅游目的地"等荣誉。袁家村通过多年的发展,不断提升旅游硬件环境的同时,更注重旅游软环境的治理,注重"口碑"效应,注重"素质"提升,力争把新袁家村打造成陕西民俗文化旅游第一品牌、陕西乡村度假第一品牌、陕西健康农产品第一品牌,为实现乡村振兴战略而贡献力量。

思考:为何袁家村旅游市场火爆?乡村旅游品牌的作用有哪些?

▶ 一、乡村旅游品牌的内涵

▎(一)品牌

现代社会市场主体竞争由原来的产品竞争、服务竞争,越来越多地转为品牌竞争,正如美国著名的广告研究专家拉里·莱特所说"未来营销之战将是品牌之战,是为获得品牌主导地位而进行的竞争。市场和投资人将把品牌视为企业最有价值的资产"。[①] 品牌是企业最重要的无形资产这一观念已经成为学界和企业界的共识。

品牌是市场主体在目标人群心目中的印象以及由此建立起的互动关系。品牌是由市场属性和产品属性组成的一个系统,品牌的市场属性是指包括商标在内的一系列传递产品特性、利益、联想、文化、服务、价值观和个性等活动的总和,品牌的产品属性是指品牌代表着市场规模、产品质量、技术和形象等。

▎(二)乡村旅游品牌

培育乡村旅游品牌已成为当代乡村旅游发展的必然趋势。如今,参与乡村旅游的消费者在对旅游目的地食宿、吸引物等有形产品关注的同时,越来越重视对乡村生活方式体验的获取。乡村旅游品牌的内涵是复杂而丰富的,最强势的乡村旅游品牌是那些个性最为丰富的品牌。

从乡村旅游的角度,可以把乡村旅游品牌定义为:发展乡村旅游的地区和企业在游客心目中的旅游形象以及建立的与游客之间的关系。虽然这个形象是抽象化的,但与游客建立的这种关系却能创造经济价值。因此,乡村旅游品牌虽然是种无形资产,但却能产生具有长远影响的高效价值。

根据美国著名营销学家菲利普·科特勒的观点,品牌从本质上来看主要涵盖六层含义:属性、利益、价值、文化、个性、使用者。从乡村旅游的角度,乡村旅游品牌传达六种意义给游客。一是属性,指乡村旅游给游客带来的乡村风情,即风土、风物、风俗、风景;二是利益,指乡村旅游可以满足都市居民舒缓压力、回归自然、亲身体验、陪伴家人的需求;三是价值,即乡村旅游通过自己的品牌达到保护传承独具特色的传统居民、民族文化等;四是文化,指乡村旅游品牌附加和象征了一定的文化,例如农耕寻根文化、生态养生文化等;五是个性,乡村旅游品牌主体有别于其他品牌主体的独特品牌定位、专业的品牌意识、系统性的品牌规划;六是用户,指乡村旅游品牌的目标消费者,大多为周

---

① 戴维·阿克.管理品牌资产[M].吴进操,常小虹,译.北京:机械工业出版社,2012.

边城市居民。

二、乡村旅游品牌的分类

乡村旅游品牌可以从不同的角度、采用不同的标准进行分类,可以按照品牌的市场地位分,也可以按照品牌的影响辐射范围分,还可以按照品牌化的对象分、按照品牌的权属分、按照品牌之间的关联情况来分,等等。本书主要从品牌化的对象和品牌的权属这两个视角对品牌进行分类介绍。

(一)按照品牌化的对象进行分类

从品牌化的对象视角来划分,乡村旅游品牌可以分为产品品牌、服务品牌、组织品牌、事件品牌、地点品牌五种类型[①]。

1. 产品品牌

产品品牌是指运用在有形产品上的品牌,这类品牌通常跟特定的产品联系在一起,如苏州树山村的"树山守"系列文创产品。

2. 服务品牌

服务品牌是以服务产品为主要特征的品牌,如 A 级乡村旅游景区、精品民宿等。相对于有形产品,服务产品是无形的,服务产品的质量具有无形性、多变性和不稳定性,顾客在购买时面对无形和抽象的服务产品,选择起来难度更大。因此大力创建服务品牌,通过品牌传递乡村旅游企业的质量、特色、理念和文化,让顾客能够感知到,就变得特别重要。

3. 组织品牌

组织品牌是指运用在公司或非营利性组织整体层面上的品牌。采用组织品牌最大的优势在于可以在公众心目中树立专业的、有实力的、可信赖的组织形象,使得在这一品牌旗下推出的所有产品都得到顾客的青睐。例如,原舍作为大家比较信赖的精品民宿品牌,旗下的溪地·阿兰若、原舍·祝甸、萱舍、黄莺、圃舍·溪里方等系列品牌都得到了旅游者的信任,有利于企业不断延伸推出新产品。此外,许多非营利性组织也致力于打造组织品牌,以期得到社会各界的支持,如乡村旅游志愿者团队等公益组织。

4. 事件品牌

事件品牌是指以事件为载体的品牌。所谓"事件",可以包括体育、会展、节庆演出等,如环湖自行车赛、乌镇戏剧节等。当下公众的注意力是稀缺资源,企业或组织者举办的活动越来越多,主办者希望能够吸引更多的参与者参加进来,从而获得举办事件的社会效益或经济效益。因此,打造事件品牌就成为必然。例如,举办马拉松赛不仅可以获得马拉松爱好者的支持和关注,而且每次都可以获得丰厚的收入,包括电视转播收入、赞助收入、门票收入、纪念品收入等。

5. 地点品牌

地点品牌是指以地理位置作为对象的品牌。凯文·凯勒曾说过:"如同产品和人一样,地理位置也可以品牌……它的功能就是让人们认识和了解这个地方,并对它产生一些

---

① 向文燕,郭宝丹,曹云清.品牌管理[M].成都:电子科技大学出版社,2020.

好的联想。"①乡村旅游目的地可以通过广告、邮件或其他方式向外界推销自己,以提高自己的知名度,塑造积极的品牌形象,吸引外来的个人或公司来此旅游、居住或投资。目前,我国不少乡村都在刻意以自己的某种特色为定位,打造专属自己的乡村旅游品牌,如最美乡村婺源、关中第一村袁家村。

(二) 按照品牌的权属进行分类

按照品牌的权属来划分,乡村旅游品牌可以分为企业主导品牌和政府主导品牌两种类型。

1. 企业主导品牌

(1) 自主品牌

自主品牌又称自有品牌,是指企业自创的品牌,企业对品牌标识、名称等系列符号拥有排他性的使用权。根据品牌产品在生产经营环节的不同,自主品牌又可以分为生产商品牌和中间商品牌两大类。生产商品牌是指生产产品的企业自己创建的品牌。中间商品牌是指中间商根据市场上消费者对某种产品的需求,自设生产基地或者委托某个生产企业根据自己的要求生产产品,然后冠以中间商的商标将产品出售。在中间商品牌中最常见的就是零售商品牌,某些零售企业,利用自己在市场上的知名度以及消费者对自己的信任,用自己创建的零售企业品牌推销产品,吸引一些市场知名度或影响力比较低的生产企业将自己的产品卖给它,然后用零售商的品牌把商品卖出去,从而获得更多的收益。

(2) 特许品牌

所谓特许品牌是指有些企业经过申请得到许可,使用其他生产商已经创建起来的品牌,企业只要向品牌所有者支付一笔费用,就可以使用其品牌符号和标识,这些生产企业使用的品牌就是特许品牌。

(3) 联合品牌

联合品牌是指两个已经创立了不同品牌的企业把品牌名称用在同一个产品上。联合品牌的优点很明显,由于两个品牌在各自的产品种类中往往占据统治地位,所以联合起来的品牌可以强强联合,具有更强的吸引力和更高的品牌价值;还可以使企业把已有的品牌扩展到依靠自己原有品牌难以单独进入的领域中去。

2. 政府主导品牌

政府对我国乡村旅游的发展有着重要的引导作用,从国家到地方不断推出乡村旅游品牌评选活动,主要包括以下几类:一是乡村旅游村镇品牌,如全国村旅游重点村(镇)、中国历史文化名镇名村、传统村落、中国美丽休闲乡村、最美乡村、特色田园乡村、景区化村庄、精品文旅小镇、金牌旅游村、天府度假乡村等;二是乡村旅游民宿品牌,如全国等级旅游民宿、宁波叶级客栈、甘肃"新驿站"乡村旅游品牌民宿、河北百佳特色精品民宿等;三是乡村旅游线路品牌,如全国乡村旅游精品线路、中国美丽乡村休闲旅游精品线路等;四是其他乡村旅游品牌,如田园综合体、休闲观光园区、乡村旅游创客示范基地、主题创意农园等。

---

① [美]凯文·莱恩·凯勒,沃妮特·斯瓦.战略品牌管理[M].5版.何云,吴水龙,译.北京:中国人民大学出版社,2020.

部分政府主导的乡村旅游品牌有相关评价标准或规范,如《美丽乡村建设评价》(GB/T 37072—2018)、《乡村旅游重点村评价规范》(DB23/T 3376—2022)、《乡村旅游特色村建设规范》(DB3211/T 1005—2019)、《乡村民宿服务质量规范》(GB/T 39000—2020)、《特色小镇发展水平评价指标体系》(GB/T 41410—2022)、《旅游民宿基本要求与等级划分》(GB/T 41648—2022)等。

▶ 三、乡村旅游品牌的作用

品牌作为乡村旅游目的地和乡村旅游企业的一种无形资产,能为其提供巨大的附加价值,乡村旅游品牌的作用主要表现为以下五个方面。

(一) 识别作用

乡村旅游品牌首先就是一个标识,具有识别作用,包含着乡村旅游资源特色、产品形象、质量管理要求等信息,是与其他产品或服务差异化的直接体现。游客可以通过乡村旅游品牌形成品牌认知,获得对乡村旅游目的地或乡村旅游企业的整体感觉。

(二) 促销作用

随着社会生产力水平和人民消费水平的不断提高,乡村旅游市场涌现出越来越丰富的产品,但游客的认知容量以及搜寻信息的时间和能力有限,为了节省时间、降低信息搜寻的成本,最经济合理的办法就是根据品牌进行取舍。根据市场调查发现,消费者"认牌购买"已经成为一种极其普遍的现象。因此,乡村旅游品牌有利于引起游客注意,实现拓展客源的目的。

(三) 增值作用

品牌是乡村旅游目的地及乡村旅游企业的无形资产,它本身就具有很大的价值。乡村旅游品牌的价值对于它的拥有者来说,要通过乡村旅游产品的销售才能体现出来。产品中包含的乡村旅游品牌价值不同,产品的价值也会有很大不同,品牌已成为乡村旅游核心竞争力的外在体现。

(四) 宣传作用

乡村旅游品牌形成后,即使是不熟悉的游客都会认为此乡村地区值得一游,该乡村旅游产品是精品。管理者就可以利用品牌的知名度、美誉度传播乡村旅游企业名声,宣传乡村旅游目的地形象,为乡村旅游企业和乡村旅游目的地在市场上赢得口碑。

(五) 内敛效应作用

品牌乡村旅游企业或乡村旅游目的地在一定区域范围内是佼佼者,它的成功需要多个部门、相关经营单位、众多团体以及各种旅游营销渠道相互协调、共同合作,离不开乡村旅游基层管理人员以及乡村旅游经营与服务人员的辛勤劳动。乡村旅游品牌的良好形象会让生活、工作在该地区的旅游从业人员产生自豪感和荣誉感,并以饱满的精神状态投入乡村旅游接待与服务工作,形成积极向上的工作氛围,从而促进乡村旅游的进一步发展。

第二节　乡村旅游品牌创建与项目申报

【引例】

篁岭晒秋古镇的旅游品牌塑造

几十年来,婺源旅游从无到有,从小到大,从大到强,从名不见经传的小山村发展成"中国最美的乡村"。篁岭晒秋古镇从原先破败落后的村庄,到最美中国符号、世界旅游名村;从"篁岭晒秋"到"花样古镇";从"天街集市"到"晒秋美宿"。一张张旅游名片的叫响,使篁岭成为婺源乡村旅游的热门景区。

思考: 你知道篁岭有哪些乡村旅游品牌项目吗?乡村旅游品牌该如何创建?

当今时代已进入了品牌时代,越来越多的乡村旅游者已开始深化品牌认识,并倾向于去往有品牌知名度的乡村旅游目的地或购买品牌乡村旅游产品。对于具有一定实力的乡村旅游企业和乡村旅游目的地来说,应积极创建乡村旅游品牌并申报品牌项目。

▶ 一、乡村旅游品牌创建

(一)乡村旅游品牌创建的意义

1. 顺应国家发展的时代要求

乡村旅游支持推动城乡协调,有效衔接乡村振兴战略、共同富裕目标。全面建成小康社会后我国进入新发展阶段,在新发展格局下乡村旅游也面临高质量发展的新要求。《"十四五"旅游业发展规划》指出要坚持创新驱动、优质发展,实施乡村旅游精品工程,构建全方位、多层次的乡村旅游品牌体系。乡村旅游品牌创建是构建乡村旅游品牌体系的前提,有助于打造乡村旅游精品,促进乡村旅游高质量发展。由此可见,乡村旅游品牌创建与国家政策文件相呼应,是顺应国家发展与时代进步的必然要求。

2. 应对乡村旅游市场竞争的内在需要

品质是市场竞争的核心。乡村旅游品牌的创建有助于提升乡村旅游产品质量,彰显乡村旅游产品特色,优化乡村旅游产品结构,是应对乡村旅游市场竞争的内在需要。城郊游、微度假的兴起带动乡村旅游蓬勃发展,持续扩大的市场规模引得众多乡村日益重视旅游发展,乡村旅游市场竞争越发激烈。乡村旅游品牌的成功创建可以通过品牌形象形成品牌吸引力,提升乡村旅游地的市场知名度与认可度,使得品牌乡村旅游产品在市场竞争中脱颖而出,最终赢得乡村旅游者的信任与青睐。

3. 带动村民增收致富的重要途径

乡村旅游品牌的创建可以提升乡村旅游品质和影响力,使得乡村游客量和旅游收入实现增长。发挥乡村旅游品牌效应,推进富民增收,主要表现在以下三个方面:一是提升村民旅游经营收入。在乡村旅游发展中,不少村民作为经营主体参与旅游接待服务,乡村旅游品牌的成功创建促使旅游经营收入的增加；二是增加村民就业机会。乡村旅游的发展需要大量旅游从业人员，一些村民受雇于农家乐、民宿等乡村旅游经营单位获得收入，一些村民进入农产品销售、物流运输等乡村旅游相关行业，获得更多的工作岗位与就业机会；三是分配旅游经济利益。借助合理的利益分配机制，村民通过出租土地或房屋、筹资入股等形式可以提升参与度和获得感，更好地分享乡村旅游发展带来的红利。

（二）乡村旅游品牌创建的基本步骤

乡村旅游品牌创建需要形成旅游产品自身的价值内涵、强化乡村旅游目的地及乡村旅游企业与游客之间联系的过程。乡村旅游经营与管理者应在明晰自身优势的基础上，积极利用特有的资源设计出符合游客需求的旅游产品和特色服务，让游客深切感受到乡村旅游产品的与众不同。

1. 乡村旅游品牌定位

乡村旅游要在众多旅游项目中取胜，一定要先进行品牌定位。乡村旅游品牌定位指综合考虑乡村旅游的资源特色、产品竞争优势以及旅游者的市场需求动机，确立其在乡村旅游领域的形象。乡村旅游品牌的定位是一个涉及多方面因素且比较复杂的系统过程[①]。

（1）乡村旅游品牌定位的基本原则

一是资源原则。乡村旅游品牌定位可以以占主导地位且具有鲜明特色并构成关键吸引力的核心资源为基础。这些资源的垄断性、唯一性、排他性，很容易使消费者对其形成一种鲜明的形象认知。每个乡村特殊的生态自然环境、历史文化传统、民风民俗以及当地长期沉淀下来的独特的生活方式相互作用，形成自己特有的差异性。这种由资源而产生的差异性，是乡村旅游品牌定位所要紧抓的核心。

二是区域原则。乡村是一个区域性的概念，但一个区域往往又被比之更大的区域所包含。因此，在乡村旅游品牌定位时，不但要考虑其所在区域的地理环境、历史文化及其经济发展水平，而且更要将之放进比其更大的区域范围内考虑。以便其充分利用上一级区域环境的旅游形象优势，参与其旅游产品网络。

三是系统性原则。乡村旅游品牌的建设要坚持系统性原则，综合考虑旅游资源的特色与客源市场的需求，多角度、多层级、系统地构建旅游品牌。另外，乡村旅游品牌并不是一个具体化的概念，要在整体性的统领下，针对不同等级的客源市场和不同开发阶段，建设系列支持性的子品牌，并通过其深化和完善乡村旅游品牌。

四是竞争性原则。乡村旅游经营与管理者之所以要进行乡村旅游品牌建设，就是为了在旅游市场上获得一定的竞争优势。在乡村旅游品牌建设的过程中，要全面调查分析所属旅游资源的特殊性、不可替代性与差异性，努力突破比其更高一级的旅游形象的屏蔽限制，或是其他形象相似的旅游品牌的竞争。

（2）乡村旅游品牌定位的方法

乡村旅游品牌定位的目的在于塑造独特的旅游品牌形象，创造个性鲜明的乡村旅游品牌。品牌定位是一个动态的过程，乡村旅游品牌定位的方式有很多种，没有一个固定、

---

① 邹统钎.乡村旅游：理论·案例[M].2版.天津：南开大学出版社，2017.

统一的模式。以下介绍一些常见的乡村旅游品牌定位方法,品牌定位方法可以单独使用,也可以相互组合使用,以达到更好的效果。

一是首席定位。首席定位也叫领导者定位或者领先者定位,就是追求成为乡村旅游业或者某一方面"第一"的市场定位。即通过强调乡村旅游品牌在乡村旅游领域或同类产品中的领导、专业地位,达到强化品牌认知和定位的目的,如"关中民俗第一村"袁家村。

二是比附定位。比附定位是通过各种方法,和同行中的知名品牌建立一种内在联系,使自己的品牌迅速进入消费者的心智,占据一个稳定的位置,借名牌之光使自己的品牌生辉。

三是乡村旅游者定位。乡村旅游者定位是指直接以某类游客群体为诉求对象,强调乡村旅游品牌下的产品专为该类游客服务,以此获得目标游客群体的认同。

四是文化定位,即将某种文化内涵注入乡村旅游品牌之中形成文化上的品牌差异,称为文化定位。文化定位能大大提高乡村旅游品牌的品位,使品牌形象更加独具特色。

五是情感定位。该定位是将人类情感中的乡愁、怀旧、牵挂、思念、温暖、爱恋等情感内涵融入乡村旅游品牌,使游客在乡村旅游的过程中获得这些情感体验,从而唤起游客内心深处的认同和共鸣。

六是档次定位。不同档次的乡村旅游品牌带给消费者不同的心理感受和体验。比如定位在高档次的品牌传达了产品高品质的信息,往往通过高价位来体现其价值,并被赋予很强的表现意义和象征意义。

七是 USP 定位。USP 也叫"独特的销售主张",它在产品属性里寻找与游客需求相适应、竞争对手缺乏或没有关注的特征成为独特的销售主张或"独特的卖点"。这些产品特征可以是服务、造型、功能、品质、细节等。

八是概念定位。乡村旅游品牌的概念定位是使品牌、产品在消费者的心目中形成一个适当的概念,甚至造成一种思维定式,以获得消费者的认同,从而在消费者心目中占据一个适当的位置,使其产生购买欲望。

(3) 乡村旅游品牌定位的误区

一是定位过高。乡村旅游品牌定位过高,使得旅游者认为品牌档次太高而不敢轻易消费,从而改变了品牌形象在一部分现有游客心目中的位置,也失去了一部分有能力购买而被该产品的品牌定位吓跑的消费者。

二是定位过低。乡村旅游品牌定位过低和品牌定位过高刚好相反。旅游者认为该品牌档次低,和产品的性价比相违背,因而不会轻易购买该产品。

三是定位过窄。定位过窄是指乡村旅游品牌定位涵盖的目标消费群体过少。定位过窄是一个相对的概念,如对规模较小的乡村旅游品牌主体很合适的定位,对于规模较大的乡村旅游品牌主体来说可能会存在定位不足的现象。一般来说,品牌定位的范围越小,意味着目标更精确,市场更清晰,但从乡村旅游品牌主体的角度来看,过窄的定位可能会导致规模不经济,从而无法生存下去。

四是定位过宽。定位过宽是指乡村旅游品牌定位过于宽泛,贪大求全,期望自己的品牌能够服务于整个乡村旅游市场。这种定位方法在乡村旅游产品供给不足时十分有效,但随着乡村旅游的不断发展以及旅游者消费观念的转变,买方市场逐渐形成,乡村旅游产品越来越细化,这样的定位方式会模糊品牌形象,降低乡村旅游者的品牌忠诚度。

五是定位混乱。品牌定位混乱是指乡村旅游品牌定位不清晰,使旅游者不能或者难以清楚地识别。

六是定位偏离。不同时期不同区域的游客期望有较大的变化和差异,乡村旅游品牌定位要适合当时当地旅游者的心理需求,不能产生偏离。

七是定位虚无。乡村旅游品牌定位必须有独特的利益点支撑,人云亦云、赶时髦、赶潮流,或者不知所云,往往等于没有定位。

2. 乡村旅游品牌设计

乡村旅游品牌设计主要包括品牌名称和品牌标识的设计。

(1) 乡村旅游品牌名称设计

品牌名称简称"品名",是指品牌中可以用语言来称呼的部分,如"原舍""陇上相遇"等,它的基本功能是把不同的乡村旅游品牌区分开来,建立起最明显的区别,便于游客识别与选择。一个好听、有美感、有内涵、能带来有益联想的乡村旅游品牌名称本身就具有价值。乡村旅游品牌名称涉及旅游者对品牌的认知,还会关系到乡村旅游产品的设计风格,它与品牌的良好声誉同等重要。

一是响亮与简洁。乡村旅游品牌名称不仅用来看,还必须用来念、用来写、用来记,所以品牌名称应该好认、好看、好听、好记。响亮,是指名称的发音要清晰、有起伏、有韵味,不容易被误听和产生歧义;简洁,是指名称字数不能太多、字形简单易写、不生僻,字数一般控制在5个字以内。如"三圣花乡""原舍"等名称都很响亮、简洁。

二是艺术性与联想性。品牌名称作为与消费者沟通的工具,应该要有美感,要能引起消费者美好的联想,这样才能让消费者产生好感,才会喜欢这个品牌。例如"原舍"让人联想到山水、田野、绿林、炊烟袅袅的乡村……让人在喧嚣和繁杂的城市之外寻找心灵回归之处,符合乡村民宿的特点。

三是协调与强化。乡村旅游品牌名称应与品牌产品的某些特点、定位相联系、相协调。如"隐居乡宿"能表示在世俗中排除嘈杂的干扰,深居山野,自得其乐,达到物我两忘的心境。品牌命名不仅要考虑本地旅游市场上品牌名字与产品特点的协调,还要考虑跨地区文化沟通也不能出现歧义。

(2) 乡村旅游品牌标识设计

乡村旅游品牌标识设计与品牌名称设计是同样重要的,品牌标识可以通过文字、图案、色彩等视觉效果来表达乡村旅游产品的形象,达到引发旅游者联想的作用,便于乡村旅游品牌宣传。

一是图形简洁、明了。乡村旅游品牌标识应当简洁明了,通俗易懂,使人容易辨识和记忆。为了方便游客的理解和记忆,一个小小的品牌标识符号不应该包含太多的信息和成分。

二是别具一格、有创意。从一定意义上说,优秀的乡村旅游品牌标识应该成为一件艺术品。品牌标识应富有特色、个性和创意,这样能够给游客带来强烈的视觉冲击。

三是反映产品特色、有内涵。品牌标识是品牌内涵和品牌核心价值的载体,一个优秀的乡村旅游品牌标识,在设计上应该能够体现乡村旅游产品的特色和内涵,如产品的属性、品牌的价值观等。如花筑的品牌标识为太阳花图形(见图9-1),通过将文字部首设计成有民宿特点屋檐样式,使民宿酒店的文化底蕴与独特美学融入其中,体现了花筑与在地文化相结合的特色。通过一花一筑一景来传递一种返璞归真、拥抱自然的生活方式。

图9-1 花筑品牌标识

四是造型优美、有审美价值。一个成功的乡村旅游品牌标识应当造型优美流畅、富有感染力,既有静态美,又有动态美。如江苏乡村旅游标识(见图9-2),立足江苏少山多水的自然特色,紧扣"田园、农家、河流、生态"乡村主题元素,用写意的手法,表现出自由休闲、快乐现代的乡村旅游体验,更流露出悠悠乡愁浓情。标识整体以绿色为主色系,点缀蓝、橙二色,凸显欢乐自由的气息,彰显自然、生态、休闲的乡村氛围。同时,外围彩带麦穗环抱,表现星级乡村旅游区点以农为本的特征和服务品质与品牌荣耀,让人感受乡村旅游文化的深度服务体验。

图9-2 江苏省乡村旅游形象标识

3. 乡村旅游品牌构建

(1)以特色旅游吸引物凸显品牌差异

从某种意义上来说,乡村旅游品牌就是整个乡村或该乡村某方面最具特色或优势的旅游吸引物的集中体现。乡村旅游经营与管理者必须找到产品的某种特质,同时使这些特质能在现在和未来都能与游客建立某种独特的情感联系,这也是构建乡村旅游品牌的关键所在。只有呈现出"唯我独有"的特征,并且让游客感知这种特征,才能保证乡村旅游品牌建设获得成功。在塑造特色吸引物时,需要在充分利用村镇生态环境、特色动植物、农业生产等资源要素的基础上,植入具有本地鲜明地域特色的文化。这些资源要素可以是本地文化遗产、风俗仪式、节庆活动、传统手工艺、特色饮食等。通过多形式、全方位真实地展示当地的特色文化，才能创造出具有持续吸引力和竞争优势的旅游吸引物，乡村旅游品牌的价值才能持续发展、不断创新。

（2）以优质设施与服务形成品牌保障

旅游设施包含了为旅游活动提供的所有服务设施，它是开展旅游活动的基础，也是游客顺利进行旅游活动的物质保障。高质量、高水平的服务设施是构建乡村旅游品牌的基础与必要条件。优质的乡村旅游服务设施并不是对豪华或奢侈的追求，而是应该对地方民族或民俗特点的凸显。同时，基于现代游客的需求，在构建具有地方传统特色服务设施时，应尽量满足游客的生活习惯，保证游客体验的舒适度。除硬件设施外，乡村旅游经营过程中提供的服务也是保证品牌建设成功的必要条件之一。游客正是在与服务人员进行互动交流的过程中才形成了对乡村旅游产品的认识和看法。一支拥有专业水准和敬业精神的高素质服务队伍会给旅游者留下良好的印象。因此，应结合产品特点与游客需求，提升服务人员的专业技能和服务水平，让游客深切体会到真诚、专业和贴心的旅游服务。

（3）以诚信经营行为打造品牌信誉

信誉是指在经济活动中，经济组织履行各种经济承诺的能力以及可信任程度。信，即信用、诚信；誉，指的是称誉、名誉。信誉的载体是品牌，良好的信誉有利于品牌的传播以及长远发展，失去了信誉就等于失去了市场。要想建立良好的乡村旅游品牌信誉，首先，乡村旅游经营与管理者要确立以诚信为核心的战略，用诚信文化指引每一位员工的生产和服务行为，提高员工的素质和能力，使乡村旅游产品和服务质量更加优异。对于自身的缺点和不足要勇于承认，并尽力弥补游客的损失。为此，应当建设完善的乡村旅游品牌信誉管理机制，对产品的设计、运营和维护进行严格管理，并建立相应的失信惩罚机制与守信激励机制，维护品牌信誉。在对乡村旅游产品进行宣传时，要实事求是，不能蒙骗游客。只有基于事实，真正为游客着想，才能在他们心中形成诚信品牌的形象。

（4）以高品位价值目标培育品牌文化

品牌与文化是密不可分的，尤其是品牌背后所隐藏的文化内涵才是品牌的核心资源。就目前来看，乡村旅游市场上比较成功的乡村或乡村旅游企业往往有着自己独特而又丰富的品牌文化。如宏村、西递以工艺精湛的徽派民居和丰富多彩的历史文化内涵闻名天下。在当前经济全球化的市场环境下，拥有独特文化的品牌无疑能在同类乡村旅游品牌中显得独树一帜，往往成为高品位的象征，甚至成为游客塑造自我形象的重要手段。乡村旅游品牌主体应当注重培育品牌的整体价值观，它决定着乡村旅游品牌的经营目标和经营方向。乡村旅游的发展不仅要注重经济效益，还要保证乡村旅游产品的质量、安全和服务。同时，不断提高员工的素质，培养员工的责任感和主人翁意识，让员工成为品牌文化的实践者和传播者。

▶二、乡村旅游品牌项目申报

（一）乡村旅游品牌项目申报的作用

1. 为乡村旅游项目发展提供政策支持

对于成功申报乡村旅游品牌的项目主体，相关政府部门通常会给予资金、土地、营销等多方面的政策支持。资金扶持方面,通过先建后补、以奖代补等形式的奖补政策为乡村旅游品牌的发展提供关键资金。土地供给与审批方面,通常越是乡村旅游重点项目、龙头项目、试点项目、示范项目,当地政府越会优先规划供地。品牌宣传方面,对于高质量的乡村旅游品牌项目,政府会优先组织对外产品推介、市场推广等活动。

2. 提升乡村旅游项目知名度与影响力

乡村旅游项目的成功申报,为项目发展形成一定的品牌赋能。如宁夏沙湖、新疆魔鬼城成为国家5A级旅游景区,安徽西递宏村、贵州梵净山、云南哈尼梯田成为世界遗产,都大大提升了当地旅游项目的知名度与影响力,推动了当地旅游经济的发展。

3. 指引乡村旅游项目持续健康发展

乡村旅游品牌的项目申报与创建,通常具有一定的资格条件与规范标准,项目申报主体可以根据申报要求从规划建设、产品运营、综合管理等方面进行品牌的申报创建及后续维护,从而保障乡村旅游项目的持续健康发展。

(二)乡村旅游品牌项目申报的流程

1. 明确申报项目及要求

及时查阅乡村旅游品牌项目申报与评选通知,重点关注申报时间、申报条件、申报部门等内容,综合考虑乡村旅游项目资源禀赋、产品特色、产业发展、服务设施等方面情况,选择合适的乡村旅游品牌申报项目。

2. 对标找差,补齐短板

根据申报条件对标找差,明确乡村旅游项目提升方向,发挥优势,补齐短板。深入解读相关部门发布的申报要求与相关规范标准,必要时可以多途径咨询专业人士,如相关政府部门人员、行业领域专家、已成功申报该品牌的项目管理者等。

3. 项目申报

在项目自评的基础上,确保申报材料规范、齐全,并在规定时间内上交有关部门。一是及时组建乡村旅游品牌项目申报团队,细化工作任务,明确工作进度。二是通过工作推进会提升乡村旅游品牌项目意识,争取多方配合,提升工作效率。三是认真审核乡村旅游品牌项目申报表及相关证明材料,确保内容全面、严谨。

4. 迎接评估

乡村旅游品牌项目申报通常遵循自下而上、逐级上报的原则。提交项目申报材料后,相关部门通常会安排评估人员进行实地评估。项目申报主体应提前准备好项目规划、建设等台账资料,做好迎接评估的准备。

5. 竞争答辩

不少乡村旅游品牌项目在项目通过初审后,有竞争答辩的环节,这是项目评审与认定的重要环节,项目申报者应高度重视。申报主体应根据要求安排答辩人员、准备展示内容,并进行一定的演练,做好充足准备。

6. 结果查询

以上申报工作完成后,主管部门会对所申报的乡村旅游项目进行综合审查与评选,并公示最终评定结果。项目申报者可以通过政府部门官网、电话等渠道查询项目申报的结果。

7. 根据乡村旅游品牌项目属性分类

(1) 文化旅游品牌

文化旅游品牌如乡村旅游重点村(镇)、中国历史文化名镇名村、传统村落、美丽休闲乡村、旅游风情小镇、特色旅游名镇、乡村旅游示范村、景区村庄(镇)、精品文旅小镇、精品旅游特色镇村、乡村旅游特色村、特色生态旅游示范镇、全域旅游示范镇、乡村全域旅游示范区、天府旅游名镇名村、乡村文化振兴样板村等。

(2) 休闲农业品牌

休闲农业品牌体现了农文旅融合发展,如特色田园乡村、田园综合体、主题创意农园等。

(3) 建设管理品牌

乡村建设管理品牌主要包括乡村治理示范村、美丽宜居示范村、美丽乡村、生态文明建设示范村(镇)、最美乡村、四好村等。

除了以上三类,还有水系连通及水美乡村、全国文明村镇、特色小镇、特色精品村、乡村振兴示范村(镇)、少数民族特色村镇等。

第三节 乡村旅游品牌经营

【引例】

周庄乡旅新 IP 入选中国旅游创业创新精选案例[①]

嵌入式民宿、微体验餐饮、沉浸式农文化场景体验……在江南水乡周庄的祁庄村,30 余户村民在祁浜村委和江苏水乡周庄旅游股份有限公司的引领下,改建和自营民宿,乘着乡村旅游发展的东风鼓了钱袋子,开启了乡村美好新生活。

"香村·祁庄"是依托周庄水乡古镇旅游文化品牌拓展开发的乡旅新 IP,是"有一种生活叫周庄"的情感延拓和沉浸式体验载体。香村的"香",是从原住村民日常生活中的袅袅飘出来的,它承载了人们的田园梦想,也承载了周庄从"流量"到"留量"的质变使命。

思考:"香村·祁庄"乡旅 IP 为何获得成功?如何打造乡村旅游品牌?

▶ 一、乡村旅游品牌延伸

品牌延伸理论和实践的广泛运用,一方面缘于消费者对品牌商品的关注焦点从单纯的视觉沟通转移到品牌诉求的承诺上,这就使品牌只有不断地进行创新、向市场推出新产品,才能保持品牌的现代化;另一方面,随着品牌市场营销和广告费用上的投入不断增加,使品牌管理者不得不将有限的营销推广费用集中在少数几个具有市场影响力的品牌上。

[①] 中国新闻网.周庄乡旅新 IP 入选中国旅游创业创新精选案例[EB/OL].[2022-12-14]. https://baijiahao.baidu.com/s?id=1752156334016551113&wfr=spider&for=pc.

（一）乡村旅游品牌延伸的内涵与类型

1. 乡村旅游品牌延伸的概念

所谓乡村旅游品牌延伸，就是指乡村旅游品牌主体将现有成功的品牌用于新产品或修正以前产品的一种策略，这是对现有品牌资产的一种借用。乡村旅游品牌延伸并非只是新的乡村旅游产品借用老品牌的名称，而是新产品全面、策略性地利用老品牌资产。

2. 乡村旅游品牌延伸的类型

品牌专家科普菲尔将品牌延伸分为两种类型，即相关延伸和间断延伸。乡村旅游品牌相关延伸是指延伸的子品牌产品与母品牌产品在生产技术和工艺上具有共通性，或者它们的产品属于一个产品大类[①]。乡村旅游品牌间断延伸与相关延伸的概念相反，是指其延伸品牌产品与母品牌产品两者之间在生产技术和工艺等方面没有任何的关联。

（二）乡村旅游品牌延伸的优势与风险

1. 乡村旅游品牌延伸的优势

（1）增加新产品的市场可接受性

乡村旅游品牌在市场竞争的过程中，为了保持其在市场上的有利地位和竞争优势，必须不断地推出经过改良的新产品。但是，在实践中乡村旅游品牌推出新产品没有成功的例子比比皆是。如果乡村旅游品牌管理者运用品牌延伸策略，将会显著提升新产品进入市场的成功率。

一是提升新产品形象。如果乡村旅游品牌已经具有相当高的知名度和美誉度，旅游者就会形成对乡村旅游产品品质的长期预期。因此，对于品牌延伸的新产品，旅游者同样也会根据他们已经掌握的关于乡村旅游品牌的信息，以及他们认为该信息与新产品之间的关联程度对新旅游产品的结构和品质做出判断或完成形象转移。

二是减少乡村旅游者的风险感知。研究表明，决定新产品在市场营销过程中是否成功的最重要的因素是其与乡村旅游品牌的关联程度。知名品牌的延伸向旅游者传递了品质优异、信誉可靠的信息，这对旅游者而言无疑大大降低了购买这些延伸产品的风险。因此，旅游者对乡村旅游品牌的良好信誉感知在很大程度上保证了延伸品牌的成功。

三是提高营销费用的使用效率。运用品牌延伸策略推出新产品的一个比较明显的优势是：在新产品导入市场的阶段，其传播活动只需要集中有限的时间和空间向目标游客群体集中介绍新产品能够带给他们的利益点即可，而不必花大量的经费去向旅游者介绍品牌的名称。同时，对旅游者而言，将记忆中已经存在的乡村旅游旗舰品牌与子品牌相关联，比在认知过程中花大量的时间和精力去记忆一个新品牌要容易得多。

四是避免创建新品牌的成本。乡村旅游品牌在市场上能够深入人心，并受到旅游者的欢迎和信任，绝不是一朝一夕的事情，必须经过长期不懈的努力和坚持。乡村旅游品牌管理者不仅要制定并实施正确的品牌营销与传播战略，还需要在具体的实施环节上开展相应的工作。如进行必要的游客调研；聘用专业的策划公司为乡村旅游品牌设计名称、标

[①] 向文燕，郭宝丹，曹云清.品牌管理[M].成都：电子科技大学出版社，2020.

识、视觉符号、包装；选择代言人；创作广告语、影视（平面）广告等。这些工作不仅需要乡村旅游品牌主体付出相应的人力、物力和财力，而且这一全新的品牌即使进入市场，也未必能够成功。

五是满足乡村旅游者多样化的需求。不同的旅游者往往具有不尽相同的偏好，即使是同一个游客，其对乡村旅游品牌产品的偏好也会随着时代的变化而变化。因此，在同一产品大类里向消费者提供更多的、有一定差异的产品（如不同价位、服务、功能等），能在一定程度上满足旅游者的不同需求。此外，为了有效地开展市场竞争，乡村旅游品牌主体也有必要开发多种延伸品牌的产品，以避免旅游者的消费兴趣点发生变化时转而使用竞争对手的品牌产品。

（2）为乡村旅游旗舰品牌或企业整体提供反馈利益

品牌延伸除了可以增加新产品的市场接受度，还可以多种方式向旗舰品牌或整体品牌提供正面的反馈利益。

一是界定和拓宽乡村旅游品牌含义。实施品牌延伸策略有助于乡村旅游品牌主体向旅游者进一步阐明旗舰品牌的含义，界定其参与竞争的市场范围和类型。界定一个较为宽泛的品牌含义对乡村旅游品牌来说是十分必要的，它可以使品牌主体今后的营销发展战略决策拥有较为广泛的活动空间，为提出更具竞争力的营销战略打下基础。

二是提升乡村旅游旗舰品牌形象。从理论角度来说，乡村旅游品牌管理者运用品牌延伸策略并取得成功的理想成果之一是，其子品牌产品可以加强现有品牌正面和积极的联想，改善现有品牌联想的偏好性，拓展现有品牌的经验范围，丰富现有品牌的联想内容，从而在整体上提升旗舰品牌的形象。当乡村旅游品牌主体实施品牌延伸策略时，可以通过阐述其核心品牌价值和联想，扩大旗舰品牌对目标游客的影响力。由于核心品牌的联想是指那些在品牌线中能够代表所有产品特征的属性和利益，所以常常也是旅游者心目中印象最深的联想。

2. 乡村旅游品牌延伸的风险

虽然实施品牌延伸策略可以为乡村旅游品牌主体带来上述若干利益，但是如果在不恰当的时间采取不恰当的品牌延伸策略，同样会给品牌带来诸多风险。这些风险主要表现在以下几个方面。

（1）使旅游者对乡村旅游品牌的认知发生混乱

乡村旅游品牌管理者实施品牌延伸策略固然可以丰富其品牌的产品线，满足旅游者的不同需求。但是，如果在同一产品大类中乡村旅游品牌主体提供的产品过多，那么旅游者反而难以对诸多品牌产品产生正确的认知和判断，无法弄清楚哪款产品真正适合自己，从而感到困惑，甚至放弃原本准备购买某品牌产品的计划。

（2）损害乡村旅游旗舰品牌的形象

实施品牌延伸策略最糟糕的结果并不是子品牌产品因被旅游者拒绝而退出市场，而是在延伸过程中对乡村旅游旗舰品牌产品的形象造成了损害，导致旗舰品牌产品在市场上的占有率直线下降。

（3）挤占乡村旅游旗舰品牌的市场份额

虽然乡村旅游品牌管理者在实施品牌延伸策略之后，延伸的子品牌产品在市场取得了非常理想的业绩,但是这一业绩很有可能是建立在旗舰品牌产品或旗舰品牌之下其他产品的销售业绩直线下滑的基础之上的。也就是说,乡村旅游旗舰品牌产品的失败促成了延伸子品牌的成功,延伸品牌产品实际上是挤占了旗舰品牌产品的市场。出现这种结果肯定不是乡村旅游品牌管理者采取品牌延伸策略的初衷,不过,这种新老品牌产品之间的销售业绩转移的结果也并非完全不能接受,品牌管理者可以将这种情况看作一种先发挤占。或者退一步说,如果延伸的子品牌产品没有上市销售并取代旗舰品牌产品,那么取代旗舰品牌产品的就是竞争对手的品牌了。

(4) 稀释乡村旅游品牌个性

如果乡村旅游品牌管理者过多地采用品牌延伸策略,则有可能导致乡村旅游旗舰品牌的个性特征被众多的子品牌产品所稀释,使得其子品牌产品不仅不能通过旗舰品牌产品的形象来确立自己的市场地位,而且旗舰品牌产品的个性特征也会逐渐被旅游者所淡忘。

(5) 丧失开发新品牌的时机

如果乡村旅游品牌主体已经设计并生产出一个新的产品,那么此时乡村旅游品牌管理者能够选择的市场营销策略只有两个:要么采用品牌延伸策略,要么开发并塑造全新的品牌传播策略,二者必选其一。如果乡村旅游品牌管理者选择了品牌延伸策略,就丧失了开发新品牌的时机。而且,即使将来市场销售的业绩足以表明乡村旅游品牌管理者当初实施品牌延伸策略是正确的决定,也不能说明当初放弃开发新品牌的策略就一定是正确的。因此,当乡村旅游品牌管理者在做选择时,必须对此予以高度重视。毕竟,在向市场推出新产品的营销策略中,品牌延伸策略并不是唯一的选项。相反,在某些特殊的市场环境下,管理者选择开发新品牌可能更有利于品牌的发展。

(三) 乡村旅游品牌延伸的策略与实施控制

品牌延伸策略按照延伸产品的性质可以分为三种情况:延伸产品与旗舰产品属于同类产品,这种品牌延伸的方式被称为产品延伸;延伸产品与旗舰产品虽然不属于同类产品,但产品的性质大致相同,这种品牌延伸的方式被称为名称延伸;旗舰产品与延伸产品既不是同类产品,也不具有相同的性质,这种品牌延伸的方式被称为概念延伸。

1. 乡村旅游品牌延伸的策略

(1) 乡村旅游产品延伸策略

乡村旅游产品延伸策略分为横向延伸和纵向延伸两种类型。

乡村旅游产品横向延伸策略是指乡村旅游旗舰产品与延伸产品无论是在名称、价格上,还是在产品的主要元素及构成上都几乎完全相同,不同的只是产品之间的风格、功能而已。如原舍民宿酒店品牌的延伸产品有以简约回归的高品质居住体验的"原舍"系列;提倡简单乐活的生活理念的"圃舍"系列;以乡村微民宿为主提供长租以及托管运营服务的"萱舍"系列;面向年轻人提供多元生活体验的"设计师"系列,这些产品实施的就是典型的产品横向延伸策略。

在实施产品延伸策略时,若延伸产品之间的价格有较大差异,则这种延伸被称为产品纵向延伸。如花筑品牌系列又细分为花筑城市、花筑·悦、花筑、花筑·奢四大标准,其价格档次有所不同,其中花筑奢是花筑民宿酒店的高阶品牌,主攻高端精品民宿酒店领域。相对于产品横向延伸策略而言,产品纵向延伸策略失败的可能性更大一些,主要有两个原因:其一,如果旗舰品牌产品本身是高端产品,则其只能向下延伸;其二,如果旗舰品牌产品本身是中低端产品,在实施产品纵向延伸策略时,就只能向中端或高端(向上)延伸。

(2) 乡村旅游品牌名称延伸策略

乡村旅游品牌主体实施品牌名称延伸策略能否成功,取决于能否将乡村旅游旗舰品牌产品的形象顺利地转移至延伸产品上,而旗舰品牌产品形象能否成功转移至延伸产品上又取决于两个要素,即乡村旅游旗舰品牌的附加值水平和乡村旅游旗舰品牌产品与延伸产品的关联程度。

乡村旅游品牌附加值主要由三个方面的内容构成:旅游者对乡村旅游品牌的感知、乡村旅游品牌的社会象征意义和旅游者对乡村旅游品牌名称的认知度。就旅游者对品牌的感知而言,如果旅游者感知到旗舰品牌产品具有高品质,则乡村旅游品牌管理者实施品牌名称延伸策略成功的可能性更大。一般来说,旅游者对旗舰品牌产品名称的认知度越高,其对延伸产品的感知就越强,延伸产品的社会象征意义就越强,旅游者对延伸产品的认同感和信任感也就越强。因此,乡村旅游品牌名称在旅游者心目中的认知度,将在很大程度上影响品牌名称延伸策略的成败。

乡村旅游旗舰品牌产品与延伸产品的关联程度包括乡村旅游产品在类别方面的相似性、乡村旅游品牌定位属性的可延展性、目标旅游者的相似性和乡村旅游产品在视觉方面的相似性。就品牌定位属性的可延展性而言,若乡村旅游品牌主体对旗舰品牌产品的定位所强调的是较为抽象的表意内容,其实施品牌名称延伸策略成功的可能性就会大大增加。乡村旅游产品在视觉风格上的相似性指的是延伸产品与旗舰品牌产品的外观是否基本一致,即旅游者是否只要通过观察乡村旅游产品的外形设计、色彩等,就能轻易地将延伸产品与旗舰品牌产品归为同一家族。

(3) 乡村旅游品牌概念延伸策略

乡村旅游品牌概念延伸是指乡村旅游品牌管理者在实施品牌延伸策略的过程中,利用旗舰品牌的诉求概念,并将之延伸到与旗舰品牌产品不同的产品类别。

2. 乡村旅游品牌延伸策略的实施控制

实施乡村旅游品牌延伸策略是一个具体操作的过程,即如何在某个乡村旅游品牌之下成功地将一个新产品推向市场。乡村旅游品牌管理者在对品牌延伸策略做了大量的分析和决策之后,需要在生产和营销两个环节对新产品进行有效的管理,根据市场的接受程度,对乡村旅游品牌延伸策略实施的结果进行评估,并对后续工作进行反馈控制。

(1) 新产品生产与营销管理

乡村旅游品牌主体生产新产品并选择恰当的时间向目标市场推出新产品时,应该考虑使用哪种管理方式更有利于乡村旅游企业品牌延伸策略的实施。目前,国外许多企业都实行品牌经理制,即企业在拥有多个品牌的情况下,为每个品牌设置一名具有高度组织能力的经理,使其对产品生产、新产品开发、产品设计、品牌市场调研、产品营销、流通渠道策划,甚至品牌策划、品牌传播等与品牌相关的工作进行协调与管理。使用这种管理制度,可以对品牌形象的塑造、维护和传播产生积极的效果。不过,目前国内许多乡村旅游企业并没有实行品牌经理制,这就在一定程度上使品牌产品在生产与营销两个环节上容易分离、难以整合。在这种情况下,乡村旅游企业只能尽可能地在生产与营销两个环节之间进行更多的沟通,以减少这种不利影响。

(2) 品牌延伸效果的评估

乡村旅游品牌管理者在实施了品牌延伸策略之后(至少为一年),应该对其产生的市场效果进行评估,以判断其是成功还是失败,抑或是虽然目前在市场上暂时处于平衡状态,但将来可能会有较大的升值空间。在具体的评估过程中,可以遵循四个判断依据,即乡村旅游品牌延伸策略的实施是否符合品牌的整体发展战略目标、是否在生产环境的变化过程中及时把握住有利的市场机会、品牌延伸策略是否能够巩固或提升乡村旅游品牌形象、延伸产品被乡村旅游市场接受的程度。

(3) 反馈控制

在乡村旅游品牌管理者实施品牌延伸策略之后,及时启动反馈控制系统是十分必要的,这是因为任何策略的制定都基于系统的观点和动态的观点。所谓系统的观点,是要求系统内部的各要素保持整体的平衡和优化,这就要求乡村旅游品牌管理者根据系统输出的结果不断地对系统内的各要素进行反馈调整;所谓动态的观点,是要求品牌管理者不断审视乡村旅游市场环境的变化,并根据市场环境的变化随时做出有利于乡村旅游品牌发展的战略调整。在品牌延伸策略的管理过程中,乡村旅游品牌管理者应根据品牌延伸的评估结果,对品牌延伸策略过程中的所有步骤进行反馈控制,以使管理者在品牌延伸策略的实施过程中能够及时做出正确的决策。

▶ 二、乡村旅游品牌创新

创意创新是任何产业、任何活动得以持续发展的基本保障,乡村旅游品牌的持续发展亦是如此。乡村旅游品牌创新受到当今技术发展、市场竞争和旅游者需求变化的客观外在驱动,也是乡村旅游品牌追求生存和发展的内在动机的必然结果。

(一) 乡村旅游品牌创新的内涵

1. 组织创新是乡村旅游品牌创新的前提

在知识经济时代,创新是乡村旅游市场经济活动的主题,而组织创新则是一切创新活动的源泉和前提,没有一个不断创新、可持续发展的组织,创新活动的效果就会大打折扣。对于乡村旅游品牌来说,如果没有实施组织创新,可能会使品牌主体陷入乡村旅游品牌事务管理之中,而忘了品牌创新的目标是什么。乡村旅游品牌组织创新的目的是使乡村旅游品牌组织不断根据发展目标和内外环境的需要进行调整,避免品牌组织的僵化阻碍品牌的发展。通过组织创新建立灵活的组织结构,并以相应的制度保证乡村旅游品牌的高效运转,已成为构筑现代乡村旅游市场竞争力必不可少的内容。

2. 价值创新是乡村旅游品牌创新的核心

创新可以理解为对价值合理化的追求,是在一定的成本范围内,在不断改进产品、改进服务的基础上,用新的品牌价值去满足人们对原有产品或服务的更高价值目标的追求。按照马斯洛理论,一方面,游客的需求是不断升级发展的,随着生活品质的提高,游客的需求和价值索取也在提高和增加,过去曾经合理的乡村旅游品牌价值或品牌的某些特点可能会成为新需求发展的障碍,进而被人们所放弃;另一方面,对于同一种需求,采用不同的品牌创新,人们获得价值满足的程度也不同。因此,乡村旅游品牌创新要特别注重以游客为本,体现当前游客所追求的价值理念,同时创新也应充分考虑乡村旅游品牌自身资源的合理配置,在乡村旅游产品与服务中体现。

3. 技术创新是乡村旅游品牌创新的支撑

尽管技术创新使当今市场变得复杂,旅游者行为产生变化,但同时也为重塑乡村旅游品牌力量创造了一种新的工具。没有一流的技术创新,就难以支撑有高质量、高起点、高市场份额的乡村旅游产品,也就难以创造出闻名的乡村旅游品牌。技术革命为乡村旅游品牌发展创造了历史性机遇,成为乡村旅游品牌创新的支撑。运用日新月异的技术,例如元宇宙、AR、VR、高速通讯等,为乡村旅游品牌的成长注入活力。各乡村旅游品牌主体可以为游客提供数智化共享服务,与游客建立紧密的关系,提升品牌忠诚度,从而获取长久利益。

(二)乡村旅游品牌创新的阶段

品牌以品牌资产价值为最核心的内容。品牌是品牌资产价值的外在体现,没有品牌资产价值,品牌也就没有了存在的意义。因此,对乡村旅游品牌创新的分析可以根据乡村旅游品牌资产价值流动的阶段性来剖析其特征。乡村旅游品牌资产价值的流动分为三个阶段:流入期、稳定期和流出期。这三个时期乡村旅游品牌创新的内涵与特点各不相同。

1. 品牌资产流入期

乡村旅游品牌的发展在此时是从零开始,乡村旅游品牌资产价值也是在这个时期开始慢慢积累起来的。这个时期乡村旅游品牌创新的特点就是强调创造出不同于竞争对手的个性鲜明的品牌,以求得立足于市场。因此,乡村旅游品牌个性的差异化是此阶段创新中最重要的因素。它是运用战略个性眼光细致地分析乡村旅游市场,找出突破口,再运用到乡村旅游品牌的创意中,使乡村旅游品牌具有不同于竞争对手的独创性优势而获取成功。这一阶段的品牌创新相对于后一个阶段来说较为容易把握,主要应注意选出乡村旅游市场空当,找准乡村旅游品牌定位,运用相应媒体进行独创性宣传,区别于竞争者,最终赢得乡村旅游市场。

2. 品牌资产价值稳定期

乡村旅游品牌从走入稳定期开始,就广为市场接受。乡村旅游产品大量涌入市场,游客量剧增,品牌形象得到了市场认同,出现了一批忠实游客,品牌资产价值也达到了良好的状态。但因利润所趋,竞争者相继进入,市场竞争增强。因此,这是一个既乐又忧的时期。乡村旅游品牌力的增强让乡村旅游品牌管理者感到了成功的喜悦,为未来的发展增添了信心和实力;与此同时,乡村旅游品牌的日趋成熟,使游客量达到了顶峰,新产品变成了大众旅游产品,与同类产品竞争更为激烈。此时,可以说乡村旅游品牌的发展开始处于临界点,稍有松懈,就会前功尽弃;加把劲,则可能保持乡村旅游品牌发展的优势。所以,此阶段的乡村旅游品牌创新十分关键,容不得半点儿松懈。在此阶段,乡村旅游品牌创新应对原有的品牌发展战略进一步强化,以竞争性、强化性宣传为主,突出品牌的特征,巩固品牌的声誉,以加深游客对乡村旅游品牌的认知,巩固已有的旅游市场份额。

3. 品牌资产价值流出期

在这一时期,乡村旅游品牌的形象开始老化,原有的乡村旅游产品已逐步进入衰退期,其他新的乡村旅游品牌则已逐步进入甚至开始替代现有的乡村旅游品牌,品牌资产价值出现了减弱现象。因此,乡村旅游品牌的创新也就成为这一阶段最为重要的课题。乡村旅游品牌虽也有成长、壮大、衰退的过程,但却完全不同于乡村旅游产品的生命周期。现有的乡村旅游产品因为不合时宜而会被新的产品而代替,乡村旅游品牌则可以通过产品和品牌内涵的不断创新而得到延续,为乡村旅游品牌资产价值增光添彩。这一阶段的创新主要有以下三种方式:第一,通过新产品的开发创新,开发新市场,使乡村旅游品牌重新进入增值状态;第二,通过乡村旅游品牌形象的创新,再现品牌优势;第三,开发换代产品,扭转品牌危机。

综上所述,在乡村旅游品牌资产价值流动的不同阶段都应不断创新,才能创造、维系品牌价值。实际上,乡村旅游品牌创新特征与思路的运用,在各个阶段分得并不是十分清晰,常常是互相交融的。在流出期使用的乡村旅游品牌创新方法在稳定期也有使用,在稳定期表现出来的乡村旅游品牌创新特征在流入期也会有出现。我们应该根据实际情况,准确地分析乡村旅游品牌的特征,找准契机进行创新,以达到乡村旅游品牌创新的真正目的。

▶三、乡村旅游品牌传播

品牌传播的过程就是品牌展现的过程,即将品牌的内在核心价值,以品牌名称为聚焦点,系统地展示给社会公众。乡村旅游品牌传播的短期目标是提高乡村旅游产品的销售额,增加主营业务收入;长期目标则是建立和巩固品牌在旅游者心目中的形象,积累并提高品牌资产价值。乡村旅游品牌传播手段主要包括广告、公关活动、网络口碑、会展节事活动等。

(一) 广告传播

广告,主要是通过媒体广告与路牌广告来实现多主体参与、立体化的品牌宣传,是品牌传播最常用的手段,具有良好的导向性和可控性,对宣传品牌文化十分重要[①]。乡村旅游者旅游心理不同,对广告的接触点也有所不同,这就要求乡村旅游品牌要丰富传播途径与形式,满足不同旅游者的消费触点。即使是同样的乡村旅游产品,也可以从不同的角度进行宣传,从而实现扩大产品市场份额的目的。在进行广告传播时,还要注意广告内容的更新,通过给旅游者带来不同的视觉体验,从而实现保鲜的作用。比如,巧妙运用电影、微电影等影像传播方式,植入品牌概念、品牌内涵、品牌LOGO等,形成较为广泛的传播效应。

---

① 余明阳,朱纪达,肖俊宋.品牌传播学[M].2版.上海:上海交通大学出版社,2016.

（二）公关活动传播

公共关系是品牌文化传播的重要途径之一，相比广告传播，公关传播更能获得消费者的心理认同，并且往往能以较低的成本实现比广告更广的宣传范围，有的公关传播还能实现品牌社会效益与经济效益的有机统一，对品牌发展有着长远的好处。一般来说，公关传播有以下几种方式。

1. 精神公关

精神公关是指乡村旅游品牌主体通过向社会展示品牌文化以及品牌内部员工的凝聚力，从而达到品牌文化外部宣传的效果。一些乡村旅游企业在进行员工培训、召开发布会等相关活动时，重复出现并多次宣讲企业的格言或口号，通过员工的精神风貌来体现品牌内涵，同时也能达到激励员工的良好效果。

2. 热点事件

乡村旅游品牌传播可以借助热点，这样可以在短时间内迅速吸引旅游者的目光，达到事半功倍的效果。一些乡村旅游品牌主体抓住某些特殊日子，比如纪念日或国家重大事件发生日，进行营销宣传，就是充分利用了事件本身的传播力。还有一些乡村旅游品牌管理者重视自身品牌历史的营建，通过梳理品牌创建过程中的困难，以此作为其艰难而又光荣的记忆。这样的传播方式往往会为乡村旅游品牌蒙上一层神秘的色彩，更加吸引旅游者的目光。

3. 赞助活动

赞助活动是乡村旅游品牌可以采用的一种公关传播方式，赞助活动本身不需要乡村旅游品牌经营与管理者进行创意策划，而只是在物质上对活动，如体育赛事、公益活动、科研工作等进行赞助，其本身就带有良好的宣传点，容易得到社会媒体的大量关注，对乡村旅游品牌宣传是十分有益的。通过赞助活动，品牌文化往往能够得到丰富和升华。因此，选择合适的活动进行赞助，也是需要乡村旅游品牌经营与管理者认真选择的。

（三）网络口碑传播

随着信息技术在旅游业的广泛应用，网络口碑传播已成为乡村旅游品牌最便捷、最有效、最经济的传播手段。乡村旅游品牌传播可综合运用微博、网站、网页、社区论坛等途径，发布乡村旅游品牌形象、内涵、附加值等信息，让更多公众了解并选择乡村旅游品牌，扩大知名度，增加销售额，同时增加与游客的实时互动，不断改善产品与服务，使其能够更好地满足各细分市场旅游者的需求。

除此之外，要发挥意见领袖作用。所谓意见领袖，指的是信息在传播过程中，并非能全数作用于传播对象，有时只能到达部分受众，再由他们扩散到周围，这部分人就是意见领袖。通过意见领袖，可以找到潜力的市场，通过对市场进行调查，确定意见领袖的影响力以及市场需要，从而通过触动意见领袖达到扩大市场覆盖范围的目的。采用这种方式时，需要注意乡村旅游产品的口碑，良好的口碑是最廉价的信息传播工具和高可信度的宣传媒介，而意见领袖往往有其"下级"，通过这种关系很容易形成群体性质的良好口碑，有利于乡村旅游品牌宣传。

（四）会展节事活动传播

会展节事活动传播主要是指通过展会、大型商务活动等集体活动进行品牌传播。在经济与科技高速发展的时代，"注意力经济"越来越成为人们争取的重要资源。借助精心策划的会展节事活动宣传品牌，往往能挖掘到潜在客户，带动乡村旅游产品销售。

第四节 乡村旅游品牌维护

【引例】

原舍民宿的未来十年规划[①]

原舍从2011年在莫干山开设首店，到2021年7省25店的成绩，彰显了原舍的运营实力，原舍已经成为民宿行业翘楚。未来十年的路，原舍早有规划：原舍将着力于从风景、体验感、居停时间这三个维度深度探索开发产品，不被布局而牵制想象，营销更加多元化。同时，完善原舍平台，实施忠诚客户计划，让客人真正意义理解到设计、服务、文化的用心。

思考：原舍为什么能不断发展壮大？原舍是如何进行品牌维护的？

乡村旅游品牌是乡村旅游目的地和乡村旅游企业的一项重要的无形资产，好的品牌具有极高的市场价值，对乡村旅游品牌主体来说是一笔巨大的财富。由于经营管理内部或外部的原因，乡村旅游品牌作为无形资产很容易流失。因此，有效的乡村旅游品牌经营维护活动十分重要。

一、乡村旅游品牌维护的必要性

乡村旅游品牌维护是指乡村旅游品牌的所有人、合法使用人对品牌资格实施的保护措施，以防止来自各方面的侵害和侵权行为，促使乡村旅游品牌的保值和增值。乡村旅游品牌作为一种重要资产，其市场竞争力和品牌价值来之不易。但是，市场不是一成不变的，需要不断地对乡村旅游品牌进行维护，其必要性体现在以下方面。

（一）品牌维护有利于巩固乡村旅游品牌的市场地位

品牌化经营是乡村旅游发展方式的重大转变。通过乡村旅游资源再整合、再集聚、乡村价值再提炼、再创造，达成乡村旅游品牌与消费市场的链接，最终实现乡村高质量、可持续、绿色化发展。品牌知名度下降以及滞销，市场品牌失落现象被称为品牌老化。乡村旅游品牌都存在品牌老化的可能，尤其是市场竞争如此激烈的大环境中，乡村旅游品牌需不断进行维护才能避免品牌老化。

---

① 国家旅游地理.原舍民宿十年：想和你度过更长的时间[EB/OL].[2021-08-12]. http://news.cntgol.com/dyzd/2021/0812/252977.shtml.

（二）品牌维护有助于保持和增强乡村旅游品牌生命力

品牌的生命力取决于消费者的需求。乡村旅游品牌要能够满足旅游者不断变化的需求，那么这个品牌就在竞争市场上就具有旺盛的生命力。反之就可能出现品牌老化、产品滞销的情况。因此，不断对乡村旅游品牌进行维护，以满足市场和消费者的需求是很有必要的。

（三）乡村旅游品牌维护有利于预防和化解危机

市场风云变幻，消费者的维权意识不断增高，乡村旅游品牌也在不断面临着来自各方面的挑战。如果没有预测到危机发生，或者没有相应的策略，乡村旅游品牌就会面临极大的危险。乡村旅游品牌维护要求品牌产品和服务的不断提升，有效防范内部原因造成的品牌危机，同时加强品牌的核心价值，进行理性的品牌延伸和品牌扩张，能够有效降低危机发生后的风险。

（四）乡村旅游品牌维护是实现共同富裕的抓手

"未来乡村"的"未来"表现在哪里？共同富裕必定是其内涵。共富不可能由政府包办，更不可能依靠农户去创造，而必定是充分发挥村集体的主观能动性，通过品牌化经营的方式，实现村集体发展基础之上的村民共同富裕。乡村旅游品牌化经营与维护不仅将解决乡村旅游资源利用、价值提升、产业转型等问题，而且可以切切实实地推进"未来乡村"的内涵不断得到充实。

▶二、乡村旅游品牌维护的途径

乡村旅游品牌维护即乡村旅游品牌主体采取的一系列维护品牌形象、保持品牌市场地位的活动。乡村旅游品牌经营维护可采取的措施主要有以下几方面。

（一）加强乡村旅游品牌质量管理

质量是品牌的灵魂，高质量的品牌往往拥有较高的市场份额。反之，即使一个品牌的知名度很高，但如果它的产品质量出了问题，就会大大降低品牌形象，使品牌受损。乡村旅游品牌要维持其市场地位，必须在产品与服务质量上始终遵守品牌传达给社会公众的承诺，稳定优质的产品与服务质量是乡村旅游品牌形象最重要的来源。乡村旅游品牌管理者必须不断巩固和提高产品与服务质量，建立乡村旅游品牌全面质量管理体系，强调全员参与、全面管理，才能在市场竞争中立于不败之地。一是准确评估当前乡村旅游产品与服务的质量，随时掌握乡村旅游者需求的变化趋势，开发与设计乡村旅游产品时倾听他们的意见，考虑游客的实际需要；二是创新个性化的乡村旅游服务方式，根据自身的客源定位，尽可能地打造和提供投客所好的针对性服务；三是有效处理旅游者投诉，赢得旅游者认可，提升品牌质量形象。

（二）进行乡村旅游品牌再定位

由于品牌在发展过程中会受到社会环境、市场环境、消费心态等多方面变化的影响，品牌维护的一个重要方面便是进行品牌定位的调整。在进行品牌重新定位的选择时，乡村旅游品牌经营者必须考虑两个因素：一是将乡村旅游品牌转移到另一细分市场所需的费用，该费用包括产品改造、员工培训、广告宣传等方面的费用。一般来说，更新定位离原位置越远，则所需费用就越高；改变品牌形象的必要性越大，所需的投资也就越多。二是定位于新细分市场的品牌能获得多少收益。收益的大小取决于细分市场的乡村旅游者人数、这些旅游者的人均消费、在同一细分市场内已有的周边乡村旅游市场竞争者数量和实力，以及在该细分市场内为品牌所要付出的代价。

（三）提升乡村旅游品牌忠诚度

品牌的忠诚度是衡量品牌核心价值的主要标准，是检测品牌与市场融合关系的基础，打造和保持高比例的忠诚游客，是保证品牌持久的必要条件。在乡村旅游经营过程中，回头客的比例是保证旅游效益的唯一前提。第一，建立诚信服务体系，培养乡村旅游产品的忠诚引力。通过品牌服务体系的逐步完善和强化，在乡村游客群体中树立良好的旅游感知印象，形成优秀的口碑效应，提高游客的重游率。第二，培养稳定的市场主体，乡村游客的忠诚度取决于对旅游产品的认知和终极感受，要在乡村旅游品牌基础上，对核心乡村旅游产品的主要市场群体进行跟踪营销，不断强化乡村旅游氛围，形成紧固性的市场。

（四）保持乡村旅游品牌独立性

所谓品牌的独立性是指品牌占有权的排他性、使用权的自主性以及转让权的合理性。保持品牌独立性的原因在于品牌是无形资产，在市场上享有较高的知名度和美誉度的品牌能给乡村旅游目的地或乡村旅游企业带来巨大的经济效益，而只有保持品牌独立性，才能保持品牌形象，使品牌得以不断发展壮大。乡村旅游品牌要保持独立性，实施有效的品牌保护策略，主要措施包括两个方面：一是不断发展与强大乡村旅游品牌力量。从乡村旅游产品、品牌营销等方面发力，开拓并占领市场，提高品牌的知名度和美誉度。二是与其他乡村旅游品牌联合发展。以知名乡村旅游目的地或企业为中心，以名牌乡村旅游产品为依托，共同捍卫乡村旅游品牌。

▶三、乡村旅游品牌危机管理

乡村旅游品牌危机是指由于乡村旅游外部环境的突变和品牌运营或营销管理的失常，而对品牌整体形象造成不良影响，并在很短的时间内波及社会公众，使乡村旅游品牌信誉大为减损，甚至危及品牌生存的窘困状态。只要发生了危机事件，就必定会给乡村旅游品牌造成损失，品牌危机的管理就是要尽量减少损失。

（一）乡村旅游品牌危机的预防

不管哪种品牌危机，一旦爆发就必然会给乡村旅游品牌造成不同程度的危害，轻则破坏正常的经营秩序,重则破坏持续发展的基础,甚至导致品牌大厦轰然倒塌。因此,如何有效预防品牌危机的发生是品牌危机管理的根本。结合品牌危机发生的深层原因,品牌危机防范应该做到以下几点。

1. 培育乡村旅游品牌危机意识

现在多数乡村旅游经营与管理者都意识到品牌经营过程中潜在危机无处不在,但是对危机的认识不足,尤其是对品牌危机对品牌形象、品牌资产的影响,对乡村长远利益的影响认识不充分,还有就是对外部原因造成的危机思想准备不充分。由于品牌危机具有的独特性以及对危机事件处理要求的特殊性,决定了品牌管理者必须树立较强的危机意识。只有具有强烈的危机感,在危机来临之际,才不至于措手不及。否则就意味着在突发事件的处理过程中丧失了主动权,丧失了控制事态发展、采取补救措施的可能。

2. 建立高度灵敏的信息监测系统

乡村旅游品牌危机的形成有一个过程,只是这个过程有的时间长,有的十分短促。危机的形成一般可分为三个阶段,即潜伏期、初显期和爆发期[①]。通过建立高度灵敏的信息监测系统,可以在危机形成的潜伏期和初显期就准确地发现危机苗头,分析危机发展的趋势,并果断采取措施,把危机消灭在萌芽之际,化解于爆发之前。

3. 成立乡村旅游品牌危机管理机构

乡村旅游品牌危机预防管理的日常性,决定了危机预防不能只是应急,而应该不断地长期进行。因此,设置品牌危机管理机构是非常必要的。品牌危机管理机构的作用在于事先预测并排除险情,力阻危机的频繁发生。具体工作内容包括:负责相关信息的收集、整理与分析;负责强化全体员工的危机意识,如内部培训、模拟演习等;负责及时抑制、处理各种危机苗头;负责制定防范和处理危机应对策略与步骤;监督指导危机公关策略的实施;在危机发生时,负责指挥与协调。

4. 研制乡村旅游品牌危机应对策略

超前决策、精心研究制定应对危机的策略是乡村旅游品牌危机管理机构的重要工作内容,也是健全的危机预警防范系统的重要组成部分。良好的危机防范管理,不仅要能够预测可能发生的危机,还要为各种可能发生的危机做好准备,针对引发乡村旅游品牌危机的不同因素,制订不同的危机预警和演习方案。如此,才能在危机发生时临危不乱、有条不紊。另外,危机预警方案还应不时地进行试验,以提高危机处理能力。

5. 组建乡村旅游品牌危机管理队伍

危机事件是对乡村旅游经营与管理人员心理素质、业务素质的严峻考验,他们是否有足够冷静的心理和头脑,关系乡村旅游品牌危机的处理效果。所以,平时加强对危机处理应急队伍的训练是十分必要的。主要做好以下几个方面的训练:一是进行专业培训,二是进行应对危机事件能力的培训,三是进行应对策略的培训,四是进行各种危机处理案例库的建设,五是进行综合性的模拟演习。

(二)乡村旅游品牌危机的处理

尽管采取了上述防范措施,乡村旅游品牌危机仍可能发生,一旦危机发生,就应该立

---

① 向文燕,郭宝丹,曹云清.品牌管理[M].成都:电子科技大学出版社,2020.

即有计划、有步骤地展开公关行动。

1. 危机公关准备期

在遇到危机时,乡村旅游企业决不能听之任之,应该立即组织有关人员,尤其是组织专家参与成立危机公关小组,调查情况,对危机的影响作出评估,以制定相应计划控制事态的发展。由于以网络技术为代表的信息社会的到来,使得危机造成的负面影响可以在极短的时间内传遍世界,造成极为严重的局面,所以乡村旅游品牌危机公关需要在最短的时间里介入危机,确定危机级别和统一的发言人,并尽可能地争取媒体甚至是政府部门的声音帮助自己说话,避免事态的无谓扩大。

2. 危机处理期

乡村旅游品牌危机发生后,应在 24 小时内公布处理结果,并在官网、微博、自媒体等平台上及时发表声明,消除公众的猜疑,对事件正面回应,积极处理。若品牌管理者在发生危机事件时,不能与公众进行沟通,不能很好地告诉公众他的态度、他正在尽力做什么,这会导致各种误会和猜测的产生,给品牌信誉带来致命的打击,甚至有可能导致品牌的消亡。具体的危机处理方式要因品牌事件而议,但是在事件发生后需积极做出反应,掌握主动权。

3. 形象恢复期

在这一期间要做好善后处理工作,尽快恢复乡村旅游品牌信誉与形象,重新取得游客或是政府部门以及社会的信任。一是进行乡村旅游品牌营销调研,了解公众对乡村旅游企业在危机中开展的一系列活动的意见,以及品牌运营各环节的协调状况,为进一步强化乡村旅游品牌形象提供决策依据;二是制定出恢复并提升乡村旅游品牌形象的营销组合策略,乡村旅游品牌的形象、产品、服务、宣传要同步进行,让旅游者对品牌重新认可;三是开展深刻的反省活动,以活生生的事实教育员工,避免类似事件的再现。

> **课后练习**
>
> 1. 试说明乡村旅游品牌的作用有哪些。
> 2. 举例说明乡村旅游品牌定位的方法。
> 3. 说一说乡村旅游品牌延伸的策略有哪些。
> 4. 如何进行乡村旅游品牌维护?

参 考 文 献

[1] 贾荣.乡村旅游经营与管理[M].北京:北京理工大学出版社,2016.
[2] 干永福,李卫宁.乡村旅游产品实务[M].北京:中国旅游出版社,2018.
[3] 杨明基.新编经济金融词典[M].北京:中国金融出版社,2015.
[4] 黎洁.旅游企业经营战略管理[M].北京:中国旅游出版社,2012.
[5] 舒伯阳.服务运营管理[M].北京:中国旅游出版社,2019.
[6] 江东芳,吴珂,孙小梅.乡村旅游发展与创新研究[M].北京:科技文献出版社,2020.
[7] 江美亮.民宿运营与管理[M].北京:化学工业出版社,2019.
[8] 黄羊山.旅游规划原理[M].南京:东南大学出版社,2020.
[9] 吴国清.旅游资源开发与管理[M].重庆:重庆大学出版社,2018.
[10] 吉根宝.基于乡村振兴战略的乡村文化保护与旅游利用[M].南京:南京大学出版社,2021.
[11] 胡海建,南延长,郑赟.休闲农业与乡村旅游[M].北京:中国农业科学技术出版社,2017.
[12] 李益彬,芮田生,耿宝江.旅游规划与开发[M].成都:西南财经大学出版社,2017.
[13] 耿红莉.休闲农业与乡村旅游发展理论与实务[M].北京:中国建筑工业出版社,2015.
[14] 陈彦章.旅游人力资源管理[M].北京:中国人民大学出版社,2015.
[15] 陈秋萍.旅游人力资源管理[M].武汉:华中科技大学出版社,2021.
[16] 覃江华.旅游企业财务管理[M].武汉:华中科技大学出版社,2021.
[17] 胡芬.旅游企业财务管理[M].武汉:华中科技大学出版社,2020.
[18] 张懿玮.旅游服务质量管理[M].上海:华东师范大学出版社,2019.
[19] 史云,张锐.乡村旅游经营与管理[M].石家庄:河北科学技术出版社,2017.
[20] 向文燕,郭宝丹,曹云清.品牌管理[M].成都:电子科技大学出版社,2020.
[21] 邹统钎.乡村旅游[M].2版.天津:南开大学出版社,2017.
[22] 张秋垫.酒店服务礼仪[M].杭州:浙江大学出版社,2013.